AF329150

UNIVERSITÉ DE FRANCE.

ACADÉMIE DE STRASBOURG.

ACTE PUBLIC

POUR LE DOCTORAT

PRÉSENTÉ

A LA FACULTÉ DE DROIT DE STRASBOURG,

ET SOUTENU PUBLIQUEMENT

LE MARDI 1er AVRIL 1856, A MIDI.

PAR

HENRI-ALBERT DOLLFUS,

DE MULHOUSE (HAUT-RHIN),

AVOCAT A STRASBOURG.

STRASBOURG,
IMPRIMERIE DE G. SILBERMANN, PLACE SAINT-THOMAS, 3.

1856.

ACTE PUBLIC
POUR LE DOCTORAT

PRÉSENTÉ

A LA FACULTÉ DE DROIT DE STRASBOURG,

ET SOUTENU PUBLIQUEMENT

LE MARDI 1er AVRIL 1856, A MIDI,

PAR

HENRI-ALBERT DOLLFUS,

DE MULHOUSE (HAUT-RHIN),

AVOCAT A STRASBOURG.

STRASBOURG,

IMPRIMERIE DE G. SILBERMANN, PLACE SAINT-THOMAS, 3.

1856.

A MON PÈRE

ET

A MA MÈRE.

H. A. DOLLFUS.

FACULTÉ DE DROIT DE STRASBOURG.

MM. AUBRY ✳ . . . . doyen et prof. de Droit civil français.
HEPP ✳ . . . . professeur de Droit des gens.
HEIMBURGER . . . . . professeur de Droit romain.
THIERIET ✳ . . . . . professeur de Droit commercial.
SCHÜTZENBERGER ✳ . professeur de Droit administratif.
RAU ✳ . . . . professeur de Droit civil français.
ESCHBACH . . . . . . professeur de Droit civil français.
LAMACHE ✳ . . . . . professeur de Droit romain.
DESTRAIS . . . . professeur de procédure civile et de
législation criminelle.

BLOECHEL ✳ . . . . . professeur honoraire.

MICHAUX-BELLAIRE. . }
BEUDANT. . . . . } professeurs suppléants provisoires.

BÉCOURT, officier de l'Université, secrétaire, agent compt.

MM. LAMACHE, président de la thèse.
DESTRAIS,
AUBRY,
HEPP,   examinateurs.
MICHAUX-BELLAIRE,

*La Faculté n'entend ni approuver ni désapprouver les opinions
particulières au candidat.*

TABLE DES MATIÈRES.

DROIT ROMAIN.
De la restitution en entier.

Pages.

Introduction 1

PREMIÈRE PARTIE.
De la restitution en entier en général.

Chap. 1er. De la nature et des conditions de la restitution en entier.   2

Chap. 2. Du magistrat compétent pour prononcer sur la restitution et de la procédure à suivre   19

Chap. 3. Par qui et contre qui la restitution peut-elle être demandée?   27

Chap. 4. Des effets de la restitution.   33

Chap. 5. De la prescription   36

SECONDE PARTIE.
Des différentes espèces de restitutions.

Chap. 1er. De la restitution pour violence   39

Chap. 2. De la restitution pour dol   41

Chap. 3. De la restitution pour minorité   44

Chap. 4. De la restitution pour diminution de tête   47

Chap. 5. De la restitution pour absence et en vertu de la clause générale de l'édit.   49

Chap. 6. De l'aliénation *judicii mutandi causa*   56

Chap. 7. De la restitution pour erreur   58

DROIT FRANÇAIS.

De l'influence de la faillite sur le patrimoine du failli.

INTRODUCTION.

Pages.

1. Chez toutes les nations modernes, le commerce a sa législation spéciale, et ce qui concerne les faillites est une partie essentielle de cette législation. 61

2. La faillite est le fait du commerçant qui cesse de faire honneur à ses engagements commerciaux ; il n'y a pas lieu de distinguer entre la cessation et la simple suspension de paiements d'obligations commerciales 63

3. Parallèle entre la faillite et la déconfiture 72

4. La cessation de paiements constitue la faillite, indépendamment de toute déclaration du tribunal de commerce. Il appartient à tous les tribunaux de constater ce fait, à l'effet d'en appliquer les conséquences aux litiges dont ils sont compétemment saisis. Opinion contraire de M. Massé 76

5. Plan de ce travail 82

PREMIÈRE PARTIE.

Des effets du jugement déclaratif.

CHAPITRE PREMIER.

Du dessaisissement.

6. Le principe de dessaisissement a été introduit dans notre législation par le Code de 1807 83

7. Sa définition 85

8. Il porte sur tous les biens 85

9. Il s'étend à ceux que l'art. 592 du Code de procédure déclare insaisissables 86

10. Il ne comprend pas les pensions et traitements accordés par le gouvernement français, et que des lois spéciales déclarent insaisissables 88

11. Comprend-il les biens déclarés insaisissables par le testateur ou donateur ? Distinction 88

12. Il s'étend aux biens dont le failli n'a que la jouissance, mais non à ceux qu'il ne détient qu'à titre de dépôt 90

Pages.

13. A ceux compris dans une succession échue au failli depuis le jugement déclaratif. 91

14. Il comprend le brevet d'invention pris par le failli soit avant, soit depuis le jugement déclaratif 92

15. Le dessaisissement n'est pas l'interdiction 93

16. Le failli peut donc pendant le dessaisissement se livrer à des opérations commerciales ou autres 95

17. Le dessaisissement s'étend aux produits de ses nouvelles opérations. Trois systèmes 95

18. Puisque le dessaisissement n'est point l'interdiction, le failli est autorisé à prendre des mesures conservatoires 97

19. Le dessaisissement n'est établi qu'en faveur de la masse . . 98

20. Renvoi pour deux autres conséquences du principe que le dessaisissement n'est pas l'interdiction aux nos 25, 26 et 40. . . 98

21. Le dessaisissement commence à la date du jugement déclaratif 98

22. Il résulte de plein droit de ce jugement 101

23. A partir de cette époque, le failli ne peut ni donner ni recevoir un mandat. Celui qu'il aurait donné ou reçu antérieurement serait révoqué. Distinction à cet égard entre le mandat reçu et le mandat donné 103

24. Le dessaisissement s'étend à celles des actions du failli qui sont relatives à ses biens 104

25. Mais le failli peut exercer par lui-même les actions attachées à sa personne. 105

26. Il peut faire tout ce qui est à la fois dans son intérêt et dans celui de ses créanciers, même relativement à ses biens 107

27. Les syndics sont tantôt des tiers, tantôt des ayants-cause par rapport au failli 108

28. Hors les cas précédents, toutes les actions du failli sont remises entre les mains des syndics. 108

29. Les syndics ne représentent que ceux des créanciers qui ont un intérêt identique à celui de la masse chirographaire. 109

30. Les syndics pouvant toujours intenter les actions du failli ou répondre à celles qui seraient dirigées contre eux, le jugement déclaratif n'interrompt ni ne suspend la prescription. 111

31. Les syndics ne sont point tenus de dénoncer l'instance à leurs adversaires, et ceux-ci ne sont pas obligés de les assigner en reprise d'instance 112

32. L'adversaire des syndics doit affirmer sa créance avant de les actionner 113

Pages.

33. Il peut, si l'affaire est en état, continuer à procéder contre le failli personnellement 113

34. Toute voie d'exécution mobilière ou immobilière ne peut être intentée ou suivie que par ou contre les syndics 113

35. Le jugement déclaratif suspend les voies d'exécution mobilières commencées par un créancier chirographaire. Opinion contraire de M. Bédarride 114

36. Le jugement déclaratif n'arrête point les voies d'exécution des hypothécaires et des privilégiés, exception pour le propriétaire (art. 450). 117

37. Un créancier ne peut continuer contre les syndics une saisie immobilière qu'il a commencée contre le failli en vertu d'un titre exécutoire ne conférant point hypothèque 119

38. Les priviléges du Trésor régis par des lois spéciales s'exercent comme s'il n'y avait point faillite 120

39. Le jugement déclaratif enlève aux créanciers l'exercice individuel de la contrainte par corps. 121

40. Le droit d'intervention n'est textuellement accordé au failli que depuis 1838, mais une jurisprudence conforme aux principes généraux du Droit l'admettait sous le code de 1807 122

41. Laissés au pouvoir discrétionnaire des juges du fait, l'admission ou le rejet de la demande en intervention doivent être motivés. 123

42. Le failli peut intervenir pour la première fois sur l'appel ; ici les art. 466 et 474 du code de procédure ne s'appliquent point. . 124

43. Le jugement statuant sur l'intervention est susceptible d'appel 125

44. Résumé de ce chapitre 125

CHAPITRE II.

De l'exigibilité résultant du jugement déclaratif.

45. Elle n'est qu'une application d'un principe de droit commun à la matière des faillites. 126

46. Elle n'a pas tous les effets de l'exigibilité résultant de l'échéance du terme. Elle ne peut autoriser la compensation . . . 126

47. Elle ne s'oppose point aux effets de la compensation opérée antérieurement au jugement déclaratif 128

48. Elle s'étend aux dettes civiles comme aux commerciales, aux hypothécaires et aux privilégiées comme aux chirographaires . . 128

49. Elle n'autorise point les poursuites des créanciers hypothécaires et privilégiés 130

50. Elle n'a lieu qu'à l'égard du failli 130

Pages.

51. Elle n'autorise point la retenue de l'escompte 130

52. Elle ne s'applique point aux contrats parfaitement synallagmatiques 131

53. Exception au principe du premier alinéa de l'art. 444 en matière d'effets négociables. Ses motifs. 131

54. Le deuxième alinéa de l'art. 444 fait disparaître l'antinomie
qui existait entre les art. 163, 187 et 448 du Code de 1807. . . 134

55. L'art. 444 dispense de donner caution en cas de faillite d'un
endosseur 138

56. L'acceptation même postérieure à la faillite du tiré dispense
les obligés de donner caution 138

57. Le recours des art. 163 et 444 est facultatif pour le porteur;
il doit en tous les cas protester à l'échéance. 139

58. L'art. 444 ne s'applique qu'à la faillite judiciairement déclarée 140

CHAPITRE III.

*De l'influence du jugement déclaratif sur le cours des intérêts de toute
créance chirographaire.*

59. Motifs de l'art. 445 du Code de commerce 141

60. Le créancier est admis à produire pour les intérêts échus
depuis la cessation des paiements jusqu'au jugement déclaratif. . 142

61. C'est à l'égard de la masse seulement que le jugement déclaratif arrête le cours des intérêts. Conséquences. 142

62. Le montant de billets dans lesquels on a compris les intérêts
non échus, celui d'une facture sujette à escompte doit-il être réduit? 143

63. Des intérêts des créances hypothécaires et privilégiées . . 144

64. Le créancier hypothécaire conserve, même après le jugement
déclaratif, le droit de prendre inscription pour les intérêts. . . . 145

65. Différentes manières dont prennent fin les effets du jugement déclaratif 147

SECONDE PARTIE.

Des effets de la cessation de paiements indépendamment de tout jugement déclaratif.

66. Plan de la seconde partie 148

CHAPITRE PREMIER.

Des actes faits depuis la cessation des paiements ou dans les dix jours qui l'ont précédée.

Pages.

67. Historique sur le sort des actes faits à l'approche des faillites 149

68. Parallèle entre le Code de 1807 et la loi actuelle 154

69. Étendue des mots *actes à titre gratuit* dans l'art. 446 159

70. La donation acceptée dans les dix jours qui précèdent la cessation des paiements est nulle. 160

71. Une donation immobilière peut être valablement transcrite jusqu'au jugement déclaratif 160

72. La constitution de dot et les donations en faveur de mariage tombent comme actes à titre gratuit sous l'application de l'art. 446 162

73. L'art. 446 s'applique-t-il aux donations rémunératoires ? 169

74. Aux donations avec charges ? 170

75. Aux donations déguisées 171

76. Aux testaments ? 171

77. Aux donations conditionnelles ? 171

78. Les donations annulées le sont au profit de tous les créanciers sans égard à la date de leurs titres. 171

79. Transition 172

80. La loi assimile aux actes à titre gratuit les paiements pour dettes non échues, sans reproduire la distinction de l'ancien art. 445 172

81. Le paiement avec escompte est-il un paiement pour dettes non échues ? 175

82. L'envoi en compte courant n'est pas un paiement pour dettes non échues. 177

83. Opinion contraire de M. de Saint-Nexent 179

84. Sens du mot *compensation* dans l'art. 446 181

85. Des paiements pour dettes échues faits autrement qu'en espèces ou effets de commerce. Différence entre le Code de 1807 et la loi actuelle. 181

86. L'art. 446 ne s'applique pas à une simple opération de commerce 183

87. Le paiement même fait en effets de commerce ne serait pas protégé par l'art. 447, si ces titres avaient été soustraits à la circulation 183

88. En annulant les paiements pour dettes échues faits autrement qu'en espèces ou effets, l'art. 446 suppose que ces paiements devaient être faits ainsi ; toutes les fois que le contraire résulte des circonstances, ces paiements sont valables 184

Pages.

89. Du sort des hypothèques constituées dans la période fatale. État de la question sous le Code de 1807. Réformes proposées par M. Troplong, accomplies en 1838 186

90. La nullité ne s'étend pas aux hypothèques légales. . . . 190

91. Elle ne frappe point l'hypothèque contemporaine de la dette qu'elle garantit 192

92. L'hypothèque qui garantit des créances nées de die in diem s'étend même aux créances postérieures aux dix jours qui ont précédé la cessation des paiements. 193

93. Une hypothèque constituée pour sûreté d'un crédit ouvert est valable en soi ; elle prend date du jour du contrat et garantit les versements successifs jusqu'au jour du jugement déclaratif . . . 193

94. L'art. 446 annule les nantissements constitués dans la période fatale pour dettes antérieurement contractées 200

95. Il ne s'applique point aux priviléges dont la constitution ne dépend pas du fait de l'homme. 200

96. Les hypothèques et priviléges valablement acquis peuvent être inscrits jusqu'au jugement déclaratif (art. 448) 201

97. Cas où l'inscription peut être annulée 202

98. Quand un acte parfait entre les parties a besoin, pour se compléter, d'une formalité extrinsèque dont l'accomplissement n'est pas le fait du failli, elle peut être remplie jusqu'au jugement déclaratif. Opinion contraire de Troplong 204

99. Les actes que l'art. 446 n'atteint pas sont en général valables (art. 447) 212

100. L'art. 447 n'est point la reproduction pure et simple de l'article correspondant du Code de 1807. 213

101. Portée et motifs du pouvoir discrétionnaire que l'art. 447 laisse au juge. 214

102. Pour qu'un paiement soit réputé fait en effets de commerce, il faut que ces titres n'aient point été soustraits à la circulation . 215

103. Du paiement des effets de commerce 217

104. Du cas où un mandataire a traité en connaissance de la cessation des paiements. 218

105. Du sous-acquéreur de bonne foi dont l'auteur a traité avec le failli connaissant la cessation des paiements. 219

106. Observations générales sur le caractère des nullités établies par les art. 446, 447, 448 et 449 220

107. Étendue de l'obligation de rapport 221

108. Règle de compétence 222

CHAPITRE II.

Des avantages stipulés par un créancier à raison de son vote dans les délibérations de la faillite, soit avec le failli, soit avec un tiers, et des avantages particuliers et secrets consentis par le débiteur ou par des tiers à la charge de l'actif.

Pages

109. Transition 224

110. L'art. 597 prévoit deux délits dont le second ne suppose pas nécessairement une déclaration du tribunal de commerce; par suite la nullité qui en est la conséquence peut être prononcée malgré l'absence d'un jugement déclaratif. 224

111. La nullité résultant de l'art. 598 n'est pas simplement relative, comme celles établies par les art. 446, 447, 448 et 449 . . 227

112. La convention est nulle lors même que le créancier aurait traité avec un tiers. Conséquence quant au cautionnement . . . 227

113. Peu importe la date de l'engagement, qu'il soit antérieur ou postérieur au concordat ou à l'atermoiement; peu importe aussi que le titre du créancier qui attaque soit postérieur à l'engagement attaqué. 228

114. La nullité peut être prononcée nonobstant l'exécution des conventions 229

115. Du délai de la prescription de l'action. 229

CHAPITRE III.

Des restrictions apportées aux droits de l'épouse du commerçant failli.

116. But de ces restrictions. 231

117. Elles n'ont lieu qu'en cas de cessation de paiements du mari constatée par le tribunal qui veut les appliquer. *Quid* de la cessation de paiements constatée postérieurement au décès du commerçant? 232

118. Règle générale qui domine la section des droits des femmes. Force de la présomption qu'elle établit 234

119. Transition 238

120. Des reprises immobilières: la femme peut reprendre : 1° les immeubles qui lui appartenaient avant le mariage et qu'elle n'a pas mis en communauté 239

121. 2° Les immeubles restés propres acquis avec des deniers à elle échus par succession, donation entre-vifs ou testamentaire. . 241

122. Preuves à faire dans le second cas 242

Pages.

123. Les reprises ne s'exercent qu'à charge des dettes et hypothèques dont les biens sont légalement grevés 244

124. Reprises mobilières. Comparaison du Code de 1807 et de
la loi actuelle 245

125. La femme qui ne fait pas les justifications prescrites pour
l'exercice de ses reprises mobilières ne peut pas les réclamer comme
chirographaire. 250

126. Il n'y a aucune exception possible à la présomption de l'art.
560. Opinion contraire de M. Geoffroy 251

127. Sans les justifications légales, la femme ne peut reprendre
que les linges et hardes nécessaires à son usage 253

128. Des dettes contractées par la femme pour son mari . . . 253

129. Restrictions à l'hypothèque légale de la femme en cas de
faillite du mari. Comparaison du Code de 1807 avec la loi actuelle. 254

130. L'hypothèque légale ne garantit pas les objets que le mari
aurait acquis des cohéritiers de la femme au moyen de soultes. Elle
ne porte ni sur les immeubles que le mari aurait par le même moyen
acquis de ses cohéritiers, ni sur les améliorations ou constructions
faites pendant le mariage 256

131. Créances garanties par l'hypothèque légale de la femme .. 257

132. Du cas où la vente a eu lieu avant la faillite 257

133. A quelles conditions la femme peut-elle se présenter comme
chirographaire si son hypothèque légale lui fait défaut ? 258

134. Obligée comme caution de son mari, la femme peut demander une collocation actuelle et non pas simplement une collocation
éventuelle 259

135. La femme du failli ne peut se faire attribuer une hypothèque judiciaire plus étendue que son hypothèque légale, mais elle
peut se prévaloir de l'hypothèque conventionnelle consentie à son
profit pour sûreté de ses reprises par un tiers sur des immeubles
dont le mari est devenu propriétaire à titre onéreux pendant le mariage. 260

136. Rang de l'hypothèque légale de la femme 262

137. La faillite du père tuteur, postérieure au décès de sa femme,
est sans influence sur l'hypothèque légale de son enfant mineur. . 262

138. Des avantages faits par le failli à sa femme par contrat de
mariage. Esprit des restrictions qu'y apporte la loi des faillites.
Comparaison avec le Code de 1807 263

139. L'art. 564 ne s'applique pas aux avantages déjà exercés . 265

140. La faillite est une cause de révocation des donations faites
par le failli à sa femme pendant le mariage 265

XIV

Page.

141. Renonciation par la femme à exercer ses droits dans la faillite. Droit de ses créanciers 266
142. Questions transitoires 267
143. Conclusion de ce travail 273
PROPOSITIONS 276

DROIT ROMAIN.

DE LA RESTITUTION EN ENTIER.

INTRODUCTION.

Le droit positif est l'une des conditions de l'existence de toute société et l'un des plus grands bienfaits qu'elle puisse procurer; mais par cela même que la loi positive doit dans ses prévisions embrasser tous les cas, elle peut se trouver en contradiction avec l'équité, car elle ne peut pas prévoir l'infinie variété des circonstances de nature à modifier un fait. Il n'est donc pas impossible que la loi positive, sans qu'on puisse lui en faire un reproche, consacre, dans un cas donné, une injustice, c'est-à-dire que le droit positif, le droit strict, ne soit point d'accord avec l'équité, qu'au lieu de délier le nœud d'une difficulté, il le tranche. *Summum jus, summa injuria*, disait Cicéron (*De officiis*, liv. I, ch. 10).

Plus un peuple est formaliste et attaché à la lettre, plus ces sortes de conflits doivent être nombreux; ils étaient donc peut-être plus fréquents dans l'ancien Droit des Romains que dans aucun autre (Gaius IV, 116). Les préteurs cherchèrent à paralyser la sévérité du droit strict au moyen de l'interprétation, ils allèrent plus loin; quand certaines conditions, déterminées par eux, se réunissaient, ils considéraient un fait et ses conséquences juridiques comme n'existant pas; ils disaient ouvertement qu'un acte valable devait être regardé comme nul, parce que, dans un cas particulier qui leur était soumis, son maintien eût blessé l'équité dont ils se faisaient les défenseurs. Le moyen qu'ils employaient en ce cas s'appelle *in integrum restitutio, integri restitutio*. Il va faire l'objet de ce travail.

On distingue les différentes espèces de restitutions d'après les causes qui leur servent de fondement, mais il est des règles et des principes communs à toutes, qui font au *Digeste* l'objet d'un titre particulier (liv. 4, t.1er). Notre première partie s'occupera donc de la restitution en entier en général; la seconde, des différentes espèces de restitutions. Un certain nombre de principes généraux se trouvent énoncés sous les titres qui traitent des diverses restitutions en particulier, où l'on a eu l'occasion d'en faire l'application, et notamment au titre 4 du livre 4 du *Digeste*, où il est question de la restitution des mineurs, car c'est à leur profit que la restitution est le plus souvent invoquée.

PREMIÈRE PARTIE.

DE LA RESTITUTION EN ENTIER EN GÉNÉRAL.

CHAPITRE PREMIER.

De la nature et des conditions de la restitution en entier.

Le caractère particulier de la restitution en entier ne se trouve ni dans son résultat, ni dans l'examen préalable (*causæ cognitio*) auquel se livrait le magis-

3

trat. L'institution qui nous occupe se distingue de toutes
les autres par le fondement sur lequel elle repose ; nulle
part le pouvoir que le préteur s'était arrogé de corriger
le Droit civil ne se présente sous des formes aussi tran-
chantes que dans les restitutions en entier, où le préteur se mettait plus directement en opposition avec le
Droit civil que dans la délivrance des interdits, des
exceptions et des actions *in factum*. Tous ces moyens
avaient un but commun, suppléer aux lacunes du droit
strict, ou en paralyser les résultats trop rigoureux. Tandis que dans toutes ces circonstances le préteur respec-
tait, en apparence au moins, le Droit civil, dans la restitution en entier il tenait pour non avenus certains actes
ou certains faits auxquels le Droit civil attachait certaines
conséquences, et replaçait les parties dans la même position que si ces actes ou ces faits n'eussent pas été
accomplis (Bonjean, *Traité des actions*, t. 2, § 353).
La restitution en entier suppose donc tout d'abord un
acte ou un fait auxquels le Droit civil a valablement
attaché des conséquences déterminées ; avant de l'accorder, le préteur examinera s'il n'existe point une action civile ou prétorienne qui puisse conduire au même
but, car dans ce cas l'impétrant n'a pas besoin du secours extraordinaire dont nous parlons, et Ulpien nous
enseigne qu'il faut tenir pour certain que le préteur ne
doit point interposer son autorité toutes les fois que le
contrat est nul d'après le droit strict (*Fr.* 16, *D. de min.*,
4, 4). Le caractère de *bénéfice*, de *secours extraordinaire*, est attribué à la restitution en entier par tous
les textes, il faut donc la demander, et on peut renoncer
à en faire usage, quand même elle aurait été obtenue,
tant que les choses restent entières.

1.

Quand nous disons que la restitution est un bénéfice qu'il dépend du pouvoir discrétionnaire du préteur de refuser ou d'accorder, il ne faut pas en conclure que cela dépende de son caprice; si le préteur refuse, la voie de l'appel est ouverte (*Const.* 1, *C., Si sœpius in integr. restit. post*, 2, 44). Les conditions auxquelles la restitution est soumise sont de plus une garantie qu'elle ne sera pas légèrement accordée; nous prétendons seulement que le pouvoir discrétionnaire du préteur est plus étendu en cette matière que dans d'autres; autrement dit, il faut, pour qu'il accorde la restitution, que les conditions déterminées par l'édit existent, mais dans ce cas même il peut la refuser. Il s'agit, ne l'oublions pas, de faire tomber un acte valable en Droit civil, le préteur a donc un pouvoir discrétionnaire plus étendu que dans les cas ordinaires. C'est en ce sens seulement qu'on peut dire avec raison que la restitution est une *grâce* qu'il dépend du magistrat d'accorder ou de refuser. Entre deux maux, le renversement d'un acte valable et le maintien d'un acte contraire à l'équité, il faut choisir le moindre, c'est au préteur qu'il appartient de faire ce choix (Savigny, *System des heutigen röm. Rechts*, t. 7, § 117). Pour contrebalancer le danger de ce pouvoir discrétionnaire plus étendu, le Droit romain ne le conféra originairement qu'aux préteurs; de plus, l'édit et l'interprétation des jurisconsultes déterminent avec soin les conditions générales d'admissibilité de la restitution.

On exige la réunion des trois conditions suivantes : 1° Une lésion assez considérable résultant de l'acte ou de l'omission contre laquelle on demande à être restitué, lésion arrivée sans la faute du demandeur en restitution; 2° une juste cause de restitution; 3° l'absence d'une disposition légale prohibitive de la restitution.

Entrons dans le détail et occupons-nous d'abord de la lésion.

La restitution en entier suppose toujours une lésion et même une lésion résultant d'un acte juridique ou d'un fait auquel le Droit attache une conséquence, car, si la lésion n'avait pour cause qu'une voie de fait, le Droit lui-même fournirait les moyens de la réparer; il n'est pas nécessaire que la lésion soit le résultat du dol (*Const.* 5, *C.*, *De in integr. restit. min.*, 2, 22).

Ainsi, il y a lieu de restituer un mineur, bien que la lésion ne résulte pas du dol de son adversaire (*Fr.* 11, § 4, *D. de min.*, 4, 4), et Pomponius nous dit : « *In pretio emptionis et venditionis naturaliter licere contrahentibus se circumvenire* » (*Fr.* 16, § 4, *D. de min.*, 4, 4); or, d'après le *Fr.* 1, *De in integr. rest.* (4, 1), le préteur vient au secours de ceux qu'il désigne par l'expression de *lapsi, circumscripti*. Il y a lieu à restitution, pourvu que le demandeur prouve la lésion même éventuelle (*Fr.* 7, § 4, et *Fr.* 8, *D. de min.*, 4, 4), mais il ne lui suffirait pas de l'alléguer (*Fr.* 11, § 3, et *Fr.* 35, *ibid.*). On a cependant invoqué en sens contraire la *Const.* 1, *C.*, *Si adversus creditorem*, 2, 28. L'empereur Adrien dit dans ce rescrit : « Vous avouez que vous avez contracté avec la mineure Zenodora, et que vous n'avez pu prouver qu'elle s'est enrichie par suite du contrat, vous voyez que c'est avec raison qu'on a prononcé la restitution en sa faveur. » Sans bouleverser les règles de la preuve, il est facile de supposer que la demanderesse avait prouvé qu'il n'y avait pas *versio in rem*, sans que le défendeur ait pu détruire cette preuve. L'empereur a donc pu lui dire, vous n'avez pas pu prouver que votre adversaire se soit enrichie par le contrat, vous comprenez donc, sans qu'il soit besoin d'insister, que c'est avec raison qu'on lui a accordé la restitution (Burchardi, *Die Lehre der Wiedereinsetzung in den vorigen Stand*, p. 59).

Un *lucrum cessans* suffit pour fonder la restitution, il ne faut pas nécessairement avoir éprouvé une diminution directe de son patrimoine. Cette condition était exigée primitivement par l'édit, ou du moins le préteur ne parle point du *lucrum cessans*; l'interprétation l'admit d'abord en faveur des mineurs, et puis pour toutes les restitutions, ce qu'on peut déduire du *Fr.* 17, § 3, *D. de usuris* (22, 1). Le *Fr.* 27, § 6, *D. de min.* (4, 4), prouve encore que l'extension de l'édit se fit d'abord au profit des mineurs, mais des textes positifs ne permettent point de douter que le *lucrum cessans* ne suffise pour fonder toute espèce de restitution. *Et sive quid amiserit, vel lucratus non sit, restitutio facienda est, etiamsi non ex bonis quid amissum sit*, dit le *Fr.* 27, *D., Ex quibus causis majores* (4, 6). On ne peut opposer à cette solution les *Fr.* 18, 19 et 20 du même titre, le premier porte simplement qu'il n'y a pas lieu à restitution contre les actions pénales, les deux autres, que la restitution n'est destinée qu'à rétablir des positions de droit ou à produire l'extinction d'obligations, mais non pas à faire qu'un fait comme la possession continue d'exister alors qu'il a réellement cessé.

Les textes ne disent pas que la lésion pouvant motiver la restitution doive nécessairement porter sur les biens, mais on ne saurait se dissimuler que, dans les exemples qu'ils donnent, dans les espèces qu'ils posent, la lésion porte le plus souvent sur un intérêt pécuniaire; faut-il en conclure que la lésion d'autres intérêts ne pourrait point donner lieu au bénéfice que nous étudions? Nous ne le pensons pas, la restitution est, en effet, admise contre l'adrogation (*Fr. 3, § 6, D. de min.*, 4, 4); contre une sentence déclarant nulle une adoption (*Const. 2, C., Si adversus rem judicatam, 2, 27*). Sans doute, tout changement de famille a une influence sur les droits pécuniaires eux-mêmes; mais rien ne force à supposer dans le silence de la loi que ce soit là le seul motif de la restitution, elle est admise au profit d'un mineur indûment nommé arbitre. Le *Fr. 6, D. de min.*, 4, 4, dit: *Minoribus vigintiquinque annis subvenitur per in integrum restitutionem non solum, quum de bonis eorum aliquid minuitur, sed etiam quum intersit ipsorum litibus et sumptibus non vexari.* Le mot *sumptibus* diminue, il est vrai, l'autorité de ce passage, mais si la question des frais entrait seule en balance, on ne comprendrait point le commencement du texte. Un mineur est restituable, si dans une enchère publique sa mise est couverte, alors qu'il démontre qu'il a intérêt à avoir la chose, par exemple, parce qu'elle a appartenu à ses ancêtres (*Fr. 35, D. de min., 4, 4*); voilà donc un intérêt d'affection suffisant pour fonder la restitution.

Pour ne rien déguiser, il faut reconnaître que dans tous les passages que nous venons de citer, il peut aussi y avoir un intérêt pécuniaire à la restitution; mais le silence de la loi est ici un argument qui n'est point à dédaigner; si l'on avait voulu refuser la restitution à tous ceux qui n'ont souffert qu'un dommage non pécuniaire, on l'aurait dit. Ceux qui sont familiers avec la manière des jurisconsultes romains, ne s'étonneront pas d'ailleurs de ce que la plupart de leurs exemples ne fassent mention que de lésions pécuniaires, ces cas étaient les plus fréquents.

Il faut que le préjudice causé par l'acte ou le fait à considérer comme non avenu, soit relativement considérable, car, s'il est vrai, en général, de dire : *De minimis non curat prætor*, à combien plus forte raison ne peut-on pas appliquer cet axiome à notre matière? Aussi n'hésitons-nous pas à nous ranger à l'opinion générale, qui a pour elle, outre le motif déduit de la nature de secours extraordinaire de la restitution, des textes positifs : *Scio illud a quibusdam observatum ne vel satis minimam rem, vel summam, si majori rei vel summæ præjudicetur, audiatur is, qui in integrum restitui postulat*, dit le *Fr.* 4, *D. de in integr. restitut.* (4, 1), consigné au titre *De in integrum restitutionibus*, et applicable par conséquent à toutes les restitutions. Les textes spéciaux ont fait en différentes circonstances l'application de ce principe général, par exemple, quand le débiteur demande à être restitué contre la vente du gage faite en justice (*Fr.* 9 *pr.*, *D. de min.*, 4, 4; *Const.* 1, *C.*, *Si adversus vendit. pignoris*, 2, 29; *Const.* 3, *C.*, *Si adversus fiscum*, 2, 37); dans le cas de vente de biens d'un pupille par son tuteur (*Fr.* 49 et *Fr.* 7, § 8, *D. de min.*, 4, 4); dans le cas où l'on veut se faire restituer contre une constitution de dot ou contre une donation à cause de noces (*Fr.* 9, § 1, *D. de min.*, 4, 4; *Const.* 1, *C.*, *Si adversus donat.*, 2, 30). Tous ces cas, dit-on, sont des exceptions à la règle, ils confirment la règle (*Cocceii jus civile controversum*, lib. IV, tit. I, *quæst.* 9). En général, toute lésion suffit; d'ailleurs, où est la mesure de la lésion, on ne saurait l'indiquer, dit Burchardi, p. 89, on ne sait pas ce que c'est qu'une lésion considérable. Nous répondons que le *Fr.* 4, liv. 4, tit. Ier, a posé la seule mesure qu'on pouvait donner à cet égard. Que deviendrait le crédit si l'on restituait pour une lésion minime ?

Nous passons au développement de la deuxième condition : il faut une juste cause de restitution. L'édit énumère ces causes et pose ainsi une limite au pouvoir exorbitant du préteur. Le *Fr.* 1, *D. de in integr. restit.* (4, 1), extrait d'Ulpien, est ainsi conçu : *Utilitas hujus tituli non eget commendatione, ipse enim se ostendit. Nam sub hoc titulo plurifariam prætor hominibus vel lapsis, vel circumscriptis subvenit, sive metu, sive calliditate, sive ætate, sive absentia, inciderunt in captionem,* et Paul ajoute au *Fr.* 2 : *Sive per status mutationem aut justum errorem.*

Quatre des causes de restitution, la violence, le dol, la minorité et l'absence, se trouvent mentionnées dans les écrits de tous les jurisconsultes; Ulpien ne parle, au titre de la restitution en entier, ni de la *capitis deminutio* ou de la *status mutatio*, ni de l'erreur, peut-être à cause de l'application plus restreinte de la restitution pour erreur. Enfin, ni Ulpien ni Paul ne parlent de l'*alienatio judicii mutandi causa*, que le *Digeste* et le *Code* mettent pourtant au rang des causes de restitution, en lui consacrant chacun un titre spécial, le titre 7, livre 4 du *Digeste*, et le titre 55, livre 2 du *Code*. Nous pensons avec M. Savigny (*System*, t. 7, § 320) que l'ordre des titres du *Digeste* et du *Code*, où il est question des différentes espèces de restitution, indique l'époque de leur admission. En conséquence, la restitution pour violence serait la première en date, celle pour dol la seconde, celle pour minorité la troisième, celle pour *capitis deminutio* la quatrième, celle pour absence la cinquième, celle *judicii mutandi causa* la sixième, enfin, celle pour erreur la septième. M. Burchardi (p. 148 à 150 et 213 à 217) croit que l'action *quod metus causa* et l'action *doli* sont plus anciennes que les restitutions pour ces causes; ces restitutions auraient été introduites les dernières, et seulement sous l'empire, et l'édit sur la restitution pour cause d'absence, rédigé d'abord dans une forme qui ne nous est pas parvenue, serait le plus ancien. Il nous semble que l'édit a dû mentionner les justes causes de restitution dans l'ordre où elles ont été introduites; or, les rédacteurs de la compilation justinienne ont suivi l'ordre de l'édit qui était celui des anciens jurisconsultes dans leurs ouvrages. Ce n'est là qu'une conjecture; voici comment on la fortifie. Les actions *doli* et *quod metus causa* ont rendu inutile en bien des cas les restitutions pour dol et violence; est-il probable que ces deux restitutions n'aient été introduites que lorsque leur utilité était presque passée? Cela contredirait la manière de procéder du préteur; on sait que ce magistrat accordait d'abord un secours pour un cas particulier, et que, généralisant après, il promettait de l'accorder dans tous les cas semblables; peu à peu ce qui n'avait été d'abord qu'un moyen subsidiaire, se changeait en un droit parfait, en une action prétorienne. Si nous admettons cette proposition, nous devons en conclure que sous l'ancien Droit romain le besoin de la restitution pour dol ou violence a dû se faire sentir surtout quand dominait encore ce principe de la loi des Douze-Tables: *Uti lingua nuncupassit ita jus esto.* L'introduction successive des diverses restitutions est d'ailleurs la seule raison plausible de l'ordre suivi par l'édit.

Il faut qu'il y ait rapport de cause à effet entre la juste cause de restitution et la lésion. Ainsi il ne peut y avoir lieu à restituer pour cause de minorité celui qui, loin de s'être laissé entraîner par l'inexpérience du jeune âge, s'est montré père de famille diligent (*Const.* 1, *C.*, *Qui et adversus quos in integr. restit. non possunt*, 2, 42); d'où suit, comme le remarque Marcellus, que si un mineur achète une chose dont il a réellement besoin, par exemple, un esclave qui lui est indispensable, il ne peut point demander à être restitué contre la vente, quand il est lésé par suite de la mort de l'esclave en question. Peu importe que l'esclave soit une chose mortelle, la restitution n'est pas appelée à réparer les suites de la force majeure, il est même indifférent qu'on ait pu éviter la perte en se défaisant de suite des esclaves qui sont morts (*Fr.* 11, §§ 3-5, *D. de min.*, 4, 4). Il n'y a pas non plus lieu de restituer pour absence celui qui a éprouvé une perte dont sa présence ne l'aurait point préservé (*Fr.* 44, *D.*, *Ex quibus causis majores*, 4, 6).

L'absence d'une exception positive dans la loi, excluant du bénéfice de restitution, est la troisième condition exigée pour que l'on puisse accorder ce bénéfice. L'exception la plus large, celle qui embrasse le plus grand nombre de cas, est la suivante : Toutes les fois que le Droit civil offre au demandeur en restitution le moyen de réparer la lésion éprouvée d'une manière aussi avantageuse pour lui qu'il pourrait le faire par la restitution, ce bénéfice est sans objet, il doit être refusé, car alors la lésion n'existe positivement pas.

Ainsi il n'y a pas lieu à restitution toutes les fois que le droit strict considère un acte ou un fait comme non avenu ou donne au moins les moyens de l'annuler (*Fr.* 16, *D. de min.*, 4, 4; *Code*, tit. 41, liv. 2, *In quibus causis in integr. restit. necessar. non est*). Par exemple, la mise en demeure du débiteur ayant lieu de plein droit au profit du mineur, la restitution lui est inutile contre l'omission de mise en demeure. Comme les prescriptions de moins de trente ans ne courent point à son égard, il n'a pas besoin de la restitution contre ces sortes de prescriptions.

La restitution doit être préférée à l'action *de dolo*, parce qu'il est de la prudence d'un bon magistrat d'éviter autant que possible de donner une action infamante (*Fr.* 7, § 1, *D. de in integrum rest.*, 4, 1; *Fr.* 1, § 6, et *Fr.* 38, *D. de dolo malo*, 4, 3).

Le mineur a le choix entre l'action *tutelæ* et la restitution (*Fr.* 39, § 1; *Fr.* 47, § 1, *D. de min.*, 4, 4; *Fr.* 25, *D. de admin. et periculo tut.*, 27, 6; *Const.* 3 et 5, *C., Si vel tut., vel curat. intervenit*, 2, 25; *Novel.* 1, c. 4, § 1), sauf le cas où l'acte, le paiement, par exemple, a été fait par autorité de justice, car alors on ne peut employer que l'action *tutelæ* (*Fr.* 7, § 2, *D. de min.*, 4, 4). Il était bon de laisser subsister la restitution à côté de l'action *tutelæ*, d'abord le tuteur peut être insolvable, ensuite l'action *tutelæ* est infamante, il peut importer au mineur de ne point l'intenter (*Inst. de pœna temere litigantium*, § 2, liv. 4, tit. 16).

Le demandeur a le choix d'intenter l'action *quod metus causa* ou la restitution (*Fr.* 9, §§ 3 et 4, *D., Quod metus causa*, 4, 2).

Il ne suffit pas, pour exclure la restitution, qu'il existe

un autre moyen de droit conduisant au même but, il faut encore que ce moyen y conduise aussi sûrement et aussi facilement que la restitution; on peut donc en invoquer le bénéfice, même dans les contrats de bonne foi (Gluck, *Pandekten Erläuterung*, t. V, § 537). Cela a lieu toutes les fois que la restitution est plus avantageuse que l'action résultant du contrat; par exemple, on veut attaquer une vente pour cause de lésion, il faut prouver la lésion d'outre moitié (*Const.* 2, *C., De rescindenda venditione*, 4, 44). Et alors même, l'acheteur peut offrir le supplément du juste prix. De plus, cette action n'est donnée que contre l'acheteur, tandis que la restitution peut être dirigée contre les tiers; dans ce cas et d'autres semblables, celui qui sera à même d'obtenir la restitution préférera cette voie.

Outre l'exception que nous venons d'étudier, il en existe un certain nombre d'autres établies par des textes positifs et qui reposent sur ce principe incontestable qu'il est des actes et des faits que l'ordre public et les bonnes mœurs ne permettent point de remettre en question. D'après cela, la restitution est exclue par le dol de l'impétrant. Il n'y a pas restitution contre un délit, au moins quand ce délit suppose le dol (*Fr.* 9, §§ 3 et 5, *D. de min.*, 4, 4). Il en est de même si le mineur s'est par dol fait passer pour majeur, l'erreur du mineur sur son âge ne met point obstacle à la restitution.

C'est aussi par des raisons tirées du respect dû à l'ordre public que la restitution n'est admise, ni contre des condamnations pénales (*Fr.* 37, *D. de min.*, 4, 4), ni contre la perte d'actions pénales par la prescription ou la renonciation (*Fr.* 18, *D., Ex quibus causis maj.*, 4, 6).

Le préteur n'accorde point la restitution contre un acte qui confère la liberté à un esclave : *Adversus libertatem quoque minori a prœtore subveniri impossibile est*, dit le *Fr.* 9, § 6, *D. de min.*, 4, 4; voy. aussi *Fr.* 7 *pr.*, *D. de dolo*, 4, 3; *Code, Si adversus libertatem*, liv. 2, tit. 31); en conséquence, ni un mineur, ni une commune ne sauraient se faire restituer contre la vente d'un esclave lorsque l'acheteur lui a donné la liberté, on n'a alors qu'une action en dommages-intérêts contre le maître (*Fr.* 48, § 1, *D. de min.*, 4, 4); l'appel est aussi la seule ressource contre un jugement qui déclare un esclave homme libre (*Fr.* 9, *De app.*, 49, 1; *Const.* 4, *C., Si adversus libertatem*, 2, 31). Mais le préteur accorde la restitution contre un acte qui doit procurer l'affranchissement, tant que cet acte n'est pas exécuté. Si, par exemple, un mineur de vingt-cinq ans, âgé de plus de vingt, a acheté ou vendu un esclave, sous condition que cet esclave sera affranchi, il ne pourra se faire restituer contre la vente que si l'affranchissement n'est pas encore dû (*Fr.* 11, § 1, *D. de min.*, 4, 4); de même un légataire, institué sous condition d'affranchir un de ses esclaves, peut se faire restituer contre l'acceptation du legs, tant que l'affranchissement n'a pas eu lieu, il ne le pourrait plus après (*Fr.* 33, *D. de min.*, 4, 4).

L'honneur et le respect que des descendants doivent à leurs ascendants, des affranchis à leurs patrons, empêchent que la restitution ne puisse être demandée contre des personnes que de pareils liens unissent à celui qui voudrait en réclamer le bénéfice.

La constitution 2, *C., Qui et adversus quos in integr. restitui non possunt* (2, 42), est générale, elle exclut la restitution en tous les cas, sans rechercher, avec quelques-uns des anciens jurisconsultes, si l'ascendant est *persona turpis* ou si la restitution peut être accordée sans faire injure à l'ascendant ou au patron. Quoique la constitution de Justinien ne parle que de la restitution pour minorité, la généralité des motifs de la loi nous paraît autoriser à l'étendre aux autres espèces de restitution. Il ne faudrait point, d'un autre côté, conclure de ce texte que la restitution est exclue entre toutes personnes ayant des rapports de famille. Elle est formellement autorisée toutes les fois que les rapports d'ascendants à descendants, de patron à affranchi sont eux-mêmes en question; par exemple, contre l'adrogation (*Fr.* 3, § 6, *D. de min.*, 4, 4), contre l'adoption, contre une émancipation déclarée nulle (*Const.* 2, *C.*, 2, 27). Le fragment 9, § 4, *De min.*, semble dire que dans le cas qu'il prévoit, la restitution est exclue à cause de la *status mutatio ;* ce motif n'est point exact : si la restitution ne peut être admise, c'est à cause du dol dont se rend coupable le mineur de plus de vingt ans qui se vend comme esclave pour partager le prix de vente.

Les termes généraux de la const. 2, *Qui et adversus quos* (*C.*, 42, 1), ne permettent pas de distinguer entre les ascendants naturels et les adoptifs, comme le fait Gluck (t. 5, § 433), en se fondant probablement sur les mots *naturali reverentia.* Mais ce respect est dû tout aussi légitimement, tout aussi naturellement à des ascendants adoptifs qu'à des ascendants naturels, puisque l'adoption imite la nature.

La novelle 155, chap. 1er, n'abroge pas la constitution précitée, elle ne fait qu'apporter une exception au principe que pose cette constitution, en permettant la restitution au profit des enfants du premier lit contre la mère tutrice qui a convolé en secondes noces; nous disons contre la mère et non point contre les père et mère, comme l'enseignent Voët (liv. 4, tit. 1er, n° 15) et Burchardi (§ 10). Nous croyons avec Gluck (t. 5, § 433) que l'exception ne frappe que les femmes. Pour l'opinion contraire, on dit : le texte grec est équivoque, de plus la constitution à laquelle renvoie Justinien ne parle ni du cas où un père est tuteur, ni de celui où une mère a accepté cette charge.

Nous convenons que ces deux objections auraient de la portée, si la novelle ne prouvait point évidemment qu'il s'agit de femmes, « si, dit-elle, on accorde aux femmes la tutelle. »

Une troisième exception au principe qu'il n'y a point de restitution contre les ascendants, est portée en la constitution 8, § 1, *De bonis quæ liberis* (C., 6, 61); l'enfant est restituable contre une renonciation à succession alors que le père a dans la suite accepté en son propre nom. S'il est désirable que l'équité soit observée, il ne l'est pas moins que la validité des actes juridiques ne soit point trop souvent ébranlée; les exceptions suivantes découlent de ce principe :

1° On ne peut demander deux fois la restitution pour les mêmes motifs. Deux cas peuvent se présenter: ou bien la requête est repoussée, et alors on ne peut avoir recours qu'à l'appel (*Const. 1, C., Si sæpius in integrum rest. potest*, 2, 44; *Paul. Sent.*, liv. 1, tit. 7, § 5); ou bien, après avoir obtenu la restitution, on néglige d'en faire usage dans le délai voulu. Dans les deux cas, on ne peut présenter une nouvelle requête qu'en l'appuyant sur des moyens nouveaux.

2° Quand le fisc a vendu la chose de son débiteur en observant les formalités voulues par la loi, la restitution n'est point admissible contre une pareille vente; il en serait autrement si l'agent du fisc pouvait être convaincu de fraude (*Const. 5, C., De jure et fide hastæ fiscalis*, 10, 3; *Const. 3, C., Si adverus fiscum*, 2, 37).

3° Il en est de même quand le demandeur en restitution a déféré à son adversaire le serment litis décisoire; mais la restitution est admise s'il s'agit du serment supplétoire (*Fr. 31, D. de jure jurand.*, 12, 2).

4° Gaïus (*Com.*, IV, § 125) présente comme controversée la question de savoir si l'on peut être restitué contre la perte d'une exception dilatoire qu'on a négligé de proposer en temps utile. Julien l'Apostat tranche la controverse en prononçant une amende contre tout avocat qui, après avoir négligé de faire valoir une exception de ce genre *in limine litis*, essaierait de la produire plus tard (*Const. 12, C., De excep.* 8, 36).

5° La restitution n'est pas admise contre la prescription de trente ou de quarante ans. Il importe dans une vue d'ordre public que les procès aient une fin; c'est pourquoi la constitution 3, *C., De præscriptione triginta vel quadraginta annorum* (7, 39), veut que rien ne puisse arrêter le cours de ces prescriptions, les impubères seuls, fils de famille ou pupilles, étaient exceptés de cette disposition, qui englobait les mineurs pubères, sans distinguer s'il y avait ou s'il n'y avait pas de curateurs. *Non sexus fragilitate, non absentia, non militia, contra hanc legem defendenda, sed pupillari ætate duntaxat quamvis sub tutoris defensione consistat huic eximenda sanctioni. Nam quum ad eos annos pervene-*

*rint, qui ad sollicitudinem pertinent curatoris necessario
eis, similiter ut aliis annorum triginta intervalla ser-
vanda sunt.* D'après ce texte, les impubères seuls sont
libérés de plein droit de la prescription de trente ou quarante ans, à leur égard ces prescriptions ne courent pas;
pour les mineurs pubères, non-seulement elles courent,
mais ils ne peuvent point se défendre contre la loi, se
faire restituer en entier; ils sont, à cet égard, sur la
même ligne que les femmes, les absents et les militaires.
Or, personne n'a jamais soutenu que les femmes
eussent, à raison de leur sexe, droit à la restitution.
On voit, d'après la rédaction de la constitution, que
le législateur a voulu mettre une différence bien tran-
chée entre les mineurs pubères et les impubères; la
différence est bien plus grande entre être exempt de
plein droit et ne pas être exempt, qu'entre être exempt
de plein droit et être simplement restituable. Comment
le législateur pourrait-il dire que les mineurs sont
soumis nécessairement à une prescription, alors qu'ils
pourraient se faire restituer contre elle? (Voy. Savigny,
System, t. 3, *Beilage* 8, n° XXVII, et Puchta, *Institu-
tionen,* t. 2, § 309). L'état militaire ou l'absence n'a
jamais suspendu la prescription, comme le prétend
Burchardi, § 10; les textes qu'il cite ne sont empruntés
qu'à des actions temporaires; les uns ne se rapportent
point à la matière; les autres, comme le fragment 40, *D.,
Ex quibus causis* (4, 6), et la constitution 5, *C., De res-
titutione militum* (2, 51), placés sous des titres relatifs
à la restitution, ne parlent point d'une suspension de
plein droit. Les constitutions 1, 2, 4, 6 et 8, *C., Quibus
non objicitur longi temporis præscriptio* (7, 35), indiquent évidemment une restitution pour absence et

non une suspension de plein droit de la prescription de dix à vingt ans. La différence établie par la constitution de Théodose entre la prescription de trente et de quarante ans et les prescriptions plus courtes, n'est donc pas que l'absence ou la faveur due au sexe ne suspend pas la prescription *longissimi temporis*, tandis qu'elle produit cet effet à l'égard des autres ; mais elle est dans cette circonstance que la restitution, admise contre les prescriptions de plus courte durée, ne l'est point contre celles de trente et quarante ans.

CHAPITRE II.

Du magistrat compétent pour prononcer sur la restitution et de la procédure à suivre.

La restitution est une affaire de gouvernement plutôt que de justice régulière ; aussi, les magistrats qui ont à la fois la juridiction et l'*imperium* peuvent-ils seuls connaître d'une demande en restitution, les magistrats municipaux ne le peuvent pas (*Fr.* 26, § 1, *D. ad municipalem*, 50, 1), et Justinien n'a pas abrogé le fragment cité par la constitution 3, *C.*, *Ubi et apud quem cognitio in integrum restitutionis agitanda sit* (2, 47), comme le prétend Cocceius (*Jus civile controversum*, lib. 4, tit. 1, *quœst.* 2). Cette constitution ne dit point, en effet, que des magistrats municipaux peuvent connaître de la restitution, mais simplement que des juges délégués le peuvent, en supposant qu'ils se trouvent dans les conditions voulues ; si donc on nommait un magistrat municipal juge délégué (*judex pedaneus*), il ne saurait prononcer sur une restitution (Gluck, t. 5, § 434 ; Burchardi, § 28).

Un magistrat ne peut restituer que contre sa propre sentence ou contre celle d'un magistrat inférieur (*Fr.* 18 *pr.*, et *Fr.* 16, § 5, *D. de min.*, 4, 4).

Les préteurs, dans leurs édits, se réservèrent d'abord exclusivement le pouvoir d'accorder la restitution (*Fr.*1-3, *D. de in integr. rest.*, 4, 1 ; *Fr.* 1, § 1, *D. de min.*, 4, 4 ; *Fr.* 1, §6, *D., Quod falso tut. auct.*, 27, 6). Mais lorsque les édits des préteurs passèrent dans ceux des gouverneurs des provinces, il s'établit naturellement qu'eux aussi eurent le pouvoir d'accorder la restitution. Les *Fr.* 12, 15 et 27, *D. de minoribus* (4, 4), et le *Fr.* 25, *D., Ex quibus causis* (4, 6), sont en effet extraits des commentaires *ad edictum provinciale*, ce qui prouve que les gouverneurs de provinces pouvaient restituer. Cette faculté appartenait à tous les magistrats ayant la juridiction et l'*imperium*. Les textes mentionnent : 1° Les préteurs, chacun dans les limites des causes où il a juridiction ; 2° le préfet de la ville (*Fr.* 16, § 5, et *Fr.* 38, *D. de min.*, 4, 4) ; 3° le préfet du prétoire (*Fr.* 17, *ibid.*) ; 4° les gouverneurs de provinces et les légats de l'empereur, dans les provinces dites impériales (*Fr.* 42, *ibid.* ; *Fr.* 7, §2, *D. de officio procons.* (1, 16), *Fr.*10 et 11, *D. de officio præsidis*, 1, 18 ; *Const.* 2, *C., Ubi et apud quem cognitio*, 2, 47). Mais les légats des présidents de provinces ne peuvent pas, sous le rapport de la restitution, être assimilés aux légats de l'empereur, leurs pouvoirs sont plus limités (*Fr.* 2, § 1, et *Fr.* 3, *D. de officio proconsulis*, 1, 16) ; 5° le *procurator rationalis* de l'empereur (*Const.* 2 et 3, *C., Si adversus fiscum*, 2, 36), à la condition que les parties se présentent elles-mêmes devant lui (*Const.* 1, *C., De jurisdictione omnium judicum*, 3, 13) ; 6° enfin l'empereur peut seul restituer contre une sentence rendue par lui ou par un juge qu'il a délégué à cet effet (*Fr.* 18, *D.*, *Ex quibus causis*, 4, 6; *Const.* 1, *C.*, *Ubi et apud quem*, 2, 47). De même, et par un privilége particulier, le préfet du prétoire pouvait seul restituer contre une de ses sentences (*Fr.* 1, § 2, *D. de offic. præfect. prætorio*, 1, 11).

D'autres magistrats supérieurs, les consuls par exemple, eurent sans doute aussi le pouvoir de restituer; si les textes n'en font pas mention, c'est que ces magistrats ne se sont guère occupés d'affaires judiciaires. Il est du reste hors de doute que, si l'un des magistrats que nous venons de nommer a le droit de s'en substituer temporairement un autre, le substitué peut lui-même connaître de la restitution en entier; en effet, comme dit Paul : *Imperium quod jurisdictioni cohæret, mandata jurisdictione transire verius est* (*Fr.* 1, § 1, *D. de officio ejus cui mandata jurisdictio*, 1, 21). L'*imperium mixtum*, par opposition à l'*imperium merum*, est transmis au juge délégué (*Fr.* 5, *ibid.*). Il n'est pas besoin de rappeler que le juge délégué ne peut lui-même en déléguer un autre pour remplir la mission qui fait l'objet de la délégation.

Nous venons de voir quels magistrats peuvent connaître de la restitution; si l'on demande quelle sera la compétence territoriale, il faut à cet égard se conformer aux règles générales, *actor sequitur forum rei*. S'il s'agit de se faire restituer contre un acte conférant un droit réel, on a le choix entre le domicile du défendeur et le lieu de situation de l'objet litigieux. Mais peut-on aussi porter sa requête devant le magistrat du lieu où le contrat a été passé? Nous ne le pensons pas; ce qu'on appelle le *forum contractus* est fondé sur l'intention présumée des parties. Cette intention n'a pu que difficilement prévoir le cas d'une restitution en entier; aussi pensons-nous avec Gluck (t. 5, § 434), et contrairement à l'opinion de Voët (liv. 4, t. 1, n° 7) et de Burchardi (§ 28), qu'on ne peut porter la requête devant le *forum contractus;* on ne peut intenter devant ce tribunal que les actions qui naissent du contrat, et la restitution n'a pas ce caractère; il n'y a point lieu de distinguer à cet égard entre les restitutions pour minorité et pour absence et celles pour crainte et pour violence, et d'admettre pour ces dernières le *forum contractus,* comme le fait Cocceius (lib. 4, tit. 1, *quæst.* 5).

Maintenant que nous avons vu quels sont les magistrats qui peuvent accorder la restitution en entier, nous allons nous occuper de la manière dont ils procèdent; pour abréger, nous désignerons toujours le magistrat ayant droit de restituer par le titre de préteur. Les textes nous disent : *Omnes in integrum restitutiones causa cognita a prætore promittuntur scilicet ut justitiam earum causarum examinet, an veræ sint quarum nomine singulis subvenit* (Fr. 3, D. de in integr. restit., 4, 1).

La restitution ne donne pas lieu à une action proprement dite, tout dépend du résultat de l'instruction préalable à laquelle se livre le préteur (*Fr.,* 24, § 5, *D. de min.,* 4, 4). Il peut user de deux moyens : terminer par lui-même toute la contestation, ou bien se contenter de rendre à l'impétrant l'action ou l'exception que celui-ci a perdue (*Fr.* 13, § 1, *D. de min.,* 4, 4).

Cependant cette double voie n'est pas toujours praticable : supposons, par exemple, qu'on recherche la restitution contre un défaut de formalité de procédure, la perte d'une exception, ou l'accomplissement d'une prescription ; tout est dit dans ces cas, quand le préteur vous a rendu l'exception, il n'y a plus rien à faire, l'instance est épuisée; on ne saurait distinguer entre la *causæ cognitio* (que les modernes appellent *judicium rescindens*) et ce que les textes appellent *judicium rescisorium vel actio rescisoria*. Il en est de même quand il y a restitution, quoique celui qui l'obtient n'ait pas eu d'action ; par exemple, un mineur se plaint d'avoir été lésé dans une vente, mais la lésion n'est pas d'outre moitié, il n'y a pas d'action (*Const.* 2, *C.*, *De rescindenda venditione*, 4, 44); il ne peut donc y avoir lieu à double procédure, le préteur doit nécessairement tout terminer par lui-même (*Fr.* 24, § 4, *D. de min.*, 4, 4).

Il peut, d'un autre côté, se faire que celui qui demande la restitution ne prétende obtenir que la permission d'intenter une action, et ne se propose que de lever l'obstacle qui s'oppose à l'exercice de son droit, il ne demande pas alors à être restitué directement, il espère que le moyen de droit commun, que la restitution remet à sa disposition, suffira pour réparer la lésion.

Quand il est possible de distinguer le *judicium rescindens* du *judicium rescisorium*, il dépend du pouvoir discrétionnaire du préteur de dire laquelle des deux voies il veut suivre.

D'après des textes positifs, elles sont toutes deux admissibles : 1° dans le cas de restitution pour minorité (*Fr.* 13, § 1, *D. de min.*, 4, 4) ; 2° dans la restitution pour absence. Il est vrai que dans le principe il semble n'y avoir eu qu'une restitution éventuelle, c'est-à-dire que le préteur, après la *cognitio causæ*, rendait un décret nommant un juge pour l'examen du point de fait (*Fr. 1, § 1, D., Ex quibus causis, 4, 6*). Le préteur promet de rendre l'action ; il est vrai qu'il faut prendre le mot action dans son sens le plus général, comme synonyme de moyen de droit (*Fr. 28, § 5, ibid.*). Mais plus tard cette procédure fut changée : des sénatus-consultes et des rescrits des empereurs permirent au préteur de restituer directement par *causæ cognitio* (*Fr. 2 pr., ibid.*). Antoine Faber, dans ses *Rationalia* sur le passage précité, a démontré qu'il s'applique à la première partie de l'édit, à la restitution pour absence, et non à la restitution *ex clausula generali* seulement. 3° Les deux procédures marchent encore parallèlement dans la restitution pour violence. Si d'une part nous voyons qu'on peut prendre la voie la plus longue, le préteur doit d'autre part pouvoir tout terminer sans l'intervention du juge, quand il s'agit de restituer contre une acceptation de succession à laquelle on a été contraint par violence (*Fr. 21, § 5, D., Quod metus causa, 4, 2*).

Si l'on n'admettait pas l'opinion que nous croyons la vraie, on arriverait à la conséquence que chaque fois qu'il plairait à un créancier de la succession de faire un procès, il faudrait que l'héritier demandât la restitution. Il n'y a pas de raison de penser que la double procédure n'existait pas dans la restitution pour cause de dol ; mais dans la restitution pour *capitis deminutio*, le *judicium rescindens* était très-probablement toujours séparé du *judicium rescisorium*. Cette restitution, en effet, n'avait pour but que de faire revivre, au profit des créanciers, des créances éteintes par la petite diminution de tête ; or, le préteur n'aurait souvent point rendu service à ceux-ci en leur procurant un paiement immédiat (*Burchardi*, § 24).

Tous les auteurs anciens admettent la distinction entre le rescindant et le rescisoire si clairement établie par les textes, mais il s'est formée parmi les écrivains modernes une autre opinion. D'après cette opinion, on aurait confondu ce qui se passe dans la restitution avec ce qui se pratiquait dans l'ancienne procédure formulaire. Pour prétendre qu'il ne faudrait plus dans le Droit de Justinien qu'une décision unique, on se fonde sur le § 5, *Inst. de actionibus*, liv. 4, tit. 6. A ces deux opinions extrêmes se rattachent deux avis intermédiaires. Le premier distingue s'il s'agit de ravoir par la restitution un moyen de droit, ou, au contraire, de recouvrer une chose; dans le premier cas, il y aurait lieu de distinguer le rescindant du rescisoire, ce qui ne serait point nécessaire dans le second.

Le second, tout en admettant qu'en règle générale il n'y a point à distinguer les deux instances, est forcé d'avouer qu'il y a des cas où il n'est pas possible de s'en dispenser. Toutes ces opinions reposent sur la confusion regrettable établie entre les actions et les exceptions *metus causa et doli* et la restitution basée sur ces motifs; et cependant la différence entre ces moyens de droit et les restitutions est frappante. Toute action prétorienne nouvellement donnée, ordinairement *in factum*, n'est point une restitution, c'est une action en dommages-intérêts. La restitution considère le fait dommageable comme n'existant pas (Zimmern, *Rechtsgesch.*, t. 3, § 101).

Après la solution de cette question controversée, continuons à étudier la procédure à suivre. La restitution peut, d'après un texte positif, être accordée, soit comme action, soit comme exception, soit comme réplique, soit comme duplique. On peut s'en prévaloir par voie d'exception dans deux cas : 1° Quand l'acte ou le fait dommageable n'a point encore eu d'exécution ; 2° quand celui qui a été lésé est en fait remis dans la même position qu'avant l'acte ou le fait qui lui cause dommage (*Fr.* 9, § 3, *D., Quod metus causa*, 4, 2). Nous disons qu'on peut aussi proposer la restitution comme réplique. Ulpien donne l'exemple suivant : Un mineur avait déféré à son adversaire le serment décisoire, il prétend avoir été trompé et intente de nouveau son action malgré le serment ; on lui oppose l'exception *juris jurandi*. Pomponius pense que dans ce cas il suffit au mineur d'exciper de la minorité, Ulpien exige plus, il veut avec raison que le mineur recoure à la restitution (*Fr.* 9, § 4, *D. de jure jur.*, 12, 2).

On ne peut prononcer la restitution qu'en présence de l'adversaire ou après l'avoir dûment appelé, ce qui explique comment il peut être question de contestation en cause, quoiqu'il ne s'agisse point d'une instance proprement dite (*Fr.* 20, § 1, *D. de min.*, 4, 4). Si l'on avait négligé d'appeler tous ou quelques-uns des adversaires, la restitution demeurait sans effet à l'égard de ceux qui ne l'avaient pas été (*Fr.* 13 *pr.*, et *Fr.* 29, § 9, *ibid.; C., Si adversus dotem*, 2, 34; *Const.* 2, *C., Si adversus fiscum*, 2, 37; *Const.* 1, *C., De prædiis et aliis rebus minorum*, 5, 71). La novelle 119, chap. 6, a une disposition spéciale pour le cas où des mineurs demandent à être restitués contre une acceptation de succession. Si tous les créanciers sont domiciliés sur les lieux où s'ouvre la succession, le préteur les appellera et prononcera la restitution; dans le cas contraire, les mineurs s'adresseront au magistrat de leur domicile. Celui-ci, après avoir appelé les créanciers absents dans la forme légale, prononcera la restitution après un délai de trois mois. Il lui appartient en tous cas de sauvegarder par un inventaire les intérêts des créanciers.

Il n'est point en matière de restitution dérogé aux règles de la preuve.

CHAPITRE III.

Par qui et contre qui la restitution peut-elle être demandée?

Ceux qui ont droit d'invoquer la restitution peuvent le faire par mandataire (*etiam per procuratorem causam in integrum restitutionis agi posse*, *C.*, 2, 49); le mandataire doit être muni d'un mandat spécial (*Fr.* 25, § 1, *D. de min.*, 4, 4), ce qui, dans le doute, se présume, à charge par le mandataire de donner la caution *de rato*. S'il agit au nom d'un absent, le mandataire doit y ajouter la caution *judicatum solvi* (*Fr.* 26, *ibid.*).

Comme mandataire présumé de sa femme, le mari est dispensé de donner la caution *de rato* (*Const.* 21, *C.*, *De procuratoribus*, 2, 13). Le tuteur ou le curateur peut demander la restitution au nom de son mineur (*Fr.* 29 *pr.*, *D. de min.*, 4, 4; *Const.* 2, *C.*, *Si sæpius in integrum restitutio*, 2, 44). Le père d'un mineur en puissance peut demander la restitution malgré le mineur; les autres parents et alliés ont besoin de l'approbation du mineur pour former la même demande, à moins toutefois qu'ils ne se résolvent à demander en même temps son interdiction comme prodigue (*Fr. 29, D. de min.*, 4, 4).

L'adversaire a aussi le droit de se faire représenter par un mandataire obligé de donner la caution *de rato* et la caution *judicatum solvi* (*Const. unica*, *etiam per procuratorem, C.*, 2, 49). On peut, du reste, se porter défenseur à une requête en restitution comme à une action ordinaire, à charge de donner les cautions voulues par la loi (*Fr. 26, § 1, D. de min.*, 4, 4); bien plus, celui qui a entrepris la défense dans un procès peut être contraint à défendre à la restitution, si l'adversaire vient à en solliciter le bénéfice (*Fr. 46, § 3, D. de procuratoribus*, 3, 3).

Peuvent intenter la restitution en entier :

1° La personne lésée elle-même;

2° Ses successeurs universels ou à titre universel;

3° Ses successeurs à titre particulier.

Le premier point n'a pas besoin de développements; c'est en effet dans l'intérêt de la personne lésée, par suite de la violence, du dol, de la minorité, de l'absence, que la restitution a été introduite.

Le successeur universel ou à titre universel succède à la fois à la personne et aux biens; il est investi de tous les droits de son auteur. Les textes sont positifs pour l'héritier, et le *Fr.* 128, §1, *De R. J.* (*D.*, 50, 17) nous dit: *Hi qui in universum jus succedunt heredis loco habentur.* Peu importe, du reste, la cause de la succession *in universum jus;* ainsi, tout successeur de cette espèce peut invoquer la restitution appartenant à son auteur, qu'il soit héritier proprement dit, héritier fidéi-commissaire, ou qu'il succède à un pécule *castrense.* De même, si celui qui avait droit à la restitution tombe en esclavage, son maître peut invoquer la restitution (*Fr. 6, D. de in integr. restit.*, 4, 1). Le successeur *in universum jus* ne peut user du droit de son auteur que dans la mesure où ce droit existe encore dans les mains de ce dernier ; mais il le peut, bien qu'il ne soit point lui-même restituable (*Fr. 18, § 5 ; Fr. 19 ; Fr. 24, § 2, D. de min.*, 4, 4 ; *Const. unica, C., Si adversus dotem*, 2, 34 ; *Const. 1, C., De restit. milit.*, 2, 51 ; *Const. 2, 4 et 5, C., De temporibus in integrum restit.*, 2, 53). Il est un seul cas où un héritier ne peut faire usage de la restitution qu'avait son auteur : un soldat ne peut se faire restituer contre les actes faits par son père dont il est héritier ; cette exception est basée sur le devoir d'obéissance plus rigoureusement imposé au soldat qu'à tout autre (*Const. 7, C., De restit. milit.*, 2, 51). Le successeur peut de son chef invoquer la restitution quand il existe dans sa personne un motif que son auteur ne pouvait faire valoir.

Enfin, le bénéfice de la restitution passe même au successeur à titre particulier, il est cessible (*Fr. 24 pr., D. de min. 4, 4 ; Fr. 25 ; D. de adm. et peric.*, 26, 7 ; *Fr. 20, § 1, D. de tutelœ*, 27, 3) ; peu importe que la cession soit volontaire ou forcée, c'est l'effet du hasard si dans les quelques passages qui parlent de cession il n'est question que de cession forcée (Burchardi, § 22). L'expression de céder, cession, est du reste employée pour désigner toute espèce de succession à titre particulier (Savigny, *System*, t. 7, § 335). Nous ne pouvons pas aller avec Gluck (t. 5, § 443) jusqu'à admettre ici une cession tacite ; céder une chose, ce n'est pas céder les moyens de droit par lesquels on peut récupérer la propriété de cette chose ; l'analogie entre la restitution et les autres moyens de droit est ici parfaite, et il n'y a pas plus lieu de se prononcer pour une cession tacite en matière de restitution que lorsqu'il s'agit d'une voie de droit ordinaire.

Une question controversée au plus haut point est celle de savoir si le fidéjusseur peut invoquer la restitution du chef du débiteur principal, en d'autres termes, si la restitution est un bénéfice purement personnel ou s'il est *rei* ou *causæ cohærens*. Les textes ne sont pas d'accord, les interprètes le sont encore moins. Ramenons d'abord la question à des limites plus étroites; elle ne saurait se présenter dans la restitution pour absence, puisque cette restitution n'est accordée que contre des omissions et qu'il n'y a de cautionnement que pour des actes juridiques; dans les restitutions pour violence et pour dol, le fidéjusseur a de son propre chef l'exception *doli* ou *quod metus causa*, la restitution lui est donc superflue. La question n'a d'importance que dans la restitution pour minorité (Savigny, t. 7, § 335). Si le fidéjusseur agit de son chef, il ne peut demander la restitution avant que le mineur ne l'ait obtenue; il est vrai que, d'après le droit des *Novelles* (*Nov.* 4, ch. 1) il peut, en opposant le bénéfice de discussion, forcer le créancier à attaquer d'abord le mineur, qui obtiendrait la restitution. La question est de savoir si la libération qui sera pour le mineur la suite de la restitution obtenue s'étendra au fidéjusseur. Si la restitution était un bénéfice purement personnel, il faudrait opter pour la négative, mais alors il serait vrai aussi que ce bénéfice purement personnel ne passerait point aux successeurs à titre universel, ce que, nous l'avons vu, des textes nombreux et non équivoques ne permettent pas de soutenir. Nous disons même que si des héritiers *qui laborant de lucro captando* peuvent invoquer la restitution, des fidéjusseurs *qui laborant de damno vitando* doivent le pouvoir à plus forte raison. Le seul argument sérieux qu'on oppose à cette solution est le *Fr.* 7, § 1, *D. de exceptionibus* (44, 1). D'après ce texte, si le mineur a été trompé, il a comme le fidéjusseur l'exception *doli;* s'il s'est trompé, il ne peut invoquer que la restitution. *Quod si deceptus sit in re, tunc nec ipse ante habet auxilium, nec fidejussori danda est exceptio.* Les expressions finales de ce texte sont ambiguës, elles veulent dire, ou bien le fidéjusseur n'aura jamais le secours de la restitution, ou bien il ne pourra l'invoquer qu'après que le mineur l'aura obtenu. Si ce texte était isolé, la question serait des plus embarrassantes; mais quand on combine ce passage avec d'autres, on n'hésite point à préférer le second sens. Il faut, en effet, concilier Ulpien avec lui-même; or, ce jurisconsulte dit, en parlant de la restitution, *solet interdum fidejussori ejus prodesse* (*Fr.* 3, § 4, *D. de min.* 4, 4), et il ajoute (*Fr.* 13 *pr., ibid.*) : *In causa cognitione versabitur, utrum solo ei succurrendum, an etiam his qui pro eo obligati sunt, ut puta fidejussoribus. Itaque si quum scirem minorem, et ei fidem non haberem, tu fidejusseris pro eo, non est æquum fidejussori in necem meam subveniri, sed potius ipsi deneganda erit mandati actio. In summa perpendendum erit prætori, cui potius subveniat, utrum creditori an fidejussori; nam minor captus neutri tenebitur.* Ulpien admet évidemment ici que le fidéjusseur peut quelquefois invoquer la restitution. Le préteur devra examiner si dans l'intention des parties la caution a entendu garantir le créancier contre la restitution. C'est une question d'intention (Paul, *Sen-*

tences, liv. 1, tit. 9, § 6; *Fr.* 95, § 3, *D. de solution.,* 46, 3). Contre qui peut-on demander la restitution? Nous avons vu qu'à raison des rapports qui les unissent au demandeur en restitution, certaines personnes ne peuvent y être soumises; une seule question doit nous occuper encore. La restitution est-elle *in rem* ou *in personam ?* La solution dépend de la nature du droit à restituer; c'est pourquoi Paul dans ses *Sententiæ receptæ* (liv. 1, tit. 7, § 4) nous dit avec raison : *Integri restitutio in rem competit aut in personam,* et Ulpien (*Fr.* 13, § 1, *D. de min.,* 4, 4) : *Interdum autem restitutio et in rem datur minori.* S'il s'agit de restituer contre l'exercice intempestif d'un droit réel, contre l'acceptation ou la répudiation d'une succession, contre l'accomplissement d'une prescription par exemple, la restitution est *in rem* (*Fr.* 17 *pr., D., Ex quib. causis,* 4, 6). Si elle est dirigée contre un contrat, la restitution sera en général *in personam,* puisqu'il suffira d'enlever au contrat son effet obligatoire. Rien n'empêche toutefois de donner, même dans ce cas, à la restitution un effet contre les tiers, seulement la loi conseille au préteur la plus grande circonspection (*Fr.* 13, § 1; *Fr.* 14; *Fr.* 9 *pr.,* et *Fr.* 49, *D. de min.,* 4, 4; *Const.* 1, *C., Si adversus venditionem pignoris,* 2, 29).

Lorsqu'un tiers est obligé de restituer, il a une action en garantie contre tous ceux qui lui ont transmis la chose ou le droit (*Fr.* 15, *D. de min.,* 4, 4). La restitution peut être intentée contre l'héritier de celui qui immédiatement ou médiatement a profité de l'acte (*Fr.* 14, *ibid.*). Le père de famille ou le maître doit subir les effets de la restitution obtenue contre le fait de son fils en puissance ou contre celui de son esclave (*Fr.* 24, §§ 3 et 4, *ibid.*).

CHAPITRE IV.

Des effets de la restitution.

Il résulte de la nature et du but de la restitution que son effet général entre les parties est de remettre en tout les choses au même et semblable état que si le fait ou l'omission contre lesquels on demande la restitution n'avaient pas eu lieu; chaque partie doit donc rendre à l'autre tout ce qu'elle en a reçu par suite du fait maintenant considéré comme non avenu. *Qui restituitur sicut in damno morari non debet, ita nec in lucro* (Const. 1, C., *De reputat. quæ fiunt in jud. in integr. rest.*, 2, 48; Fr. 24, § 4, *D. de min.*, 4, 4, et Fr. 29, D., *Ex quibus causis*, 4, 6). Chaque partie doit donc rendre à l'autre les fruits perçus (*Fr.* 23, § 2, et *Fr.* 28, § 6, *ibid.*); le mineur n'en est comptable que dans les limites de la *versio in rem* (*Fr.* 27, § 1, *D. de min.*, 4, 4). Les différentes prestations dues par l'une des parties peuvent toujours se compenser avec celles que doit l'autre (*Fr.* 40, § 1, *ibid.*). Chacun doit les impenses nécessaires et utiles faites par son adversaire (*Fr.* 39, § 1, *ibid.*); pour les impenses voluptuaires il n'y a qu'un simple *jus tollendi* (*Fr.* 32, § 5, *D. de administr. tut.*, 26, 7). En conséquence de ces principes et comme exemple de leur application, si une obligation principale revit par suite de la restitution en entier, toutes les obligations accessoires renaissent avec elle (*Fr.* 27, § 2, *D. de min.*, 4, 4). La restitution contre une acceptation de succession fait revivre les créances un moment éteintes par la confusion (*Fr.* 87, § 1, *D. de acquir. hereditate*, 29, 2). De même celui qui a été restitué contre une répudiation de succession peut forcer ses cohéritiers au rapport (*Fr.* 1 , § 2, *D. de collatione*, 37, 6).

En général, un tiers qui n'a point été appelé au procès ne doit ni souffrir ni bénéficier de la restitution; on applique par analogie à notre matière la règle posée pour les jugements par le *Fr.* 63, *D. de re judicata* (42, 1) : *Sæpe constitutum est res inter alios judicatas aliis non præjudicare.* La restitution contre une acceptation de succession n'impose point aux cohéritiers l'obligation de souffrir le *jus accrescendi* (*Fr.* 61, *D. de acquir. vel omittenda hereditate*, 29, 2). Elle laisse subsister les affranchissements faits par l'héritier (*Const.* 3 , *C.*, *De testam. manumissis*, 7, 2). Les créanciers qui ont reçu des biens héréditaires à un titre quelconque, n'ont rien à rendre (*Fr.* 22, *D. de min.*, 4, 4), et même ceux des créanciers de la succession qui n'ont point été parties à la restitution, ne perdent point leurs créances contre le restitué (*Fr.* 29, § 2, *ibid.*). S'agit-il de la restitution contre une répudiation de succession, le restitué doit respecter tout ce qui a été valablement fait, soit avec celui qui était héritier à son défaut, soit avec le curateur à la succession vacante (*Fr.* 22, *ibid.*). Quand de plusieurs cautions non solidaires l'une a obtenu la restitution, les autres ne sont point en général tenues de payer sa part (*Fr.* 48, § 1, *D. de fidejuss.*, 46, 1). La restitution contre la sentence n'affranchit point de son obligation le procureur qui a donné la caution *de rato* (*Fr.* 3 *pr.*, *D. ratam rem haberi*, 46, 8).

Quand le possesseur actuel d'une chose ou d'un droit est forcé de s'en dessaisir par suite de la restitution, il faut qu'il dédommage les tiers auxquels il peut avoir concédé des droits qu'il se trouve dans l'impossibilité de leur transmettre, car ces tiers ne peuvent pas souffrir de la restitution sans y avoir été parties (*Fr.* 78, § 1, *D. de legatis*, II, 31). Si, d'un autre côté, celui qui a obtenu la restitution est obligé, par suite de cette restitution, de rendre à son adversaire une chose qu'il a aliénée, il ne peut pas forcer le tiers, non mis en cause, à la rendre, il doit se borner à offrir à son adversaire une chose équivalente (*Fr.* 62, *D. de jure dotium*, 23, 3).

Burchardi (§ 30) pense qu'il y a exception au principe que les effets de la restitution se concentrent entre les parties, quand un rapport juridique est changé par la restitution contre une renonciation, une novation, une prescription, une intercession. Les débiteurs primitifs seraient dans ces cas obligés de se charger de nouveau de l'engagement, sans qu'il soit besoin de les mettre en cause. Les textes cités par l'auteur, les fragments 27, §§ 2 et 3, et le fragment 50, *D. de minoribns* (4, 4), et le titre 48, livre 2 du Code, ne portent point une telle restriction, ils disent simplement que les obligations contre les débiteurs primitifs revivent, mais ils n'ajoutent point qu'elles revivent de plein droit, ils supposent donc la mise en cause des personnes dont ils parlent.

Pour que la restitution produise les effets que nous venons de déterminer, il faut qu'on n'ait pas renoncé à s'en prévaloir. Cette renonciation peut être expresse ou tacite (*Fr.* 20, § 1; *Fr.* 21; *Fr.* 30, *D. de min.*, 4, 4). La confirmation, après la cessation de la cause qui sert de fondement à la restitution, a le même effet que la renonciation (*Fr.* 3, § 1, *ibid.; Const.* 1 et 2, *C., Si major factus*, 2, 46).

CHAPITRE V.

De la prescription.

La restitution en entier, comme la plupart des moyens de droit dus à l'initiative du préteur, se prescrivait dans le Droit des *Pandectes* par le délai d'une année utile (*Fr.* 19, *D. de min.*, 4, 4, et *Fr.* 1, § 1, *D.*, *Ex quibus causis*, 4, 6). La restitution pour *capitis deminutio* est seule perpétuelle (*Fr.* 2, § 5, *D. de capite minutis*, 4, 5). Le motif qu'Ulpien nous donne pour rendre raison de cette courte prescription vaut mieux que celui allégué par Justinien (*Inst. proœmium, de perpetius et temporalibus actionibus*, 4, 12). D'après l'empereur, les actions prétoriennes se prescrivaient par un an parce que les fonctions du préteur n'étaient qu'annales. Cette explication nous paraît porter à faux, car, bien que les fonctions du préteur durassent une année continue, les actions prétoriennes ne se prescrivaient que par une année utile; les deux délais étaient donc loin de se confondre. Nous préférons dire avec Paul que les actions prétoriennes se prescrivaient par un si court laps de temps parce qu'il s'agit d'aller contre le Droit civil, *quia contra jus civile dantur* (*Fr.* 35, *De O. et A.*, 44, 7).

L'empereur Constantin paraît s'être beaucoup préoccupé de la prescription de la restitution, il décide d'abord, et par une constitution de l'an 312, qu'un mineur qui a obtenu la *venia œtatis* pourra se faire restituer contre les faits antérieurs à l'obtention de ce bénéfice, non-seulement pendant une année utile, mais jusqu'à sa majorité (*Const.* 5, *C., De temp. in integrum restit.*, 2, 53). En l'année 327 parut la constitution 6 (*ibid.*), par laquelle le même empereur ordonne que le délai pour provoquer la restitution ne soit jamais prorogé en faveur du demandeur, mais qu'il le soit, selon les circonstances, en faveur du défendeur, alors que c'est par la faute et les chicanes du demandeur qu'il n'a pas pu faire valoir son droit. Enfin, en l'année 329, Constantin statue par une constitution, conservée au Code théodosien (*Const.* 2, liv. 2, tit. 16), que la restitution pour minorité ne se prescrirait plus par le délai d'une année utile, mais bien par le délai de cinq années à Rome et dans son territoire (*intra centesimum urbis Romœ miliarium*), par le délai de quatre ans en Italie, par celui de trois ans dans les provinces. Tous ces délais étaient continus, ils couraient à partir de la majorité ou de la *venia œtatis*, et quand la restitution était demandée par les héritiers du mineur, du décès de celui-ci; dans ce cas, on prenait en considération le domicile du *decujus* et non celui de l'héritier.

Frappé des difficultés que faisait naître la computation du délai utile, Justinien le supprima et soumit, pour la prescription, toutes les restitutions au délai uniforme de quatre années continues; le point de départ est le même que pour l'ancienne année utile, c'est-à-dire la cessation de la cause qui donnait droit à la restitution. La constitution 7, *C.*, *De temporibus in integrum restitutionis* (2, 53), qui établit cette importante modification, est de l'année 531. Nous disons que Justinien met sur la même ligne toutes les restitutions, car, selon nous, les mots *restitutio majorum* doivent, dans la constitution citée, être pris dans leur sens le plus général et non dans leur acception technique comme synonymes de restitution pour cause d'absence.

Pour admettre cette opinion, il faudrait pouvoir dire que la computation de l'ancien *annus utilis* offrait plus de difficulté dans la restitution pour minorité ou absence que dans les autres; si Justinien parle précisément de la restitution pour cause d'absence, ce n'est que par forme d'exemple (Gluck, t. 5, § 439; Burchardi, § 27).

Pendant le délai que nous venons de déterminer, il faut avoir demandé et obtenu la restitution (*Const.* 7, § 2, *C.*, *De temporib. in integr. restit.*, 2, 53). Il faut que le *judicium rescindens* soit terminé, le *judicium rescisorium* n'a pas besoin de l'être; si le préteur ne lui a point assigné de terme, sa durée est limitée par sa nature. Le délai de quatre ans doit même être observé s'il s'agit de ravoir, par voie de restitution, une exception, bien que ce moyen de droit soit imprescriptible comme tel (*Fr.* 9, § 4, *D. de jurejur.*, 12, 2).

Si quelqu'un meurt ayant droit à la restitution pour minorité, son décès se place soit avant, soit après sa majorité; dans le premier cas, son héritier mineur aura le délai complet à partir de sa propre majorité; dans le second, il aura, à partir de la même époque, autant de temps qu'il en restait à son auteur (*Fr.* 19, *D. de min.*, 4, 4; *Const.* 5, *C.*, *De tempor. in integrum restitution.*, 2, 53). Que si, soit l'héritier, soit le *decujus*, ont été au service militaire, la prescription n'a plus pour point de départ la majorité, mais bien l'époque du congé.

D'après les détails contenus dans cette première partie, nous pouvons dire en résumé que la restitution en entier est un bénéfice accordé originairement par le préteur seul, à l'effet de faire considérer comme non avenu un fait ou une omission auxquels le Droit civil attache des conséquences qui sont en désaccord avec

l'équité. Pour que la restitution soit admissible, il faut:
1° la lésion, 2° une juste cause de restitution ayant produit cette lésion, 3° enfin l'absence d'une disposition de loi qui exclut la restitution. Le magistrat supérieur, compétent pour l'accorder, use d'un pouvoir discrétionnaire plus large que le juge dans les affaires ordinaires; il peut, selon les circonstances, décider par lui-même tout le litige ou renvoyer la connaissance du fond à un juge spécial. Le *judicium rescindens*, c'est-à-dire la procédure devant le préteur, se prescrit dans le dernier état de la législation par le délai de quatre années continues. Il n'y a point lieu d'admettre l'existence de restitutions civiles; il est vrai que les constitutions des empereurs ont quelquefois étendu et expliqué les restitutions prétoriennes; mais il n'y a point de restitutions civiles proprement dites. Notre seconde partie entrera dans le détail des différentes espèces de restitutions en particulier, en suivant pour leur explication l'ordre des titres du *Digeste*, qui nous paraît être aussi l'ordre chronologique de leur introduction dans l'édit.

SECONDE PARTIE.

DES DIFFÉRENTES ESPÈCES DE RESTITUTIONS.

CHAPITRE PREMIER.

De la restitution pour violence.

Nous avons déjà dit qu'il ne faut point confondre les restitutions pour violence et pour dol avec les actions et les exceptions *quod metus causa et doli*. Nous croyons que l'introduction de la restitution est antérieure à celle de ces actions, qui lui enlèvent une grande partie de son importance pratique, mais des textes positifs ne nous permettent point de douter de l'existence de ces restitutions. *Quod metus causa gestum erit ratum non habebo*, dit le préteur dans l'édit, dont la rédaction primitive portait : *Quod vi metusve causa (Fr.* 1, *D., Quod metus causa,* 4, 2). La violence est la cause dont la crainte est l'effet. Quand un acte juridique avait été fait sous l'impulsion d'une juste crainte, le préteur donnait, selon les circonstances, soit l'action, soit l'exception *quod metus causa*. L'action *quod metus causa* est *in rem scripta*, c'est-à-dire qu'elle est donnée non-seulement contre le contractant, mais encore contre tout tiers auteur de la violence ; pendant une année elle peut être exercée avec condamnation *in quadruplum ;* comme action *in simplum*, elle peut l'être pendant quatre ans. D'après cela, il est évident que l'importance pratique de la restitution pour violence a beaucoup diminué. Il est cependant des cas où elle peut être utile à côté de l'action et de l'exception *quod metus causa*. Supposons, par exemple, que l'auteur de la violence soit insolvable, le préteur pourra, au moyen de la restitution, donner une action *in rem* contre tout tiers possesseur, même innocent.

Volenti autem datur et in rem actio et in personam rescisa acceptilatione, vel alia liberatione, nous dit Ulpien (*Fr.* 9, § 4, *D., Quod metus causa,* 4, 2 ; *Const.* 3, *C., De his quæ vi,* 2, 20). Paul (*Fr.* 21, § 5 et 6, *D., Quod metus causa,* 4, 2) nous en donne un exemple : *Si metu coactus adii hereditatem, puto me heredem effici, quia, quamvis, si liberum esset, noluissem, tamen coactus volui ; sed per prætorem restituendus sum, ut abstinendi mihi potestas tribuatur. Si coactus hereditatem repudiem, duplici via prætor mihi succurrit, aut utiles actiones quasi heredi dando, aut actionem metus causa præstando, ut quam viam elegerim, hæc mihi pateat.* Dans les cas indiqués par le texte cité, on a le choix entre la restitution et l'action *quod metus causa*, et il peut être souvent très-important de préférer la première voie, à cause des nombreux tiers qui peuvent avoir des droits sur les objets de la succession; l'action *in rem scripta* peut souvent ne pas suffir; l'action *in rem* seule conduit au but, et elle ne peut être donnée que par suite de la restitution.

CHAPITRE II.

De la restitution pour dol.

L'édit du préteur portait, *quæ dolo malo facta esse dicentur si de his alia actio non erit, et justa mihi causa esse videbitur judicium dabo* (Fr. 1, § 1, D. *de dolo malo*, 4, 3). Ces termes se rapportent à l'action *de dolo*, la seule dont il soit question dans le titre 3 du livre 4; cette action diffère de la restitution pour dol, nous l'avons déjà dit, et des textes formels ne permettent aucun doute à cet égard. *Deceptis sine culpa sua, maximè si fraus ab adversario intervenerit succurri oportebit, quum etiam de dolo malo actio competere soleat. Et boni prætoris est potius restituere litem, ut ratio et æquitas postulabit, quam actionem famosam constituere, ad quam tunc demum descendendum est, quum remedio locus esse non potest* (Fr. 7, § 1, D. *de in integr. restit.*, 4, 1). *Pomponius refert Labeonem existimare, etiamsi quis in integrum restitui possit non debere ei hanc*

actionem competere (Fr. 1, § 6, D. de dolo malo, 4, 3).
Si ces passages signifiaient que toujours et en tous les
cas la restitution doit être préférée à l'action *doli*, cette
dernière action deviendrait inutile ; aussi n'est-ce pas
là leur véritable sens. Examinons les divers textes dans
lesquels il est question de restitution pour dol. Ou bien
celui qui a profité du dol est l'adversaire de celui qui
en demande la réparation, ou bien l'adversaire est un
tiers innocent. Énumérons d'abord les cas qui rentrent
dans la première hypothèse.

Si, dans un procès, mon adversaire m'amène par
dol à laisser écouler le délai de la prescription, je
pourrais sans doute intenter l'action *doli*, mais comme
la restitution pour cause de dol produit exactement le
même résultat et a, en outre, l'avantage de ménager
l'honneur de mon adversaire, un préteur bien inten-
tionné préférera cette dernière voie. C'est ce que veut
dire Marcellus dans le fragment précité. Si, au moyen
d'une lettre contraire à la vérité, un débiteur engage
son créancier à lui remettre la dette, ce créancier peut,
s'il est mineur, invoquer la restitution ; s'il est majeur,
il aura l'action *doli (Fr. 38, D. de dolo malo, 4, 3).*
Pourquoi, dans ce cas, n'a-t-il pas la restitution pour
dol ? D'abord, le *Fr. 7, § 1, D. de in integrum restitutionibus (4, 1),* ne renferme qu'un conseil et non
une règle impérative ; en second lieu, il est probable
que ce texte ne s'applique qu'au cas où il y a procès
engagé, comme semblent le dire les mots *restituere
litem.*

Une décision a acquis l'autorité de la chose jugée,
postérieurement la partie condamnée découvre que son
adversaire a surpris la religion des juges en corrom-

pant des témoins; ce n'est pas l'action *doli* qu'il emploiera, le préteur lui accordera la restitution, qui permet de prononcer de nouveau sur l'affaire (*Fr.* 33, *D. de re judicata,* 42, 1).

Passons au cas où l'auteur du dol est un tiers. Par exemple, un tiers empêche par dol mon adversaire de comparaître en justice; je n'ai besoin contre ce tiers ni de l'action *doli,* ni de la restitution, l'action *in factum* que me donne le préteur me suffit; mais si le tiers était insolvable, il ne serait pas juste que mon adversaire s'enrichît par le dol d'autrui; en conséquence, j'ai contre lui la restitution (*Fr.* 3 *pr.*, et § 1, *D. de eo per quem factum erit quominus quis in judicio sistat,* 2, 10).

Si quelqu'un déclare en justice qu'il est héritier pour le tout, tandis qu'il sait ne l'être que pour partie, il est pour punition de son dol condamné à payer toutes les dettes de la succession, sans qu'il soit besoin ni de l'action *doli,* ni de la restitution (*Fr.* 11, §§ 3, 4 et 5, *D. de interr. in jure,* 11, 1); mais s'il est insolvable, le créancier peut se faire restituer contre cette décision et être autorisé à diviser la dette (*Fr.* 18, *ibid.*).

De la combinaison de ces divers passages, il résulte que le sens du *Fr.* 7, § 6, *D. de in integrum restitutionibus* (4, 1), et du *Fr.* 1, § 6, *D. de dolo malo* (4, 3), est le suivant :

1° Il faut préférer la restitution à l'action *doli,* quand il y a lieu à restitution pour une autre cause que pour dol (*Fr.* 38, *D. de dolo malo,* 4, 3).

2° On préfère encore la restitution, même celle pour dol, quand l'adversaire est l'auteur du dol; dans le cas contraire, il faut d'abord s'adresser au coupable par l'action *doli*, et ce n'est qu'en cas d'insolvabilité de ce dernier qu'on accorde la restitution pour dol contre l'adversaire innocent (Savigny, t. 7, § 332).

CHAPITRE III.

De la restitution pour minorité.

C'est à propos de la minorité que les jurisconsultes romains ont développé la plupart des principes généraux dont traite notre première partie ; nous n'avons plus ici qu'à résoudre quelques questions spéciales.

Et d'abord, si nous demandons quel est ici le sens du mot mineur, nous trouvons que la loi romaine appelle, en cette matière, mineur, l'individu de l'un ou de l'autre sexe qui n'a pas atteint l'âge de vingt-cinq ans révolus, peu importe qu'il soit pubère ou impubère, *sui juris* ou *alieni juris*; il est même indifférent que le père ou le tuteur ait agi seul, alors d'ailleurs que les autres conditions de la restitution se trouvent réunies.

On est mineur, non-seulement jusqu'à ce qu'on ait atteint son vingt-sixième jour de naissance, mais même jusqu'à ce qu'on ait passé dans ce jour l'heure et la minute de sa naissance, car on compte le temps de moment à moment, nous dit Ulpien (*Fr.* 3, § 3, *D. de min.*, 4, 4). Si quelqu'un est né le sixième jour des calendes de mars dans une année commune, et que sa majorité tombe dans une année bissextile, il ne sera majeur que le second jour des calendes (*bissexti prior*), c'est-à-dire, d'après notre manière de compter, le 25 février (*ibid.*). Si quelqu'un est né, au contraire, le 6 des calendes de mars dans une année bissextile, peu importe qu'il le soit le premier ou le second de ces jours, son jour de naissance sera le 6 des calendes de mars; les deux jours ne comptant que pour un, c'est le *posterior dies* (24 février), et non le *prior dies* qu'il sera réputé majeur (*Fr.* 98, *D. de V. S.*, 50, 16).

Pour avoir droit à la restitution, il suffit que le mineur soit conçu à l'époque de la lésion (*Fr.* 45 *pr.*, *D. de min.*, 4, 4). *Qui in utero est, perinde ac si in rebus humanis esset, custoditur, quoties de commodis ipsius partus agitur quamquam alii antequam nascatur, nequaquam prosit* (*Fr.* 7, *D. de statu hom.*, 1, 5; *Fr.* 231, *D. de V. S.*, 50, 16).

Nous avons vu, dans la première partie, quand cesse le bénéfice de restitution, il nous reste à indiquer quelques cas spéciaux de cessation pour le cas de minorité :

1° Il cesse quand le mineur s'est par dol fait passer pour majeur; si nous rappelons cette application d'un principe général, c'est que nous devons ajouter que si le mineur affirme par serment, même sans dol, qu'il est majeur, la restitution n'est plus de mise contre une pareille affirmation, alors du moins que le mineur a prêté le serment en personne (*corporaliter præstitum*), dit la constitution 3, *C.*, *Si minor se majorem dixerit vel probatus fuerit* (2, 43). Si le serment a été prêté par écrit, on peut encore obtenir la restitution en prouvant son erreur par des documents écrits, mais la preuve testimoniale est complétement excluc (*ibid.*).

2° Si un tuteur ou curateur a laissé périmer une instance, le mineur ne peut invoquer la restitution avant d'avoir discuté le tuteur ou curateur (*Const.* 13, § 11, *C.*, *De judiciis*, 3, 1).

3° La restitution n'a pas lieu quand le débiteur du mineur a payé au tuteur ou au curateur, en vertu d'une autorisation de justice (*Fr.* 7, § 2, *D. de min.*, 4, 4); cette autorisation est même inutile pour payer valablement au tuteur des intérêts, loyers ou autres revenus périodiques du mineur (*Const.* 25, *C., De peric. tut. et curat.*, 5, 35). On n'a point non plus à craindre la restitution pour avoir remis un fidéicommis au tuteur seul (*Const.* 7, *C., Ad. sc. Trebellianum*, **6**, 49).

4° Il n'y a pas lieu à restitution pour minorité quand un gage donné par l'auteur du mineur a été vendu par le créancier, sans qu'il y ait collusion entre lui et l'acheteur (*Const.* 2, *C., Si adversus vendit. pign.*, 2, 29, et *Const.* 2, *C., De prædiis et aliis rebus minor.*, 5, 71).

5° Si un mineur demande la restitution pour minorité contre un autre mineur, elle ne lui est accordée que dans les limites de la *versio in rem* de son adversaire (*Fr.* 11, §§ 6 et 7, et *Fr. 34 pr., D. de min.*, 4, 4).

Les constitutions des empereurs étendent par analogie la restitution pour minorité aux communes (*respublicæ, civitates. Const.* 3, *C., De jure reip.*, 11, 29; *Const.* 1, *C., De officio ejus qui vicem alicujus judicis*, 1, 50). On sait que dans le langage de Septime et d'Alexandre Sévère le mot *respublica* signifie la commune, et non, comme aux anciens temps, l'État. Il ne serait pas juridique d'étendre la restitution, que le Droit canonique accorde aux églises et aux couvents, à toutes les personnes qui ne gèrent point par elles-mêmes leur patrimoine. *Quod contra rationem juris constitutum est, non est producendum ad consequentias (Fr.* 14, *D. de legibus*, 1, 3).

CHAPITRE IV.

De la restitution pour diminution de tête.

Dans la grande et la moyenne diminution de tête, il n'est point possible de parler de restitution, parce que ces diminutions de tête fondent une succession universelle, qui fait passer les biens avec les dettes au successeur; celui qui a éprouvé la diminution de tête ne peut donc plus être actionné à aucun titre (*Fr.* 7, §§ 2 et 3, *D. de capite minutis*, 4, 5). Il n'en était pas de même de la petite diminution de tête. Gaius nous dit, en effet : *Præterea aliquando adversarium fingimus capite deminutum non esse; nam si ex contractu nobis obligatus obligatave sit, et capite deminutus deminutave fuerit, velut mulier per coemptionem, masculus per adrogationem, desinit jure civili debere nobis, nec directo intendere jure licet dare eum eamve oportere; sed ne in potestate ejus sit jus nostrum corrumpere, introducta est contra eum eamve actio utilis, rescisa capitis deminutione, id est, in qua fingitur capite deminutus deminutave non esse* (Gaius, *Com.*, 4, § 38). La petite diminution de tête ne laissait subsister que l'obligation naturelle, personne n'était tenu civilement de dettes contractées avant cette époque par celui qui l'avait subie (Gaius, *Com.*, 3, § 84); aussi le préteur accordait-il dans ce cas la restitution. Voici les termes de l'édit : *Qui quæve, posteaquam quid cum his actum contractumve sit, capite deminuti deminutæ esse dicentur, in eos easve perinde quasi id factum non sit, judicium dabo* (*Fr.* 2, § 1, *D. de capite minutis*, 4, 5). On n'y trouve point les mots *causa cognita*, ce qui prouve que cette restitution était accordée sans *causæ cognitio* préalable. Une autre particularité la distingue encore, elle était perpétuelle (*Fr.* 2, § 5, *ibid.*).

Pour qu'il fût nécessaire de recourir à la restitution, il fallait, nous l'avons dit, que les dettes fussent antérieures à la diminution de tête (*Fr.* 2, § 2, *ibid.*)

Elle était inutile dans les cas où la diminution de tête laissait subsister l'obligation civile: 1° dans le cas de délit (*Fr.* 2, § 3, *ibid.*); 2° dans le cas de dépôt, alors que le débiteur restait en possession après la diminution de tête (*Fr.* 21 *pr.*, *D. depositi*, 16, 3); 3° comme l'adrogeant acquérait la succession échue à l'adrogé avant l'adrogation, il ne pouvait l'acquérir que chargée de ses charges, ce qui rend la restitution inutile (Gaius, *Com.*, 3, § 84); 4° le créancier, qui, après avoir adrogé son débiteur, l'a ensuite émancipé, ne peut prétendre à la restitution, c'est par son propre fait qu'il a perdu sa créance (*Fr.* 2, § 4, *D. de capite minutis*, 4, 5).

La restitution n'est accordée qu'aux créanciers et contre celui qui a encouru la diminution de tête, cela résulte des termes de l'édit; l'opinion contraire, enseignée par Voët (liv. 4, tit. 5, n° 3), ne repose sur aucun texte. Celui qui subit la petite diminution de tête, l'éprouve par suite d'un fait qui lui est personnel et contre les conséquences duquel il n'y a pas lieu de le restituer.

5° La restitution est inutile en cas d'émancipation; le préteur donne alors au créancier une action utile, en réservant à l'émancipé le bénéfice de compétence (*Fr.* 2, *D.*, *Quod cum eo qui in aliena potestate est gestum esse dicetur*, 14, 5).

Le passage de Gaius cité au commencement de ce chapitre (*Com.*, 4, § 38) prouve qu'il n'est point nécessaire et qu'il ne suffit point de recourir à l'hypothèse d'une vente fictive pour expliquer notre restitution, comme le fait Gluck (t. 6, § 466), en se fondant sur le *Fr.* 3, § 1, *D. de capite minutis* (4, 5).

Remarquons, en terminant, que la restitution pour diminution de tête n'est plus en usage dans le Droit de Justinien. Il ne consacre plus le principe que la *minima capitis deminutio* éteint les obligations, et dès lors il ne peut être question dans ses recueils de la restitution pour cette cause qu'au point de vue historique (Savigny, t. 2, § 70).

CHAPITRE V.

De la restitution pour absence et en vertu de la clause générale de l'édit.

Les textes appellent cette restitution *restitutio majorum*, pour l'opposer à la restitution pour cause de minorité; ces deux espèces de restitutions paraissent, en effet, les seules qui, au temps des jurisconsultes dont les fragments sont entrés dans le *Digeste*, aient eu une importance pratique réelle. On a donc pu, en considérant la restitution dans son ensemble, n'envisager que ces deux espèces principales; voilà la raison de cette dénomination de *restitutio majorum*, dont on aurait tort, selon nous, de conclure que cette restitution soit la plus ancienne de toutes.

A la différence de celles dont traitent les chapitres précédents, elle n'est donnée que contre des omissions; elle trouve son application dans deux hypothèses bien distinctes, soit 1° en faveur de l'absent, soit 2° contre lui.

Dans notre matière, le mot *absence* a une signification très-large ; il désigne tout obstacle de force majeure qui empêche un individu de faire valoir ses droits en justice ou de répondre à une action dirigée contre lui. Quelques-uns des cas assimilés à l'absence proprement dite l'ont été par les dispositions textuelles de l'édit ; les anciens jurisconsultes en ont ajouté d'autres dans leurs commentaires sur l'édit, par application de la clause générale qui le termine : *Item si qua alia mihi justa causa esse videbitur, in integrum restituam, quod ejus per leges, plebiscita, senatusconsulta, edicta, decreta principum licebit* (*Fr.* 1, § 1, *D.*, *Ex quibus causis*, 4, 6). Prétendre que le préteur peut restituer quand et comme il lui plaît, ce serait donner à cette clause un sens beaucoup trop large, substituer l'arbitraire à la règle et rendre inutile le travail des jurisconsultes. Pour en faire une juste application, le préteur ne doit étendre le texte de l'édit que d'après les règles de l'analogie ; aussi est-il constant, d'après les exemples rapportés au *Digeste*, que la clause générale ne comprenait que des cas de restitution pour omissions. Les expressions qui la terminent ne veulent point dire que la restitution sera accordée toutes les fois que les lois le permettent, mais bien toutes les fois qu'elles ne le défendent pas (*Fr.* 28, § 2, *ibid.*).

Après ces observations générales, entrons dans le détail, d'abord des cas où la restitution est accordée à l'absent, soit d'après le texte de l'édit, soit en vertu de la clause, et puis de ceux où elle est donnée contre lui.

I. La restitution est accordée à l'absent d'après le texte de l'édit dans les cas suivants :

1° Pour absence causée par une juste crainte, par

exemple, la crainte de la mort ou de tourments corporels; c'est au préteur à apprécier s'il y a juste crainte; les règles posées au titre *Quod metus causa* (*Fr.* 2 à 8, et *Fr.* 21 *pr.*, *D.*, 4, 2) et au titre *De his quæ vi metusve causa gesta sunt* (*Const.* 6, 8, 9 et 10, *C.*, 2, 20) peuvent lui servir de guide à cet égard.

2° Pour absence motivée par un service public.

Pour pouvoir invoquer la restitution pour ce motif, il faut être fonctionnaire public; il ne suffirait pas d'être employé à un titre quelconque par un tel fonctionnaire (*Fr.* 33, § 1, *D.*, *Ex quibus causis*, 4, 6). Il faut, en outre, sauf une exception en faveur des militaires, être retenu loin de son domicile par l'exercice de ses fonctions (*Fr.* 5, § 1, et *Fr.* 6, *ibid*); mais il n'est pas besoin d'avoir quitté la province où l'on est domicilié, il n'y a pas non plus aucune fin de non recevoir opposable à celui qui aurait, durant son absence, traversé plusieurs fois le lieu de son domicile. Celui qui n'est absent que dans son propre intérêt n'est point censé absent *reipublicæ causa;* on ne doit, sauf le cas de maladie ou d'autre force majeure, rester absent que le temps strictement nécessaire à l'exercice des fonctions. Le temps de l'aller et du retour pour se rendre à son poste et pour en revenir est compris dans l'absence *reipublicæ causa* (*Fr.* 1, § 1; *Fr.* 4; *Fr.* 5 *pr.*; *Fr.* 34, § 1; *Fr.* 36, 37, 38 *pr.*, et § 1; et *Fr.* 39, § 5, *ibid.*; et *Const.* 8, *C.*, *De restit. militum*, 2, 51), Le militaire sous les drapeaux est réputé absent *reipublicæ causa*, alors même qu'il est en garnison dans le lieu de son domicile (*Fr.* 7; *Fr.* 35, § 4, et *Fr.* 45, *D.*, *Ex quibus causis*, 4, 6). Cette exception ne peut être invoquée par ceux qui ont laissé passer le délai d'appel, car les militaires ne sont point restituables en ce cas (*Fr.* 20, § 2, *D. de appel. et relat.*, 49, 1). Le militaire en congé temporaire ou en permission n'est point censé absent *reipublicæ causa*.

3° L'édit assimile aux absents ceux *qui in vinculis sunt*, qu'il s'agisse d'une prison publique ou d'une chartre privée, que le prisonnier soit légalement ou illégalement détenu, qu'il ait ou non des fers, peu importe. On place sur la même ligne celui qui ne peut sortir faute d'habits pour couvrir sa nudité (*Fr.* 9 et 10, *D., Ex quibus causis*, 4, 6).

4° L'édit déclare restituables les hommes libres retenus en esclavage par violence ou par erreur (*Fr.* 1, § 1, *ibid.*); le préteur ne parle que d'hommes libres, parce qu'il n'est pas possible de restituer des droits à un esclave; aussi, lorsqu'il est institué héritier avec la liberté, n'est-il pas restituable contre des faits antérieurs à son adition d'hérédité (*Fr.* 11 et *Fr.* 13 *pr.*, *ibid.*). Ceux dont l'état est contesté ne peuvent plus invoquer la restitution pour esclavage indû à partir de la contestation en cause; car, dès cette époque, ils sont regardés comme libres (*Const.* 14, *C., De liberali causa*, 7, 16; et *Fr.* 2, § 24, *D. de O. J.*, 1, 2).

5° Les prisonniers chez l'ennemi. Cette mention expresse n'était point nécessaire pour les soldats prisonniers de guerre, qui sont déjà *reipublicæ causa absentes;* elle s'applique aux non-militaires qui peuvent avoir été faits prisonniers par l'ennemi, même à l'enfant né pendant la captivité de sa mère (*Fr.* 14 et 15, *D., Ex quibus causis*, 4, 6). La captivité étant exclusive du fait de possession, le captif ne peut être restitué contre une usucapion accomplie (*Fr.* 19, 20, 23, § 1, *ibid.*).

Qui in servitute est usucapere non potest, nam quum possideatur, possidere non videtur, dit le *Fr.* 118, *D. de regulis juris* (50, 17). Mais si d'autres personnes avaient pendant son absence usé de droits à lui acquis par usucapion, dès avant sa captivité, elles lui devraient compte (*Fr.* 23, § 2, *D., Ex quibus causis*, 4, 6).

En vertu de la clause générale de l'édit, les textes accordent la restitution :

1° Aux épouses des fonctionnaires publics qui ont suivi leurs maris (*C., De uxoribus militum*, 2, 54).

2° Aux *legati civitatum* (*Const.* 1, *C., Ex quibus causis*, 2, 54; *Fr.* 8; *Fr.* 26, § 9; *Fr.* 35, § 1, *D., Ex quibus causis*, 4, 6).

3° A ceux qui se sont engagés sous caution à ne pas quitter un lieu donné (*Fr.* 28, § 1, *ibid.*), ou qui ont été condamnés à la peine de la relégation (*Fr.* 26, § 1, et *Fr.* 40, § 1, *ibid.*).

4° A ceux qui s'absentent pour des motifs louables, par exemple, pour faire des études (*Fr.* 28 *pr., ibid.*).

Nous venons d'énumérer les principaux cas où la restitution est accordée à l'absent, nous ne pensons pas qu'on doive, en principe de Droit, distinguer si l'absence a un motif louable ou blâmable, car cette distinction n'est pas dans les textes. Sans doute, dans une question d'équité, le préteur prendra en considération le motif de l'absence, mais aucun texte ne lui ordonne de refuser la restitution à ceux qui se seraient absentés pour des motifs indifférents.

Est-il nécessaire que l'absent n'ait pas laissé de procureur ? D'une part, Paul nous dit positivement : *Is qui reipublicæ causa abfuturus erat, si procuratorem reliquerit, per quem defendi potuit in integrum volens*

restitui non auditur (*Fr.* 39, *ibid.*); d'autre part, Ulpien (*Fr.* 26, § 9, *ibid.*) et Macer (*Fr.* 15 *pr.*, *ibid.*) nous
enseignent que la restitution en faveur de l'absent est
admissible, alors même que l'absent a laissé un procureur.

La conciliation de ces lois ne doit point être cher-
chée dans des distinctions que les textes ne font pas; il
nous semble que dans l'origine, et d'après le texte de
l'édit, la restitution n'était pas possible quand l'absent laissait un procureur. C'est ce que nous dit Paul,
qui ne voulait faire entrer dans ses *Sententiæ receptæ*
que des principes incontestés et ayant déjà pour eux
l'autorité de l'usage. Remarquons avec Cocceius (*Jus
civile controversum*, liv. 4, tit. 6, Quest. 2) que la restitution, dans le cas où il y a un fondé de pouvoir, a
lieu par application de la clause générale, comme on
le voit dans le *Fr.* 29, § 6, *D.*, *Ex quibus causis* (4, 6).

II. La restitution est accordée contre l'absent, en
vertu des termes de l'édit :

1º Quand l'adversaire absent n'est pas défendu (*Qui
absens non defenditur*, *Fr.* 1, § 1, *ibid.*), sans qu'on
ait égard aux motifs de l'absence (*Fr.* 21, § 1, *ibid.*);
sauf le cas où le demandeur en restitution aurait lui-
même provoqué l'absence de son adversaire. L'absent
est *indefensus*, lorsqu'il n'a pas laissé de procureur
chargé de le défendre et prêt à donner la caution
judicatum solvi, et qu'en outre personne ne se présente en donnant la caution exigée par la loi. Le demandeur en restitution doit même avoir fait des dé-
marches pour trouver un pareil défenseur, s'être in-
formé, par exemple, si les parents ou amis de la personne contre laquelle il se propose d'agir ne seraient

point disposés d'entreprendre sa défense (*Fr.* 21, §§ 2 et 3, *Fr.* 22 *pr.*, *ibid.*).

2° L'édit admet la restitution quand l'adversaire est en prison (*in vinculis*) et n'est pas défendu (*Fr.* 1, § 1, *ibid.*).

3° Quand d'une manière et par un motif quelconque l'adversaire se dérobe à la justice (*Fr.* 1, § 1; *Fr.* 23, § 4, et *Fr.* 25, *ibid.*).

4° Quand l'adversaire ne peut point sans son consentement être appelé en justice (*Fr.* 26, § 2, *ibid.*, et *Fr.* 32, *D. de injuriis*, 47, 10). Cela ne s'applique point aux père et mère et aux patrons, qui ne peuvent être cités en justice qu'avec l'autorisation du préteur.

5° Dans le cas où l'adversaire en appelle à une autorité supérieure, et empêche ainsi que le procès n'ait son cours, par exemple, en provoquant l'intervention d'un tribun du peuple.

6° Alors que le magistrat néglige de faire justice, n'importe pour quelle cause, pourvu qu'il n'y ait rien à reprocher au demandeur en restitution. Il y a lieu à restitution, par exemple, en cas de vacances extraordinaires auxquelles on ne pouvait pas s'attendre (*Fr.* 26, § 7, *D.*, *Ex quibus causis*, 4, 6).

En vertu de la clause générale, il y a lieu à restitution contre l'absent :

1° Quand l'adversaire est en exil (*Fr.* 26, § 1, *ibid.*).

2° Quand un incapable se trouve par hasard sans représentant légal (*Fr.* 22 *pr.* et § 2, *ibid.*; *Fr.* 124, § 1, *D. de reg. jur.*, 50, 17).

3° Quand l'état de soldat sous les drapeaux s'oppose à ce que l'on actionne un individu (*Fr.* 28, § 6, et *Fr.* 29, *D.*, *Ex quibus causis*, 4, 6).

4° Quand la force majeure s'oppose à l'exercice d'un droit, comme si un chemin était devenu impraticable, si une source était desséchée, il n'y aurait alors plus moyen d'exercer le droit de passage ou de prise d'eau, la servitude se perdrait dans ce cas par le non-usage ; si les choses sont remises en état, le préteur accordera la restitution (*Fr.* 1, § 9, *D. de itinere et actu*, 43, 19 ; *Fr.* 34, § 1, et *Fr.* 35, *D. de servit. præd. rust.*, 8, 3, et *Fr.* 14, *D., Quemadmodum servitutes amittuntur*, 8, 6).

5° Lorsqu'une mort subite a seule empêché quelqu'un de prendre une mesure indispensable, son héritier est restituable contre une telle omission (*Fr.* 86 *pr.*, *D. de acquir. hered.*, 29, 2).

6° La restitution peut encore être donnée quand une erreur excusable a empêché le demandeur de faire valoir ses droits. Lorsque, par exemple, faute d'avoir connu une exception péremptoire, on néglige de la produire à temps (Gaius, *Com.*, IV, 125) ; ou lorsque l'ignorance des conditions sous lesquelles un legs est fait, nous le fait perdre (*Fr.* 3, § 31, *D. de senatuscons. Silaniano*, 29, 5) ; ou qu'on a découvert l'erreur commise dans une sentence passée en force de chose jugée, lorsque cette découverte s'est faite au moyen de documents nouveaux qu'on n'a pu produire lors de la première sentence.

CHAPITRE VI.

De l'aliénation judicii mutandi causa.

L'aliénation d'un droit qu'on a à faire valoir contre moi ou qui me compète contre un autre, peut m'être préjudiciable en me mettant en face d'un adversaire redoutable par son crédit ou son esprit processif, ou en me forçant à aller plaider devant un autre tribunal que devant celui du défendeur primitif. Si cette aliénation a eu lieu dans le but de me porter préjudice, le préteur me donne une action en dommages-intérêts contre celui qui a ainsi aliéné son droit, si celui-ci ne préfère tenir l'aliénation pour non avenue et consentir à suivre lui-même le procès que dans la rigueur du Droit je devrais intenter contre le cessionnaire. Si j'étais attaqué moi-même, je pourrais refuser de répondre, en opposant l'exception *alienationis judicii mutandi causa*.

Pour que l'aliénation soit censée faite dans ce but, il faut :

1° Qu'elle ait eu lieu entre vifs ; si elle avait été faite à cause de mort, on ne pourrait pas dire qu'elle a eu pour but de substituer un adversaire à un autre (*Fr.* 8, § 3, *D. de alienatione judic. mutan. causa facta*, 4, 7).

2° Qu'elle ait précédé la contestation en cause (*Fr* 8, § 1, *ibid.*), sans quoi le droit serait litigieux et l'aliénation en serait nulle (*Const.* 2, *C., de litigiosis*, 8, 37).

3° Que l'aliénation ait été faite dans une intention de fraude, *dolo malo*, (*Fr.* 4, §§ 1 et 3, *D. de alien. jud. mut. causa facta*, 4, 7). Ce n'est pas celui qui a fait le procès que le préteur veut atteindre, mais bien celui qui a aliéné son droit pour rendre plus difficile l'exercice de celui de son adversaire. Par exemple, le cessionnaire a usurpé le champ qu'il s'agirait de revendiquer contre lui (*Fr.* 4 *pr.*, *ibid.*); ou bien, je puis demander à celui qui a élevé sur son terrain un ouvrage qu'il n'avait pas le droit de faire, qu'il l'enlève à ses frais ; si le possesseur actuel n'a pas fait l'ouvrage, je dois me borner à demander qu'il me permette de l'enlever à mes frais (*Fr.* 3 , §§ 2 et 3, *ibid.*).

Le sénatus-consulte Juventianum introduisit en 129 de Jésus-Christ dans la matière de la pétition d'hérédité le principe : *Qui dolo desiit possidere adhuc pro possessore habetur.* Ce principe, étendu dans la suite à toutes les matières, rendit inutile le secours dont nous parlons (*Fr.* 27, § 3, et *Fr.* 36, *D. de rei vindicatione,* 6, 1, et *Fr.* 20, §§ 6, 10 et 11, *D. de heredit. pet.,* 5, 3).

Maintenant l'*alienatio judicii mutandi causa* est-elle une restitution en entier? Non et oui, selon les cas. S'il y a lieu à une action en dommages-intérêts, cette action n'est pas une restitution; mais si, au lieu de subir cette action, l'auteur de l'aliénation préfère la tenir pour non avenue et suivre le procès, il y a restitution.

CHAPITRE VII.

De la restitution pour erreur.

Une dernière cause de restitution mentionnée par Paul (*Fr.* 2, *D. de in integr. restit.,* 4, 1) est l'erreur (*justus error*); il existe à ce sujet une disposition expresse dans l'édit. Lorsque quelqu'un a traité de bonne foi avec un individu qu'il croit être le tuteur d'un mineur (*falsus tutor*), le tuteur étant sans qualité, l'acte fait avec lui est nul en Droit civil; cependant, pour le le cas spécial qui nous occupe, le préteur accorde la restitution (*Dig.*, liv. 27, tit. 6). Cette restitution a lieu toutes les fois que le tuteur qu'on croyait capable d'autoriser le mineur ne l'était pas, soit, par exemple, qu'il fût en démence ou qu'il n'eût été nommé que pour les biens d'une autre contrée (*Fr. 1, § 2, D., Quod falso tutore*, 27, 6). Peu importe qu'il y ait un ou plusieurs tuteurs; mais si l'on avait traité avec un *falsus tutor* et avec un tuteur capable, il n'y aurait pas lieu à restitution. Il en est de même quand le préteur a déclaré par décret que ce qui serait fait avec ce tuteur serait bon et valable (*Fr. 1, ibid.*). Il suffit, d'après la remarque de Labéon, qu'on ait cru à la capacité du *falsus tutor*, peu importe qu'on ait été averti de son incapacité, pourvu qu'on ait eu de bonnes raisons de douter de la vérité de cet avertissement (*Fr. 2, ibid.*). Le mineur restituable pour minorité n'a pas besoin de la restitution pour erreur (*Fr. 3 et 4, ibid.*). Mais il en est autrement, quand c'est le tuteur du mineur qui a traité avec un *falsus tutor*, peu importe que le pupille ait un recours, car il vaut mieux, dit Paul, accorder au mineur le recours de la restitution pour erreur, que de faire dépendre son droit d'un secours incertain.

Dans l'ancienne procédure romaine, les applications de la restitution pour erreur étaient nombreuses; elle avait lieu :

1° En cas de pluspétition (*Inst. de action., § 33, liv. 4, tit. 6*).

2° Si, ayant droit de demander une caution, j'accepte comme telle un esclave (*Fr. 8, § 2, D., Qui satisdare coguntur*, 2, 8). Pour que je sois restituable dans ce cas, il faut, si je suis majeur, que mon erreur soit une erreur de fait.

3° Lorsque, par erreur de fait, je fais un aveu en justice, je dois être restitué contre les conséquences de cet aveu : *Non fatetur qui errat, nisi jus ignoravit* (*Fr.* 2, *D. de confessis*, 42, 23; *Fr.* 11, §§ 8, 10 et 11; *D. de interrogationibus*, 11, 1).

4° L'empereur Adrien accorda le premier et par un bénéfice spécial la restitution à un majeur contre une adition d'hérédité, lorsqu'on avait découvert des dettes d'abord ignorées (Gaius, *Com.*, II, § 163). Gordien l'étendit à tous les soldats, et Justinien la rendit inutile par l'introduction du bénéfice de compétence (*Inst. de hered. qualit.*, §§ 5 et 6, liv. 2, tit. 19).

5° Si un patron, dans l'ignorance d'actes faits en fraude de ses droits, a accepté la succession testamentaire de son affranchi, il peut se faire restituer contre cette acceptation (*Fr.* 3 *pr.*, *D.*, *Si quid in fraudem patroni factum sit*, 28, 5).

6° Les créanciers d'une succession qui ont obtenu la séparation des patrimoines peuvent se faire restituer contre cette séparation, en cas d'erreur excusable (*Fr.* 1, § 7, *D. de separat.*, 42, 7).

DROIT FRANÇAIS.

DE L'INFLUENCE DE LA FAILLITE SUR LE PATRIMOINE DU FAILLI.

INTRODUCTION.

1. Le commerce est l'une des bases, nous dirions presque la principale base de la prospérité des États. Aussi voyons-nous les législateurs modernes protéger son développement par une législation appropriée à ses besoins. La rapidité des transactions auxquelles il donne lieu, le secret essentiel à ses opérations, la position des parties qui souvent traitent ensemble sans se connaître personnellement, tout enfin exige qu'il ne soit pas soumis à toutes les prescriptions de la loi civile.

Si le commerce est pour ceux qui s'y livrent une source de richesse, pour les États où il est cultivé un moyen de puissance, on ne saurait se dissimuler qu'il a ses orages, que plus qu'une autre profession il est exposé aux hasards de la fortune, qui déjoue souvent ses combinaisons les plus sages. On comprend dès lors que l'une des principales parties de toute législation commerciale concerne les faillites.

D'après la loi civile, le patrimoine du débiteur est le

gage commun de ses créanciers; chacun peut poursuivre individuellement ce qui lui est dû. *Jura vigilantibus scripta sunt.* Ces principes ne peuvent point être admis sans modifications à l'égard du commerçant qui cesse de faire honneur à ses engagements. Il a ordinairement un grand nombre de créanciers. Maintenir entre eux l'égalité, veiller pour ceux qui sont éloignés des lieux où le désastre éclate, économiser les frais en centralisant les poursuites, protéger le malheur et la bonne foi, empêcher la fraude ou la réprimer au besoin, tel est le but du législateur. «On a cru qu'il fallait considérer tout failli, non comme un coupable, non comme un homme innocent, mais comme un débiteur dont la conduite exigeait un examen rigoureux et une solide garantie» (de Ségur, *Exposé des motifs au Corps législ.*, 3 sept. 1807; Locré, *Législ. civ.*, t. 19, p. 542). En motivant le vœu d'adoption émis par les sections réunies du Tribunat, M. Fréville reconnaissait en ces termes la nécessité d'une législation spéciale sur les faillites. «C'est en vain, disait-il au Corps législatif, que vous auriez adopté les dispositions les mieux calculées pour assurer au crédit l'usage facile de tous les procédés qui lui appartiennent, si cette première partie du nouveau Code n'était fortement sanctionnée par la loi sur les faillites» (Locré, *ibid.*, p. 570).

L'ordonnance de 1673 contient un titre *Des faillites et banqueroutes* (le titre XI). C'est la première de nos lois où, à côté de la répression du crime de banqueroute, on rencontre des mesures prises dans l'intérêt des créanciers. En faveur des débiteurs il existait les lettres de répit et les défenses générales, dont l'ordonnance fait mention au titre IX, enfin les lettres d'État.

Les lettres de répit et les défenses générales s'appliquent sans distinction à tous les débiteurs, commerçants ou civils. Le préambule d'une déclaration du roi, en date du 23 décembre 1699, caractérise ainsi les lettres de répit : «Les lettres de répit ont toujours été regardées comme un secours que les rois, nos prédécesseurs, ont cru, par un principe d'équité, devoir accorder aux débiteurs qui, par des accidents fortuits et imprévus, sans fraude et sans mauvaise conduite, se trouvent hors d'état de payer leurs dettes dans le temps qu'ils sont poursuivis par leurs créanciers, et qui, ayant plus d'effets que de dettes, n'ont besoin que de quelque délai pour s'acquitter par la vente de leurs biens et par le recouvrement de ce qui leur est dû » (Renouard, *Traité des faill. et banquer.*, t. 1, p. 93).

2. L'art. 1er de l'ordonnance de 1673, titre XI, est ainsi conçu : «La faillite ou banqueroute sera réputée ouverte du jour où le débiteur se sera retiré, ou que le scellé aura été apposé sur ses biens. » Hâtons-nous d'ajouter que la présomption de cet article cède devant la preuve contraire. C'est ce qu'a jugé le parlement de Flandre, le 1er mars 1784, sur la plaidoirie de Merlin (*Répert. de jurispr.*, v° *Faillite*, sect. Ire, § 2). «Un failli, dit Ferrière (v° *Faillite*), est celui qui ne paie point à l'échéance les lettres de change qu'il a acceptées, qui ne rend point l'argent à celui à qui il a fourni des lettres de change qui sont revenues à protêt et qui lui ont été dénoncées; enfin, qui n'acquitte point ses engagements, à cause de l'impuissance où l'ont réduit les révolutions du commerce ou quelque autre accident subit. » D'après Savary (*Parfait Négociant*, part. Ire, liv. 4, ch. 9), «on est en faillite, eût-on dix fois plus

de biens que de dettes, dès qu'on ne peut payer à l'échéance. » La retraite du débiteur, ainsi que l'apposition des scellés dont parle l'ordonnance, ne constitue point la cessation des paiements, qui peut exister sans ces faits. Après avoir énuméré quelques-uns des signes auxquels il reconnaît l'ouverture de la faillite, l'art. 441 du Code de 1807 ajoute : «Tous les actes ci-dessus mentionnés ne constitueront néanmoins l'ouverture de la faillite que lorsqu'il y aura cessation de paiements. » Il est donc vrai de dire, avec l'art. 437 du Code précité et avec l'article correspondant de la loi de 1838, que tout commerçant qui cesse ses paiements est en état de faillite. Et le législateur nouveau a eu raison de supprimer la nomenclature des faits qui, d'après l'ordonnance et le Code de 1807, servaient à déterminer l'ouverture. *Ad probandam decoctionem certa regula non est in jure determinata; neque ad probandum quando quis sit decoctioni proximus*, disent Casaregis et le cardinal Deluca, cités par Massé (*Droit commerc.*, t. 3, n° 201). En effet, la cessation des paiements se manifeste par des indices divers, qu'il est impossible de prévoir tous.

L'art. 437 du Code de commerce caractérise la faillite par les mots de cessation de paiements. Y a-t-il, d'après cela, lieu d'admettre la distinction que l'on fait dans le langage non juridique entre la suspension et la cessation de paiements, et de dire en conséquence : la faillite, c'est l'insolvabilité? Nous ne le croyons pas. Le législateur a eu raison de penser qu'admettre un état intermédiaire entre la faillite d'un commerçant et sa solvabilité, c'était occasionner une double procédure, de doubles frais. Écoutons M. RENOUARD (*Rapport* à la chambre des députés, du 26 janvier 1835) : « On a quelquefois réclamé la création légale d'une situation intermédiaire entre la solvabilité et la faillite, et dont la destination serait d'offrir des garanties et des règles pour les simples suspensions de paiements et pour les contrats d'atermoiement qui peuvent en être la suite. Il nous a paru que toute disposition de ce genre est inadmissible. Si tous les créanciers d'un commerçant dont les paiements se trouvent arrêtés, sont unanimes, l'intervention de la loi est inutile. Qui a terme ne doit rien.... Dans le cas contraire, il faudrait recourir à toutes les formalités ordinaires des faillites, aux convocations, aux vérifications de créances, afin d'arriver à rendre obligatoire pour une minorité dissidente le contrat d'atermoiement (M. Thieriet, *Code des faillites,* p. 95). « Pour s'assurer de la solvabilité d'un négociant, il faudrait se livrer à toutes les vérifications établies par la procédure de faillite, et même aller jusqu'à la vente des biens, qui peut seule faire connaître leur valeur. Autrement on ne peut apprécier la solvabilité d'un négociant que par son crédit qui a pour mesure la confiance que ses créanciers lui accordent » (*Rapport* de M. Quesnault, ch. des députés, séance du 17 mars 1838; M. Thieriet, *ibid.*, p. 292). La crise qui suivit la révolution de 1848 amena le désir de distinguer la suspension des paiements de la faillite. Le décret du 22-26 août 1848 répondit à cette pensée; ce décret, qui n'eut que quelques mois d'existence, fut vivement combattu par tous ceux que leur expérience commerciale mettait le mieux à même d'en apprécier la portée et les conséquences. Le tribunal et la chambre de commerce de Paris furent d'accord avec la Banque pour en repousser l'adoption.

Aussi, résumant à cet égard l'opinion de tous les autres délégués de ces corps, l'un d'eux disait-il au comité de législation de l'Assemblée nationale : « Nous sommes, nous, aux premières loges pour voir ce qui peut faire reprendre le commerce, et nous vous disons : Non, ce n'est pas là le moyen; il n'y en a qu'un, c'est le rétablissement du crédit, et vous le ferez fuir avec vos mesures; car elles détruiront la confiance, en mettant les créanciers à la merci des débiteurs (*Rapport* fait par M. Bravard-Veyrières à l'Assemblée nationale au nom du comité de législation, le 12 juillet 1848; D. P. 1848, 4, 154). Consulté sur le projet de décret, le président du tribunal de commerce de Paris, M. Dewinck, a déclaré hautement que, dans l'opinion du commerce, jamais un commerçant qui, ayant cessé ses paiements, n'aurait point complétement désintéressé ses créanciers, ne serait considéré comme n'ayant point failli, *que le législateur lui-même ne pouvait rien à cela* (Bravard-Veyrières, *Observat. sur l'application du décret du 22 août* 1848; D. P. 1848, 3, 102). Après ces graves paroles, est-il besoin de réfuter l'opinion contraire de Locré (*Esprit du Code de comm.*, t. 5, p. 22 à 57)? Voici les motifs sur lesquels il la fonde : 1° Le mot *suspension* a disparu du projet primitif; 2° en discutant le système de l'expropriation, on a reconnu qu'il serait dur de priver de sa propriété le négociant qui n'est que gêné et non insolvable. Les partisans du système de l'expropriation répondent que le débiteur qui n'est que gêné assemble ses principaux créanciers, leur fait entrevoir que, s'ils le font faillir, leur position n'en sera que plus mauvaise. On peut donc suspendre ses paiements sans faillir. On tirerait avec plus de raison la conséquence opposée de cette partie de la discussion ; le débiteur représente à ses principaux créanciers que, s'ils le font faillir, leur position n'en sera que plus mauvaise ; ils peuvent donc le faire faillir, quoiqu'il ne soit point insolvable. Les orateurs du conseil d'État n'ont fait que reconnaître la possibilité d'un arrangement amiable, lorsque les principaux créanciers consentent ; les principaux ayant accordé terme, on paie les moins importants, et la faillite est évitée, parce que l'on se fie au débiteur, parce que son crédit, quoique ébréché, n'est pas anéanti.

La distinction que nous combattons paraît à Locré conforme aux principes. Le débiteur paie l'intérêt du retard ; dès ce moment la maxime *minus solvit, qui tardius solvit*, devient sans application possible. C'est oublier qu'employé dans le commerce l'argent rapporte plus que l'intérêt qu'en obtient le capitaliste. Locré prétend encore que cette distinction résulte de l'esprit du Code. Nous pourrions nous dispenser de répondre à cet argument. Il ne suffit pas qu'une chose soit dans l'esprit de la loi, il faut qu'elle soit aussi dans sa lettre : *quando verba clara sint, non est interpretationi locus. Ubi lex non distinguit, nec nos distinguere debemus.* On invoque l'esprit du Code ; mais on sait de reste que la sévérité, et non l'indulgence, en a inspiré les dispositions. Les exposés des motifs eux-mêmes témoignent des préoccupations du législateur. D'après une circulaire adressée le 18 juin 1806 aux chambres de commerce, la loi à intervenir porterait : « 1° Que toute faillite sera réputée frauduleuse jusqu'à l'apuration des comptes et l'examen du bilan, et qu'ainsi tout failli sera provisoirement arrêté et sa faillite jugée à la diligence

de la partie publique par les tribunaux compétents;
2° que toute banqueroute sera réputée frauduleuse et
déclarée telle par les tribunaux, lorsqu'il aura été reconnu qu'avant la banqueroute le négociant dépensait
au delà de l'intérêt de son actif; 3° que dans toute banqueroute les biens personnels de la femme entreront
en masse de l'actif pour le paiement des créanciers, et
que le douaire et les autres conventions matrimoniales
seront annulés au profit des créanciers » (Vincens, *Exposit. raisonn. de la législ. commerc.*, t. 1, p. 396). Ces
rigueurs n'ont point passé dans la loi; mais elles indiquent les intentions dont était animé celui qui travail-
lait alors au rétablissement de l'ordre en France. C'est
dépasser les limites de l'interprétation doctrinale que
de mettre dans le Code autre chose que ce qui s'y trouve;
et le système de Locré est condamné par cela seul qu'il
est obligé d'inventer une procédure pour le mettre en
pratique.

Il est donc constant qu'il ne faut point distinguer la
suspension de paiements de la cessation, et qu'il faut
dire en termes généraux avec la loi : le commerçant qui
cesse ses paiements est en état de faillite; ou autrement:
la faillite est la disparition du crédit commercial; aussi
longtemps qu'il existe, la vie commerciale continue, le
commerçant fût-il de fait insolvable. D'où résulte, et
cette conséquence est consacrée par une jurisprudence
constante, que celui-là seul est en faillite qui cesse de
faire honneur à ses obligations *commerciales*. Mais une
fois que ce fait existe, le bénéfice en est acquis à tous
les créanciers, commerciaux ou civils. La Cour de Nancy
a jugé, il est vrai, le 29 juillet 1842, que le commerçant qui cesse de faire honneur à ses engagements, quels

qu'ils soient, peut être déclaré en faillite. La Cour a considéré que l'art. 437 ne distingue point, et qu'on ne peut admettre qu'un commerçant qui cesse de payer ses dettes civiles, pour, avec le produit, acquitter des engagements commerciaux, échappe à l'état de faillite (Dall., *Répert.*, v° *Faillite*, n° 69). Mais on répond avec avantage à cette décision isolée : « que tout homme qui se livre au commerce réunit en lui deux qualités bien distinctes, celle de commerçant et celle de particulier; s'il est soumis au droit exceptionnel qui régit le commerce pour tout ce qu'il fait dans la première de ces qualités, il demeure soumis au droit commun toutes les fois qu'il agit dans l'autre » (Locré, *Esprit du Code de commerce*, t. 5, p. 108. Saint-Nexent, *Traité des faill. et banquer.*, t. 1, n° 5).

Par créance commerciale on doit entendre non pas seulement celle qui est commerciale par sa forme, mais encore celle qui est commerciale, soit par sa cause, soit par son objet, lors même qu'elle aurait une forme civile (Massé, t. 3, n° 206). Par exemple, une obligation qui est commerciale par sa cause ne cesse point de l'être parce qu'elle aura été contractée par acte notarié, ou parce qu'on aura affecté à sa sûreté un gage ou une hypothèque (Paris, 27 nov. 1841. Dall., *Faill.*, n° 70). Une fois la faillite déclarée, les créanciers civils sont sur la même ligne que les créanciers commerciaux (Arrêt précité et rejet, 9 août 1849. D. P. 49, 1, 207). Mais cette indivisibilité de droit, qui est le résultat de la faillite, ne peut exister avant la cause qui l'a produite: Comme avant la faillite, les dettes sont distinctes et par leur nature et par leurs effets, j'en conclus, dit M. Massé (t. 3, n° 205), qu'on ne peut réputer en état de faillite que le commerçant qui cesse de payer ses dettes commerciales, et non celui qui ne laisse en souffrance que des obligations civiles. Il n'est pas besoin toutefois que la cause qui a produit la perturbation dans les affaires du commerçant soit commerciale. Peu importe, par exemple, que cette perturbation résulte de l'arrestation du commerçant par mesure administrative (C. de cass., 18 mars 1826 ; Sir., 26, 1, 420).

La cessation de paiements, pour produire la faillite, doit être assez générale pour porter le désordre dans les affaires du débiteur : circonstance dont le juge du fait est appréciateur souverain. Tout refus de paiement auquel on pourrait assigner un motif légitime, ne saurait jamais avoir cet effet (C. de Rennes, 22 sept. 1810 ; C. de Grenoble, 1er juin 1831 ; Dall., *Faill.*, n° 74).

Nous l'avons dit, pour tomber en faillite, il faut être commerçant ; car la faillite est un fait exclusivement commercial. Sous l'ancien Droit, il était facile de déterminer ceux auxquels s'appliquait la qualification de commerçants ; ils étaient tous portés sur les registres de la corporation des marchands. Mais depuis que la liberté du travail a été proclamée (loi des 2-17 mars 1791, art. 7), la question présente plus de difficulté. Le législateur (C. de comm., art. 1er) déclare commerçant celui qui fait sa profession habituelle d'actes de commerce. Il énumère dans les art. 632 et 633 les actes qualifiés actes de commerce. La question de savoir si l'exercice de ces actes est assez fréquent, assez continu, pour faire de celui qui s'y livre un commerçant, est abandonnée au pouvoir discrétionnaire du juge du fait. Il n'y a d'ailleurs acte de commerce que quand cet acte est l'effet d'une spéculation mercantile (C. de Caen, 16 août 1811, *Journ. du Palais*, 1811, t. IX, p. 565; rejet, 10 mars 1813; Dall., v° *Commerçant*, n° 87; C. de Paris, 21 mars 1810; Dall., *ibid.*, n° 80).

Il n'est pas de notre sujet d'entrer dans le détail des actes de commerce et d'examiner si les individus exerçant telle ou telle profession sont ou non commerçants. Disons cependant avec la Cour de Paris (17 déc. 1842) que l'exercice d'une profession déterminée, autre que celle de négociant, n'établit point une présomption légale contre l'habitude d'actes de commerce, et que cette habitude constatée impose dans toutes les positions sociales la qualité de commerçant (Dall., v° *Commerçant*, n° 88).

S'il existe une controverse dans la jurisprudence, dit la Cour de Rouen (9 août 1843; Dall., *ibid.*, n° 87), sur la question de savoir si un individu ayant une profession exclusive de la qualité de commerçant, dans l'espèce un notaire, peut être déclaré en faillite, la divergence n'existe réellement qu'en fait. Ainsi, des arrêts de Cours royales ont décidé qu'il n'y avait pas lieu à déclaration en faillite, parce qu'appréciant les faits, ils ne reconnaissaient pas l'exercice fréquent suivi et par conséquent habituel d'actes constitutifs de la profession de commerçant (C. de Paris, 12 fructidor an XI; C. d'Aix, 3 juillet 1839; C. de Bordeaux, 1 mars 1841; Dall., *ibid.*, n°ˢ 64, 65 et 82). Mais dans d'autres circonstances la Cour de cassation et les Cours royales, appréciant les actes habituels d'agence d'affaires, de banque, de change et de courtage, exercés par des notaires, ont déclaré qu'il y avait lieu à mise en faillite, parce que les notaires, au mépris des devoirs que leur imposait cette profession, s'étaient habituellement livrés à des actes de cette nature (C. de Paris, 28 mars 1827 ; rejet, 28 mai 1828 ; C. de Paris, 24 février 1831 et 17 déc. 1842 ; Dall., *ibid.*; n°s 87, 88 et 93).

Si tout commerçant peut être déclaré en faillite, il faut être commerçant pour pouvoir invoquer le bénéfice de la loi des faillites ou être soumis à ses rigueurs (C. de Paris, 20 mars 1810 ; Dall., *ibid.* n° 80). Aussi, quelles que puissent être d'ailleurs les raisons d'utilité, pour les créanciers et pour le débiteur, à centraliser les poursuites à faire contre un non-commerçant, dans le but d'économiser les frais, il ne saurait appartenir au président du tribunal statuant en référé, ni même au tribunal entier, d'investir un séquestre judiciaire du droit de répondre seul à toutes les réclamations des créanciers, et de poursuivre la rentrée des extances. C'est ce que la Cour de cassation a décidé le 17 janvier 1855. Par cette décision, la Cour suprême casse un arrêt de Lyon du 26 mai 1853, confirmatif d'une ordonnance en référé du 21 août 1852. L'arrêt attaqué violait en effet, outre les art. 806 et 809 du Code de procédure, les art. 2093 du Code Napoléon, 557 et 567 du Code de procédure, en enlevant au créancier le droit d'action qu'il tient de son titre et de la loi (D. P. 1855, 1, 11).

3. Il est donc d'une importance majeure de distinguer la déconfiture de la faillite; car, bien que ces deux états aient quelques conséquences semblables, ils diffèrent sur des points essentiels. Si les art. 1276, 1446, 1613, 1913, 2003, 2032 du Code Napoléon s'appliquent à la faillite comme à la déconfiture, il n'en est point de même des dispositions spéciales au régime des faillites. Ainsi les créanciers d'un déconfit ne

peuvent confondre leurs intérêts que s'ils sont unanimes, et dans ce cas les décisions prises par la majorité ne sauraient faire la loi à la minorité. L'art. 1167 est la seule arme dont les créanciers disposent pour attaquer les actes d'un déconfit. Ils ne sauraient faire usage des présomptions du Droit commercial. La jurisprudence a consacré à différentes reprises la distinction entre la faillite et la déconfiture, notamment par arrêts de la Cour de Paris, du 24 mars 1810 (Rejet, 9 février 1812; C. de Nancy, 24 mars 1812; C. de Paris, 9 juin 1814; Merlin, *Répert.*, v° *Inscript. hypothéc.*, § 13; C. de cass., 17 janvier 1855, D., P. 1855, 1, 11). Cette imposante jurisprudence se fonde sur les motifs suivants :

1° Chaque fois que la loi a voulu mettre sur la même ligne la faillite et la déconfiture, elle l'a dit. L'art. 1446 autorise les créanciers personnels de la femme à exercer les droits de leur débitrice en cas de faillite ou de déconfiture du mari. L'art. 1613 dispense le vendeur de livrer en cas de faillite ou de déconfiture de l'acheteur depuis la vente. Aux termes de l'art. 1276, le créancier qui a déchargé le débiteur par qui la délégation a été faite, n'a point de recours contre ce débiteur, à moins que l'acte n'en contienne réserve expresse, ou que le débiteur fût déjà en faillite ouverte ou tombé en déconfiture au moment de la délégation. La faillite ou la déconfiture rend exigible la rente constituée en perpétuel (art. 1913). La faillite ou la déconfiture du débiteur principal autorise la caution à agir avant d'avoir payé (art. 2032). Partout où le législateur a voulu attacher à la déconfiture l'une ou l'autre des conséquences de la faillite, il a eu soin de le dire : preuve évidente qu'il a distingué ces deux états.

2° De droit commun, les particuliers ont la libre disposition de leurs biens, sous les modifications introduites par les lois (C. Nap., art. 537). Or, il n'en existe aucune pour le cas de déconfiture, qui est l'insolvabilité d'un non-commerçant, démontrée par la discussion et la vente de ses biens.

Il est à peine nécessaire de faire remarquer qu'en conséquence de cette distinction, le déconfit ne peut être condamné comme banqueroutier. Merlin, qui, dans ses conclusions du 21 novembre 1812, avait vainement tenté de faire prévaloir l'opinion contraire, est revenu à la saine doctrine par le motif péremptoire que toute interprétation extensive est contraire à l'esprit des lois pénales (Merlin, *Répert.*, v° *Faillite*, sect. 2, § 2, art. 4).

Le débiteur déconfit peut, s'il est malheureux et de bonne foi, faire en justice à ses créanciers l'abandon de tous ses biens, pour avoir la liberté de sa personne. Cet abandon ne le libère, du reste, que jusqu'à concurrence du montant de ses biens. Il est obligé de compléter le paiement, s'il lui en survient de nouveaux (C. Nap., art. 1268). L'art. 541 de la loi de 1838 enlève au débiteur commerçant le bénéfice de la cession de biens judiciaire, que lui accordaient les art. 566 à 575 du Code de 1807. L'art. 539 du nouveau Code rend ce bénéfice sans objet pour lui, puisqu'il dispense de la contrainte par corps tout failli déclaré excusable. Cette innovation fut combattue dans la commission de la chambre des pairs en 1836 et en 1837, par le motif qu'on peut être de bonne foi et ne pas être déclaré excusable (*Rapp.* de M. Tripier à la chambre des pairs; M. Thieriet, *Code des faill.*, p. 196, 197 et 275). Cette objection, qui pourrait avoir quelque poids, si les créanciers avaient voix délibérative sur la question de l'excusabilité, disparaît quand on se rappelle qu'ils ne donnent qu'un avis qui ne lie point le tribunal. L'art. 540 ne déclare indigne d'excuse que des personnes évidemment de mauvaise foi, les banqueroutiers frauduleux, les condamnés pour vol, escroquerie ou abus de confiance, et les comptables de deniers publics. On doit donc penser que dans tous les cas où la mauvaise foi ne paraîtra point constatée, le tribunal déclarera le failli excusable. La cession de biens est d'ailleurs d'autant plus inutile au failli qu'elle n'écartait point la possibilité de la faillite (C. de Metz, 30 mars 1833; Dall., *Faill.*, n° 76). Aussi M. Defermon demandait-il à la séance du conseil d'État du 2 mai 1807, qu'elle ne prît point place dans le Code de commerce.

L'art. 541 ne s'oppose point à ce que, par un traité amiable avec tous ses créanciers, le débiteur leur abandonne tous ses biens, pour éviter la honte d'une déclaration en faillite. Il ne prohibe que la cession judiciaire. La preuve de cette distinction se trouve dans les termes dont se sert l'art. 541 : « Aucun débiteur commerçant ne sera recevable à demander son admission au bénéfice de cession de biens. » Ces expressions supposent nécessairement qu'il s'agit d'une demande formée en justice par le débiteur, et que le tribunal est appelé à apprécier. L'intention du législateur, dit la Cour régulatrice, n'a pu être d'interdire entre un négociant à la tête de ses affaires, jouissant de tous ses droits, et les créanciers de ce commerçant une convention qui a pour effet d'assurer la liberté d'un débiteur de bonne foi, de le garantir de la honte d'une mise en faillite,

tout en leur réservant dans son actif l'intégralité du gage
sur lequel ils ont dû compter. Cette convention constitue un contrat purement civil, dont il n'appartient qu'à
la juridiction ordinaire de connaître (Rejet, 18 avril
1849, D. P. 49, 1, 110). Le but que la loi de 1838
s'est proposé, d'empêcher que deux juridictions ne
fussent saisies d'une même contestation, pouvant abou-
tir d'une part à l'admission au bénéfice de cession de
biens, d'autre part à une déclaration en faillite, n'indique-t-il pas, dit Dalloz (note de l'arrêt précité), que,
dans la pensée du législateur, la cession judiciaire doit
seule être prohibée, puisque seule elle peut produire un
tel résultat, et que la cession de biens volontaire conti=
nue à être autorisée comme par le passé. C'est notre
avis. Remarquons toutefois qu'un pareil arrangement
ne saurait être opposé à ceux des créanciers qui n'y ont
point consenti (Bédarride, *Tr. des faill. et banquer.*,
n° 27).

4. Avant de clore cette introduction, une question
capitale mérite de nous arrêter encore. Il s'agit de savoir
si l'existence de la faillite est indépendante d'un jugement déclaratif, ou s'il faut qu'elle soit judiciairement
déclarée pour qu'elle existe. Nous venons de voir ce que
c'est que la faillite ; et, d'après les détails dans lesquels
nous sommes entré, le lecteur préjuge déjà la solution
que nous adoptons.

Dans l'ancien Droit italien, la question qui nous occupe était controversée. Ansaldus disait : *Cum nemo nes-
ciat quod eadem decoctio tanquam fundamentum excep-
tionis vel per formalem bonorum cessionem, vel per sen-
tentiam judicis declarata et comprobata debeat remancre*
(Massé, t. 3, n° 214). L'ancien statut de Gênes exige aussi

la déclaration (Vincens, t. 1, p. 386). D'autres auteurs, et notamment Casaregis et Scaccia, pensent que la notoriété de la cessation des paiements suffit pour constituer la faillite : *Ut aliquis pro decocto habeatur, non indiget et judicis declaratione*, dit Casaregis. D'après Scaccia, les statuts de Rome (*Statuta urbis*) faisaient résulter l'état de faillite de la notoriété publique, sans exiger aucune formalité judiciaire ; *ad probandum quod communiter haberetur pro decocto mandant sufficere famam et communem opionem* (Massé, *loc. cit.*). L'ordonnance de 1673 (tit. XI, art. 1er) et la déclaration du 18 novembre 1702 n'exigent point de jugement pour que la faillite soit réputée ouverte.

L'art. 437 du Code de commerce, définissant la faillite, l'état du commerçant qui cesse ses paiements, exprime une idée absolue, et ne soumet l'existence de la faillite à aucune condition de déclaration. « L'ouverture de la faillite n'est autre chose que le moment où les paiements s'arrêtent. La faillite commence, elle s'ouvre quand ils viennent à cesser ; peu importe qu'elle ne soit pas encore déclarée officiellement, elle n'en existe pas moins ; car, encore une fois, c'est la cessation des paiements qui donne ouverture à la faillite, et non la déclaration du tribunal » (Troplong, des privil. et hypoth., t. 3, no 656). « La faillite, dit M. Renouard (sur l'art. 437), est un fait qui existe par lui-même, un fait que le jugement déclaratif constate, mais ne crée pas. » La constitution judiciaire de la faillite appartient exclusivement aux tribunaux de commerce ; mais l'existence de la faillite, c'est-à-dire de la cessation générale des paiements d'un commerçant étant un fait, tous les tribunaux, saisis d'une contestation où ce fait se trouve impliqué, ont le pouvoir de le reconnaître, de le constater, et d'en appliquer les conséquences aux litiges dont ils se trouvent régulièrement saisis. Cette doctrine, dont la jurisprudence fait de nombreuses applications en matière de banqueroute, de nullité d'actes, de droits des femmes, est contestée par un seul auteur, M. Massé (t. 3, n⁰ˢ 214 et 215). Suivant cet auteur, si la loi dit que la cessation des paiements constitue la faillite (C. de comm., art. 437), elle ajoute à l'art. 440, que le tribunal de commerce déclarera la faillite quand certaines circonstances qu'elle énumère se présenteront. Il faut donc un jugement déclaratif, rendu par le tribunal de commerce, pour constituer la faillite. Sans ce jugement, où serait la possibilité de dire si un commerçant est ou non failli? Serait-ce dans la notoriété publique? mais elle a été repoussée par la discussion. De plus, si le fait de la cessation des paiements suffisait pour faire produire à la faillite ses effets, pourquoi le législateur aurait-il décidé, par une disposition spéciale, que le négociant décédé en état de cessation de paiements pourrait être déclaré en faillite après sa mort? Cela allait de soi. Tels sont, en résumé, les moyens invoqués par M. Massé à l'appui de son opinion. Nous allons essayer d'y répondre. Après avoir contesté le principe, l'auteur que nous combattons repousse la conséquence qu'on en tire, à savoir que les tribunaux ont droit de constater l'état de faillite, à l'effet d'en appliquer les conséquences aux contestations dont ils sont compétemment saisis. La discussion qui a préparé la loi prouve contre l'opinion de M. Massé; on lit dans le rapport présenté par M. Quesnault à la chambre des députés, le 17 mars 1838 : « Quoique la cessation des paiements

ait d'importantes conséquences, ces conséquences ne
sont point les mêmes que celles de la déclaration judiciaire de faillite » (M. Thieriet, *C. des faill.*, p. 290).
Voilà donc la cessation des paiements considérée abstraction faite du jugement déclaratif, et produisant des
effets distincts de ceux de ce jugement. L'art. 440 du
Code de commerce dit que le tribunal de commerce
déclarera la faillite; mais il ne dit pas qu'il n'y aura
faillite que par suite de la déclaration judiciaire.

La faillite est la perte du crédit commercial : elle est
indépendante de toute déclaration. Ceux qui traitent
avec le failli ne peuvent point prétexter cause d'ignorance ; il y a rupture de commerce, cessation non pas
absolue, mais générale de paiements. Il est tellement
vrai que la déclaration par le tribunal de commerce
n'est pas indispensable pour qu'il y ait faillite, que
M. Massé ne peut refuser son approbation à la jurisprudence qui condamne pour banqueroute, même en
l'absence d'un jugement déclaratif. M. Massé trouve le
fondement de cette jurisprudence dans l'indépendance
respective des deux actions publique et civile ; de
plus, dit-il, le procureur impérial ne peut saisir le tribunal de commerce, qui ne peut être mis en mouvement que par les particuliers. Mais quand il s'agit d'intérêts privés, qui doivent se protéger eux-mêmes, et
auxquels la loi a remis les moyens de se défendre,
toutes ces considérations perdent leur portée. On ne
comprendrait pas comment et dans quel intérêt ceux
qui ne se sont pas servis de la voie naturelle et directe
que leur a ouverte si largement le législateur, pourraient prendre une voie détournée et indirecte. Quant
à nous, il nous paraît très-facile d'expliquer comment

un tribunal peut être appelé à prononcer sur l'existence de la cessation de paiements, et dans quel intérêt les parties peuvent lui soumettre cette question. Il ne s'agit point, en effet, pour lui de déclarer la faillite sur action principale ; alors, sans doute, il serait incompétent. Il s'agit d'apprécier une exception opposée à une action dont il est compétemment saisi. Il faudrait qu'une loi spéciale imposât au juge l'obligation de surseoir, pour qu'il dût se dessaisir. C'est ainsi que, si dans une affaire portée devant un tribunal de répression il y a lieu de statuer sur une question d'État, ou quand la décision d'une contestation dépend de l'appréciation d'un acte administratif, une disposition expresse de la loi oblige le magistrat à renvoyer les parties devant le juge compétent. M. Massé invoque enfin la discussion qui précéda l'adoption du paragraphe final de l'art. 437. Mais que prouve cette discussion? « Que la faillite est un fait, que la cessation des paiements, par cela même qu'elle caractérise la faillite, confère des droits aux créanciers, ouvre en leur faveur des actions révocatoires, et les autorise à provoquer un ensemble de mesures établies dans leur intérêt. Il s'ensuit que, lorsqu'un débiteur est décédé après la cessation de ses paiements, ses créanciers ne peuvent pas perdre par l'événement de son décès la faculté de le faire déclarer en faillite, et de réclamer toutes les conséquences attachées à cette déclaration » (*Rapp.* de **M.** Quesnault., ch. des députés, 17 mars 1838; **M.** Thieriet, p. 293). Sans doute, le régime de la faillite ne peut prendre naissance que par le jugement déclaratif émanant du tribunal de commerce : ce régime, **M.** Esnault le désigne par ces mots : *les suites extrinsèques de la fail-*

lite, expressions que M. Massé ne comprend pas (Esnault, *Tr. des faill. et banquer.*, t. 1, n° 90).

Le dessaisissement et tous les effets que les art. 443
et suivants attachent au jugement déclaratif, ne peuvent
se produire sans lui. Mais il n'en est pas moins exact
que la cessation de paiements est un fait existant par lui-
même, et indépendamment de toute déclaration, soit
du débiteur, soit des juges. La loi voit la faillite dans
cet état. Tout commerçant qui cesse ses paiements est
en état de faillite. Ainsi, c'est la cessation des paiements
seulement que cet article considère; le jugement déclaratif ne fait que reconnaître ce fait matériel, que fixer
la date à laquelle il s'est produit (Dalloz, v° *Faillite*,
n°119). La cessation des paiements est si bien, aux yeux
de la loi, le signe caractéristique de la faillite que, suivant l'art. 441 du Code de commerce ancien, la retraite
du débiteur, la clôture de ses magasins, et même le
refus d'acquitter des engagements de commerce, ne pouvaient constater l'ouverture de la faillite qu'autant que
ces faits concouraient avec la cessation des paiements
ou avec la déclaration du failli (C. de cass., 13 nov. 1838;
Dall., *ibid.*). L'arrêt de cassation du 28 décembre 1840
n'est point en contradiction avec notre opinion; la
Cour, en effet, ne se fonde pas, pour prononcer la cassation, sur l'absence de jugement déclaratif rendu par
le tribunal de commerce, mais sur ce que la Cour de
Paris, sans constater la cessation de paiements, avait,
par le seul motif que le mari était commerçant, apporté
à l'hypothèque légale de la femme des restrictions que
cette hypothèque ne doit subir qu'en cas de faillite du
mari (Dall., *ibid.*, n° 1085). Nous aurons occasion de
faire plus d'une application de la doctrine que nous ve-

nons d'établir dans le cours de ce travail, dont il nous reste à indiquer le plan.

5. Nous traitons des effets de la faillite sur le patrimoine du failli, et, comme la loi de 1838 attache au jugement déclaratif les conséquences les plus graves, nous nous occuperons dans une première partie des effets de ce jugement; dans une seconde, des effets de la cessation de paiements. Le jugement déclaratif dessaisit le failli, rend exigibles les dettes passives non échues, arrête à l'égard de [la masse les intérêts des créances chirographaires, suspend pendant trente jours les voies d'exécution pour parvenir au paiement des loyers; tels sont les divers effets dont l'examen fera l'objet de notre première partie. La cessation de paiements entraîne la nullité de certains actes faits par le failli, même dans les dix jours qui l'ont précédée, la nullité des avantages accordés à certains créanciers au détriment des autres; enfin, elle modifie gravement les droits de l'épouse du failli.

Nous aurons ainsi examiné sous toutes ses faces l'influence de la faillite sur le patrimoine du failli. Nous aurons vu se développer devant nous les exceptions au droit commun que le législateur a cru devoir, dans un intérêt d'ordre public, apporter à la faculté de disposer du commerçant qui se trouve réduit à la déplorable nécessité de ne point satisfaire à jour fixe aux engagements qu'il a contractés. Il n'entre point dans notre plan de parler des dispositions pénales introduites pour le cas de négligence ou de fraude. Nous ne pouvons point non plus, on le comprend, nous occuper en détail de l'administration des syndics. Ce serait faire un traité et non une thèse. Le seul but que nous serions heureux d'atteindre, c'est de bien mettre en lumière les modifications que la faillite fait subir aux droits que le failli peut concéder sur son patrimoine.

PREMIÈRE PARTIE.

DES EFFETS DU JUGEMENT DÉCLARATIF.

CHAPITRE PREMIER.

Du dessaisissement.

6. L'effet principal du jugement déclaratif, celui en qui se résument et dont découlent pour ainsi dire tous les autres, c'est le dessaisissement. Il importe d'en déterminer la nature et l'étendue. Constatons d'abord que notre ancien Droit ne l'admettait point. Le Code de 1807 l'introduisit dans notre législation, en le faisant partir, non point de l'époque du jugement déclaratif, mais de celle de la cessation des paiements. Le failli, à compter du jour de la faillite, est dessaisi de plein droit de l'administration de tous ses biens (Code de comm. ancien, art. 442). L'art. 443 de la loi de 1838, 1er al., est ainsi conçu : « Le jugement déclaratif de la faillite emporte de plein droit, à partir de sa date, dessaisissement pour le failli de l'administration de tous ses biens, même de ceux qui peuvent lui échoir tant qu'il est en état de faillite. » Cette innovation est empruntée au Droit italien : *Decocti actiones et jura transeunt in creditores, in vim cessionis legalis,* » dit Casaregis, cité par Massé (t. 3, n° 227). « Sous l'ordonnance de 1673, le débiteur était maître d'appeler ou de ne pas appeler ses créanciers ; il les appelait aussi

tard qu'il voulait, car on ne tenait point rigoureusement la main à l'exécution de la disposition de l'ordonnance qui prescrivait le dépôt du bilan ; et néanmoins jusque-là les créanciers ne pouvaient se réunir. Souvent un débiteur, même d'abord de bonne foi, effrayé par l'avenir de misère qui se présentait à lui, se trouvait tenté de profiter de ces retards pour se ménager des ressources. Tous ces inconvénients, tous ces abus, avaient leur source dans l'imprévoyance de la loi, qui laissait le failli en possession» (M. Crétet, au conseil d'État, 24 février 1807 ; Locré, *Législ. civ.*, t. 19, p. 62 et 63). Pour y remédier, l'art. 7 du projet portait : «Les créanciers sont saisis de plein droit, à compter du jour de la faillite, de tous les biens mobiliers, droits et actions du failli ouverts avant la faillite ou pendant sa durée, du droit de faire vendre les immeubles et d'en toucher la valeur.» C'était proposer l'expropriation du failli. Cette disposition fut combattue comme contraire aux principes, qui n'admettent point une saisine provisoire, comme dangereuse pour les créanciers, auxquels on serait forcé d'appliquer la règle : *res perit domino*, comme injuste envers ceux des faillis qui ne seraient point insolvables. «On veut, disait M. Bigot de Préameneu, que le failli n'abuse point et ne dispose point. Il est à cet égard indifférent qu'il conserve le fonds même de la propriété, pourvu que l'exercice en soit restreint au degré où les abus ne sont point à craindre, que l'administration en soit confiée à des mains tierces, qu'il ne puisse faire aucune disposition, aucun traité, sans le concours des créanciers ou de ceux qui ont leur confiance, que cet exercice lui soit ôté dès l'instant même de la faillite, au lieu de laisser entre ses mains ses biens et ses affaires à l'époque où il est le plus porté d'en abuser. Ce sont les termes dans lesquels on pourrait se renfermer. » (Conseil d'État, 26 février 1807; Locré, *ibid.*, p. 81.) D'après ces motifs, on se contenta d'enlever au failli l'administration de ses biens, en laissant la propriété résider sur sa tête. La loi de 1838 a conservé au dessaisissement sa nature; elle n'a changé que son point de départ. On peut donc légitimement se servir des principes établis par les discussions de 1807, pour en déterminer le caractère et l'étendue.

7. Si nous cherchons à définir le dessaisissement, nous trouvons qu'il n'est autre chose qu'un contrat de nantissement formé par l'autorité de la loi, contrat de gage, si les biens sont mobiliers, d'antichrèse, s'ils sont immobiliers (Locré, *Esprit du C. de comm.*, t. 5, p. 132).

8. Le but du dessaisissement est de mettre le gage des créanciers à l'abri des dilapidations du failli, de le soustraire à sa convoitise, d'en assurer l'égale répartition; aussi porte-t-il sur tous les biens du failli; c'est le texte de l'ancien art. 442 : c'est celui de l'art. 443 actuel, qui dit « tous les biens, » n'en exclut aucun; il est donc évident que le dessaisissement s'étend aux biens meubles ou immeubles, corporels ou incorporels, présents ou à venir : car « quiconque s'est obligé personnellement, est tenu de remplir son engagement sur tous ses biens mobiliers et immobiliers, *présents et à venir* » (C. Nap., art. 2092). C'est une conséquence logique de cet article, que le dessaisissement s'étende aux biens présents et à venir. Sous l'ancien Code, il y avait cependant controverse à cet égard. M. Teste demandait, à la séance du 9 février 1835, qu'un article positif tran-

chât la question (*Monit. de* 1835, p. 294). L'orateur rappelait un arrêt de la Cour de Paris, du 2 février 1835, qui décide la négative (Dall., v° *Faillite*, n° 195). C'était aussi l'opinion de M. Dalloz. En présence du texte précis du nouvel art. 443, cet auteur a modifié son opinion. « Quelque bizarrerie qu'il y ait, dit-il, à voir la loi autoriser d'une part le failli à contracter, et de l'autre à écarter les créanciers nouveaux du concours sur les biens nouvellement acquis, il semble qu'on ne peut repousser cette interprétation sans méconnaître la volonté du législateur » (*ibid.*). M. Esnault (t. 1, n° 159). pense que, même sous la loi de 1838, les créanciers nouveaux ont droit de préférence sur les biens nouvellement acquis. Nous aurons dans la suite de ce travail (n° 17 *infra*) occasion de nous expliquer sur cette question. Poursuivons, pour le moment, l'examen des biens auxquels s'étend le dessaisissement.

9. Le dessaisissement comprend-il les biens que le Code de procédure civile (art. 580, 581 et 592) déclare insaisissables ? Plusieurs distinctions sont ici nécessaires.

Sous le Code de 1807, l'absence d'une disposition spéciale qui permît de donner au failli, dès le début de la faillite, les secours qui lui sont indispensables pour exister, amena les tribunaux à déclarer les articles du Code de procédure applicables en matière de faillite. Les raisons d'humanité qui servaient de base à cette jurisprudence, firent écarter les objections fondées qu'on pouvait lui opposer, en disant, par exemple, que le Code de commerce établissait une loi spéciale et exceptionnelle pour les faillites, modifiant le droit commun au lieu d'être modifiée par lui : *In toto jure generi per speciem derogatur.* On pouvait ajouter que la loi qu prononce le dessaisissement du failli doit être appliquée dans la généralité de ses termes, qui n'admettent point de restriction et ne sont susceptibles d'aucune équivoque. «Quand une matière est régie par une législation spéciale, c'est dans la loi spéciale à la matière qu'il faut chercher la solution des questions qui en naissent. Le seul cas où il soit permis de revenir au droit commun, est celui où la loi spéciale n'a pas statué sur l'objet de la contestation. Les dettes commerciales sont soumises à des règles spéciales, qui diffèrent de celles qui gouvernent les dettes civiles. La matière des faillites a été particulièrement réglée au Code de commerce : les art. 529 et 530 ont pris soin de développer tous les objets dont le failli peut réclamer la délivrance ; le failli ne peut invoquer l'art. 592 du Code de procédure applicable aux dettes civiles, pour en cumuler le bénéfice avec celui résultant pour lui des art. 529 et 530 du Code de commerce, qui seuls régissent la matière des faillites» (C. de Rouen, 4 fév. 1828 ; Dall., v° *Faill.*, n° 432). Ces motifs, juridiquement sans réplique, doivent, à plus forte raison, être appliqués aujourd'hui que la loi, par les art. 469 et 474 du Code de commerce, permet de laisser au failli, dès le début de la faillite, ce qui est nécessaire pour lui et pour sa famille, et de lui accorder des secours pécuniaires. L'art. 469 autorise à extraire du scellé les objets qu'il désigne : ils devaient donc y être placés et faisaient partie de ceux que frappait le dessaisissement. Si, d'ailleurs, l'art. 592 du Code de procédure déclare certains objets insaisissables, c'est que l'humanité défend d'enlever à un débiteur ce qui lui est indispensable pour subsister. La loi chargeant la masse de fournir aux besoins du failli, l'art. 592 lui devient inutile. C'est l'opinion de MM. Renouard (sur l'art. 443), Dalloz (v° *Faill.*, n° 432), Massé (t. 3, n° 231).

10. Mais les traitements et pensions dus par le gouvernement français ne tombent sous le dessaisissement que dans la proportion où les lois, ordonnances ou décrets déclarent qu'ils pourront être saisis; car l'insaisissabilité est une condition de la concession dé ces traitements ou pensions. L'art. 580 du Code de procédure existe pour ainsi dire indépendamment de ce Code, c'est d'ailleurs une disposition encore plus spéciale que le Code de commerce, et qui y déroge.

11. Une question qui présente plus d'embarras est celle de savoir si le donateur ou testateur peut soustraire au dessaisissement, dans les limites de la quotité disponible, les sommes ou objets donnés ou légués, en les déclarant insaisissables ou en donnant à sa disposition le caractère alimentaire. Pour l'affirmative, on dit : le dessaisissement produit les mêmes effets que la saisie; on ne peut priver un failli, pas plus que tout autre débiteur, des ressources que la prévoyance de parents ou d'amis lui a ménagées. Nous croyons qu'il faut faire une distinction, proposée par MM. Renouard (t. 1, p. 284) et Massé (t. 3, n° 232). Si la donation a été faite, ou si le legs s'est ouvert avant la déclaration, les biens donnés ou légués sont compris dans le dessaisissement. Il n'en est pas de même, si la donation n'a été faite ou si le legs ne s'est ouvert que postérieurement au jugement déclaratif. Dans ce cas, en effet, les créanciers n'ont point dû compter sur les biens donnés ou légués. Si l'art. 443 ne suffisait point pour étendre le

dessaisissement aux dons et legs qui sont entrés dans le patrimoine du failli, on trouverait dans l'art. 582 du Code de procédure un puissant argument d'analogie. En effet, l'art. 581 de ce Code porte : « Sont insaisissables : 3° les sommes et objets disponibles déclarés insaisissables par le testateur ou donateur. » L'art. 582 ajoute : « Les objets mentionnés aux nos 3 et 4 de l'article précédent ne pourront être saisis par des créanciers postérieurs à l'acte de donation ou à l'ouverture du legs. » Si cet article était applicable, il faudrait partir de la date de chaque créance particulière pour déterminer ceux des créanciers à l'égard desquels les biens donnés ou légués devraient ou non tomber sous le dessaisissement. On sent combien une pareille distinction serait contraire à l'esprit de la loi des faillites, qui, dans son chap. 7, établit toutes les causes de préférence qu'elle admet. Comme le fait observer M. Renouard, lorsque la faillite survient, les droits individuels des créanciers s'effacent; un droit général, plus étendu que le droit ordinaire de créance, naît pour la masse au moment même de l'existence de la faillite et absorbe tous les droits individuels. La masse entière des créanciers acquiert à cet instant contre le débiteur un droit plus large et nouveau (Ren., t. 1, p. 285). Mais notre opinion n'a pas besoin de l'argument résultant de l'art. 582 du Code de procédure. La généralité de l'art. 443 du Code de commerce suffit pour la justifier. Si nous décidons que les biens donnés postérieurement au jugement déclaratif, que les legs qui se sont ouverts après cette époque conservent le caractère d'insaisissables que leur auteur a pu leur imprimer dans les limites de la quotité disponible, c'est plutôt parce qu'il est contraire à l'intérêt des créanciers de vouloir étendre le dessaisissement à de pareilles dispositions, que par le motif que l'art. 443 ne les comprend pas dans la généralité de ses termes. En effet, si après le jugement déclaratif le donateur ou testateur ne peut point soustraire ses bienfaits à l'action des créanciers et les réserver au gratifié, il se gardera de faire des dispositions en sa faveur, ou il les déguisera, et les créanciers seront forcés de fournir sur l'actif de la masse un secours alimentaire dont les ressources survenues au débiteur les affranchissent. Ils ont d'ailleurs toujours intérêt à ce que la position du failli s'améliore sans appauvrissement de la masse. Pour étendre le dessaisissement aux dispositions dont nous parlons, il faudrait que les créanciers prouvassent que la condition doit être réputée non écrite comme contraire aux lois ou aux mœurs. Or, elle n'est point immorale par essence, puisque l'art. 581 du Code de procédure la permet. Dire qu'elle est contraire à la loi commerciale, bien que conforme à la loi civile, c'est résoudre la question par la question.

Par les raisons que nous venons d'indiquer, nous croyons devoir adopter la distinction faite par M. Renouard, et que repousse M. Dalloz (v° *Faillite*, n° 185, et v° *Mariage*, n° 705).

12. D'après l'art. 443, le failli est dessaisi de l'administration de tous ses biens, c'est-à-dire non-seulement de ceux dont il a la propriété, mais aussi de ceux qui sont grevés à son profit, soit d'un usufruit, soit d'un droit d'usage ou d'autres droits semblables. Il suit de là que les créanciers peuvent comprendre dans le dessaisissement des biens d'enfants mineurs, dont le père failli aurait l'usufruit légal, à condition bien entendu

qu'ils supporteront les frais d'éducation, de même que toutes les autres charges de cet usufruit. L'émancipation pourrait seule offrir un remède au failli qui voudrait sauver les revenus de ses enfants mineurs (Saint-Nexent, t. 2, n° 248). En vain dirait-on que l'usufruit légal est une conséquence de la puissance paternelle à laquelle la faillite ne saurait porter atteinte. On répondrait avec raison que la loi, en vertu de la puissance paternelle, donne au père la propriété des revenus des biens personnels de ses enfants mineurs jusqu'à l'âge de dix-huit ans, ou jusqu'à l'émancipation qui pourrait survenir avant cet âge (C. Nap., art. 384). Ces revenus tombent dans son patrimoine, où ses créanciers les prennent par suite du dessaisissement que la loi, en cas de faillite, prononce à leur profit. La même solution s'appliquerait jusqu'à la séparation de biens aux revenus personnels de la femme dont le mari aurait la jouissance.

Il est à peine nécessaire de dire que le dessaisissement ne frappe point les biens que le failli ne détient qu'à titre de dépôt. Ainsi, et par exemple, il n'est point dessaisi des biens qu'un testateur aurait légués à ses enfants mineurs, à charge que leur père les administrerait jusqu'à leur majorité, mais sans en avoir la jouissance. Ici, à la différence de l'hypothèse précédente, le père n'est que comptable : il n'est propriétaire d'aucune partie des revenus, et ses créanciers ne peuvent exercer que les droits de leur débiteur.

13. Les biens compris dans une succession échue au failli depuis le jugement déclaratif sont soumis au dessaisissement. Mais les créanciers ne peuvent, cela va sans dire, accepter cette succession que grevée de ses

charges, et les créanciers du défunt ont le droit de demander la séparation des patrimoines.

Puisqu'une donation, un legs, une succession, peuvent venir augmenter l'actif du failli, il est évident que le failli ne peut point, par une répudiation inconsidérée ou frauduleuse, mettre obstacle à l'exercice des droits des créanciers; les syndics seuls peuvent accepter ou répudier à son lieu et place.

14. M. Geoffroy (*Code pratique des faillites*, p. 435 à 440) agite une question qui mérite de nous arrêter un instant. Le brevet d'invention pris par le failli, soit avant, soit depuis sa faillite, fait-il partie de l'actif de sa masse, et tombe-t-il en conséquence sous le dessaisissement? D'abord, il est évident que l'état de faillite ne s'oppose point à la prise du brevet par le failli; car, comme le remarque M. Geoffroy, ni la loi des 7-25 janvier 1791, ni celle des 5-8 juillet 1844, ne font de l'état civil ou civique de l'inventeur une condition de l'obtention du brevet. Tout Français, fût-il même condamné à une peine afflictive et infamante, peut obtenir un brevet. Reste la question de savoir si la masse a le droit de bénéficier sur ce brevet. L'affirmative ne nous paraît pas douteuse. Les raisons qu'on peut alléguer contre cette solution sont les mêmes que celles que l'on invoque contre la propriété littéraire et industrielle en général. Elles n'ont point prévalu : l'art. 20 de la loi des 5-8 juillet 1844 porte : « Tout breveté pourra céder la totalité ou partie de la propriété de son brevet. » Puisque le brevet est une propriété ayant une valeur réalisable en argent, il faut admettre que la masse des créanciers a droit à cette propriété comme à toutes les autres; les créanciers peuvent vendre le brevet pour arriver à leur

paiement, et non-seulement le vendre en partie, c'est-à-dire en aliéner l'exploitation, comme le voudrait M. Geoffroy, mais en vendre la propriété. C'est en définitive avec l'argent de ses créanciers que l'inventeur a été à même de faire des essais qui, peut-être, ont amené sa faillite. Il est donc juste que les créanciers retirent le bénéfice de ce qui est, au moins en partie, le produit de leurs fonds. Il n'y a, du reste, pas moyen de résister à cette déduction logique : le brevet est une propriété cessible : la loi le dit (art. 20); or, tous les biens d'un débiteur sont le gage commun de ses créanciers; en cas de faillite, ce gage est réalisé par le dessaisissement qui enveloppe tous les biens; donc, le brevet d'invention dans toute sa valeur en est frappé. M. Geoffroy remarque que la crainte de voir les créanciers s'emparer de son invention pourra porter le failli à ne point prendre de brevet. Il conseille donc aux syndics de réunir les créanciers et, avec l'autorisation du juge-commissaire, de permettre au débiteur d'exploiter à son profit exclusif. Nous croyons, comme lui, une pareille délibération obligatoire pour les créanciers.

15. Continuons d'étudier la nature du dessaisissement. L'art. 443 actuel déclare, comme l'ancien art. 442, que le failli est dessaisi de l'administration de tous ses biens. C'est donc sur les biens seulement que porte le dessaisissement : « Il en résulte, à la vérité, que le débiteur ne peut plus contracter sur ces biens, dont il ne dispose plus, mais non pas qu'il perde en général le droit de contracter, sans y être autorisé; qu'il ne puisse s'obliger personnellement envers les autres, ni obliger les autres envers lui, à moins que les créanciers n'y consentent. Le dessaisissement porte sur les biens,

l'interdiction, sur les capacités naturelles ou civiles de la personne : il n'y a point d'analogie entre deux choses aussi essentiellement différentes, et, par conséquent, l'interdiction ne pourrait être la suite du dessaisissement qu'autant que la loi l'aurait formellement décidé, ce qu'elle n'a pas fait » (Locré, *Espr. du C. de comm.*, t. 5, p. 130). « L'interdiction d'un individu pour cause de démence et d'imbécillité, dit M. Galos (*Monit.* de 1838, p. 718), a un caractère tout différent de l'interdiction d'un négociant qui cesse ses paiements. L'une est fondée sur un fait réel et naturel; l'interdiction légale pour cause de démence porte sur une incapacité naturelle, physique; l'autre n'est qu'une fiction légale qui déclare l'incapacité, mais ne la constate pas. Un négociant ne perd réellement la disposition de ce qu'il possède que par le jugement déclaratif. Loin donc de porter avec lui des signes extérieurs d'incapacité, il a toutes les apparences du droit et du pouvoir de contracter légitimement. » En conséquence, et pour résumer en deux mots la différence entre l'interdiction et l'incapacité résultant du dessaisissement, nous dirons : l'interdiction est un statut personnel; l'incapacité produite par le dessaisissement est un statut réel; d'où il suit que les créanciers ne peuvent invoquer cette incapacité, si le jugement déclaratif n'est point exécutoire dans le pays où ils veulent s'en prévaloir (C. de Bruxelles, 23 mai 1820; Dall., v° *Faill.*, n° 199).

La distinction entre l'interdiction et la faillite, admise par tous les auteurs, est ainsi motivée par la Cour suprême dans un arrêt de rejet du 6 juin 1831 : « Attendu que les art. 442 et 443, invoqués à l'appui du pourvoi, sont relatifs à l'état de faillite et ont pour but la conservation des droits des créanciers, tels qu'ils sont fixés au jour de son ouverture ; que si le débiteur est dessaisi de plein droit de l'administration de ses biens, c'est par la raison qu'ils sont mis dès à présent sous la main de ses créanciers ; que c'est une conséquence qu'il n'en puisse disposer, et que tous les actes de transmission faits à leur préjudice soient considérés comme nuls ; mais qu'il ne s'ensuit pas que le failli soit tombé en état d'interdiction et privé de ses droits civils » (Dall., *ibid.*, n° 195).

De nombreuses conséquences découlent de ce principe ; nous allons chercher à les mettre en lumière.

16. La première et la plus importante, c'est que le failli peut, même durant le dessaisissement, se livrer à des affaires commerciales ou autres, pourvu que ce soit avec des moyens nouveaux d'industrie, et non pas avec les marchandises, effets ou deniers dont il a été dépossédé par la faillite. Mais quel est le droit des créanciers nouveaux, soit sur les biens existants à l'époque de la faillite, soit sur ceux qui résultent du commerce nouveau ? Trois opinions se sont produites sur ce point : l'une soutenue par MM. Pardessus (*Droit commerc.*, n° 1117), Boulay-Paty et Boileux (*Traité des faill. et banquer.*, t. 1, n° 145), Renouard (sur l'art. 443), Massé (t. 3, n° 244), Saint-Nexent (t. 2, n°s 251 et 254).

17. Le dessaisissement est général : il enveloppe tous les biens, peu importe la date de leur acquisition. Sans doute, le débiteur peut faire le commerce malgré le dessaisissement ; mais, tant que dure le dessaisissement, tout ce qu'il acquiert vient augmenter la masse. Toutefois, ce n'est que chargés de leurs charges que les biens du failli tombent dans la masse ; pour prendre les bé-

néfices, il faut que les créanciers acquittent les charges légales ou conventionnelles dont ces biens sont grevés, car ils ne peuvent prendre que ce que leur débiteur aurait pris. Si les opérations sont malheureuses, ils peuvent les répudier. De quoi se plaindraient les créanciers ? Ou l'opération réussira, ou la fortune sera contraire. Dans le premier cas, à l'exception des charges acquittées par privilége, tous les profits composant la part du failli leur appartiendront. Dans le second cas, ceux-là seuls seront dupes qui auront cru à la prévoyance du failli.

La deuxième opinion, appuyée d'un arrêt de la Cour de Paris du 22 janvier 1840, consiste à accorder préférence aux créanciers nouveaux sur les biens acquis par le failli depuis le dessaisissement. Dans cette opinion, s'il éclate une seconde faillite, les nouveaux créanciers seront payés de préférence aux anciens sur les biens nouveaux. « Aussi, dit M. Esnault (t. 1, n° 159), lorsqu'en dehors de la faillite le débiteur contracte d'autres dettes, fussent-elles même hypothécaires, les anciens créanciers n'ont point le droit de se plaindre, pourvu que leur condition ne soit point changée, et que ces dettes soient assises sur des biens ayant une date récente dans la main du failli. » L'arrêt du 22 janvier 1840, cité par M. Esnault, n'est point concluant dans le sens de la thèse que soutient cet auteur. Il a décidé que, quand le jugement n'a point été inscrit, les biens dont l'acquisition est postérieure à ce jugement peuvent être grevés d'hypothèques au profit des créanciers nouveaux : ce qui est exact, mais ce qui ne veut point dire que, quand l'inscription du jugement a été régulièrement faite, l'hypothèque des créanciers nouveaux sur les biens nouveaux prime les droits des créanciers plus anciens. De plus, dans l'espèce de l'arrêt, sur trente-cinq créanciers anciens du failli, trente-quatre avaient été désintéressés; la belle-mère du failli prétendait seule primer par son hypothèque les créanciers nouveaux, malgré que ni elle ni les syndics n'eussent pris l'inscription requise; on pouvait donc supposer qu'elle avait renoncé à se prévaloir de son hypothèque (Dall., *Faill.*, n° 497).

Il nous reste à indiquer la troisième opinion. La Cour de Paris, dans un arrêt du 2 février 1835, accorde concours aux nouveaux et aux anciens créanciers sur les biens nouveaux (Dall., *ibid.*, n° 195). Cette opinion, à laquelle M. Dalloz se rangeait sous l'ancienne loi, ne saurait, de l'aveu même de cet auteur, se soutenir en présence des termes plus explicites de la nouvelle.

Le prémier des systèmes que nous venons d'exposer nous paraît donc le seul admissible : les biens sont frappés par le dessaisissement au fur et à mesure de leur acquisition; mais ils en sont frappés avec toutes les charges qui les grèvent.

18. Du principe que la faillite n'est pas l'interdiction, combiné avec celui qu'elle n'est pas une expropriation, il résulte que le failli peut prendre toute mesure conservatoire pour empêcher une péremption d'instance (C. de Bordeaux, 14 juillet 1840), pour interrompre une prescription (C. de Poitiers, 29 janvier 1829; Dall., *ibid.*, n° 206). Il peut aussi valablement acquiescer à un jugement obtenu contre lui par des créanciers, en ce sens qu'il ne peut point, lui failli, invoquer son incapacité pour se faire relever de son acquiescement. Les créanciers seuls le pourraient, puisque l'incapacité est

établie dans leur intérêt exclusif (Rejet, 23 avril 1834 ; Dall., *ibid.*, n° 807). L'incapacité dont le failli est frappé quant à ses biens, lui est personnelle et ne s'étend point à sa femme (C. de Rennes, 11 avril 1825 ; Dall., *ibid.*, n° 201).

19. Les créanciers de la faillite seuls, au profit desquels l'incapacité du failli est établie, peuvent l'invoquer. Ce droit n'appartient, ni au failli lui-même (Rejet, 12 avril 1821 ; C. de Toulouse, 4 avril 1840 ; rejet, 21 nov. 1827 ; Dall., *ibid.*, n° 198), ni à ses représentants, ni même à des tiers autres que les créanciers de la faillite (C. de Bordeaux, 19 mars 1841 ; Dall., *ibid.*; Esnault, t. 1, n° 159 ; Pardessus, n° 114 ; Massé, t. 3, n° 238). Toutefois le failli et les tiers ont le droit d'invoquer la nullité résultant de l'art. 598 du Code de commerce. Les actes du failli ne sauraient être opposés à la masse que dans le cas où elle en profite (Massé, *ibid.*, n° 140). Ainsi, dans l'hypothèse d'une vente annulée à la demande des syndics, l'acquéreur est dépouillé de la chose, malgré le paiement du prix, qu'il ne peut répéter contre la masse que dans la mesure où celle-ci en a profité.

20. Du principe que la faillite n'est point l'interdiction, il suit encore que le failli doit avoir le droit d'intervention, que l'art. 443 lui accorde textuellement ; en second lieu, que le failli n'est point privé par le dessaisissement de l'exercice des droits et actions exclusivement attachés à sa personne. Nous développerons bientôt ces deux conséquences, en examinant le second alinéa de l'art. 443 (v° n°s 25, 26 et 40 *infra*).

21. D'après le texte de l'ancien art. 442, le dessaisissement s'opérait au moment de la cessation des

paiements ; en sorte que les actes faits entre l'ouverture et la déclaration étaient nuls, sans égard à la bonne ou à la mauvaise foi des contractants. La rigueur de cette disposition amena la jurisprudence à faire une distinction que l'équité approuve, mais que les termes de l'art. 442 ne permettent point d'appeler juridique. Les tribunaux admettaient la validité des actes faits entre l'ouverture et la déclaration, alors qu'il était constant et reconnu en fait que tout s'était passé de bonne foi et dans l'ignorance de la faillite (Rejet, 10 juillet 1832 ; Dall., *ibid.*, n° 268). C'était à celui qui demandait le maintien de l'acte, à prouver qu'il ignorait le dérangement des affaires du failli, et qu'il était dans la plus entière bonne foi (C. de Bordeaux, 27 juin 1828 ; Dall., *ibid.*, n° 269). Cette jurisprudence fut consacrée par le nouveau législateur. Dès 1835, M. Renouard disait dans son rapport (Ch. des députés, 26 janv.) : « Le projet a placé avec raison le dessaisissement de plein droit à l'époque du jugement déclaratif. Tant que la faillite n'est pas déclarée, le négociant, dans quelque déplorable état qu'il soit tombé, exerce de fait l'administration de ses biens. Un jugement pourra décider qu'il aura été en faillite antérieurement à la faillite déclarée ; mais rien ne peut faire qu'il n'ait été pendant ce temps saisi de l'administration qu'il a effectivement exercée » (M. Thieriet, p. 99). Par cette innovation, le législateur a mis le droit d'accord avec le fait. Aujourd'hui, sauf les présomptions établies par les art. 446, 447, 448 et 449 du Code de commerce, les actes faits entre la cessation des paiements et le jugement déclaratif sont valables. Tous les actes faits par le failli postérieurement au jugement et portant sur ses biens, sont nuls à l'égard de la masse, sans qu'il y ait lieu d'examiner la bonne ou la mauvaise foi des contractants ; tous les actes antérieurs sont en général valables , et obligent les tiers qui ont traité avec le failli, aussi bien que la masse qui le représente activement et passivement.

Les syndics peuvent donc forcer les tiers à prendre livraison de marchandises vendues par le failli avant le jugement, et à en payer le prix (Rejet, 5 août 1812 ; Dall., *ibid.*, nº 243). Réciproquement les syndics peuvent demander livraison de marchandises vendues au failli, en offrant de payer le prix, en bonne monnaie bien entendu. La faillite de l'entrepreneur, de l'ouvrier ou de l'architecte n'est point une cause de rupture du contrat de louage d'ouvrage (C. Nap., art. 1795 ; C. de Rouen, 24 janv. 1826 ; C. de Caen, 20 fév. 1827 ; Dall., *ibid.*, nº 343). Celui qui a commandé le travail pourrait faire condamner la masse à le faire achever, ou obtenir l'autorisation de le faire terminer par un autre entrepreneur aux frais de la masse. Réciproquement les syndics pourraient exiger le prix en faisant terminer l'ouvrage. Toutefois, pour cette dernière solution, nous admettrions volontiers une distinction. S'il s'agit d'un travail pour lequel celui qui le fait faire a particulièrement compté sur les capacités, les talents spéciaux du failli, les syndics ne pourraient point valablement offrir de le faire continuer par un autre que lui.

Puisque les actes du failli faits avant le jugement déclaratif sont valables, les transports faits de bonne foi par le failli avant cette époque, signifiés même après le jugement déclaratif ou de report, sont valables à l'égard

des créanciers du failli (C. de cass., 4 janvier 1847;
D. P. 47, 1, 132; C. de Paris, 18 mai 1850; D. P. 50,
2, 176; C. de Paris, 17 février 1849; D. P. 49, 5,
192).

L'art. 1741 du Code Napoléon ne place point la faillite parmi les causes de résolution de bail. La faillite
ne pourrait devenir une cause de rupture que lorsque
le bailleur perdrait toute garantie de paiement. Si donc
les syndics offraient caution suffisante, le bailleur serait sans intérêt pour insister sur la résiliation.

Bien que des présomptions de fraude frappent certains actes faits par le failli avant le jugement déclaratif, ces présomptions doivent être renfermées dans la
lettre des textes qui les établissent; mais les créanciers
ne sont pas pour cela désarmés pour attaquer les actes qui
font fraude à leurs droits; ils peuvent toujours invoquer
l'art. 1167 du Code Napoléon; car, bien que les actes
antérieurs au jugement déclaratif soient en général à
l'abri des conséquences de la faillite, ils n'en restent
pas moins soumis au droit commun.

22. Comme le dessaisissement résulte de plein droit
du jugement déclaratif, il n'est pas nécessaire qu'une
disposition expresse de ce jugement le prononce; d'un
autre côté, les juges ne pourraient, sous quelque prétexte que ce fût, en dispenser le failli (Locré, *Espr. du
C. de c.*, t. 5, p. 126; Pardessus, n° 1116; Massé, t. 3,
n° 228). *Inhibitio expresse a judice facienda, ut non
alienet nisi administret, non est necessaria;* disait déjà
Roccus, cité par Massé (t. 3, n° 227).

Les actes faits même à une grande distance du lieu
où la faillite a été déclarée sont nuls, lors même qu'au
moment de l'acte il était impossible que les parties

eussent connaissance du jugement déclaratif (C. de cass., 13 mai 1835; Sirey, 35, 1, 707). Après le jugement, il ne peut plus en effet y avoir de question de bonne foi : il n'y a plus qu'une question de capacité (Massé, t. 3, n° 239).

Les jugements n'étant pas datés de l'heure, le jour entier de la déclaration de la faillite est compris sans distinction d'heure ni d'instant dans le temps pendant lequel le failli est dessaisi (C. d'Amiens, 18 mars 1848; D. P. 49, 2, 213). C'est donc en vain que le failli prétendrait qu'il n'a connu les causes de la faillite que quelques heures après les actes qu'il s'agit d'annuler (C. de Rouen, 12 juillet 1825; Dall., v° *Faill.*, n° 188). M. Dalloz, en note de l'arrêt d'Amiens, s'élève contre la rigueur du principe qu'il consacre et qui force d'annuler des actes qui peuvent avoir été faits de bonne foi le jour même du jugement. Cette remarque ne nous touche point. Il faut que le dessaisissement commence à une époque quelconque. La solution adoptée évite des contestations délicates, dont la décision ne saurait se baser sur aucun fondement solide. D'ailleurs, l'exécution des jugements criminels produit, elle aussi, des effets qui affectent la capacité du condamné pendant toutes les heures du jour de l'exécution.

Conséquence inévitable du jugement déclaratif, le dessaisissement est indépendant de la publication de ce jugement dans les journaux (C. de comm., art. 442). Si l'intention du législateur avait été de ne faire partir le dessaisissement que des publications, il aurait fixé expressément ce point de départ, comme dans l'art. 580 du Code de commerce il ne fait courir le délai d'opposition au jugement déclaratif ou à celui qui fixe la date de la cessation des paiements qu'à partir des publications. L'art. 443 dit au contraire : « à partir de sa date; » l'art. 491 : « à partir du jugement; » mêmes expressions dans l'art. 571. Du rapprochement de ces dispositions et de l'identité de leurs termes, il ressort clairement que la loi a voulu en principe, et à moins d'une dérogation formelle, faire produire au jugement déclaratif de la faillite des effets instantanés, indépendamment de toute publication. L'art. 443 est la consécration manifeste de ce principe (C. de Grenoble, 12 avril 1851; D. P. 52, 2, 212).

23. Puisque le dessaisissement est contemporain du jugement déclaratif, le failli ne peut plus, à partir de cette époque, agir ni pour lui-même, ni comme mandataire. *Decoctus,* dit Casaregis, *neque alieno nomine negotium, neque contractum inire potest, quia censetur revocatum omne et quodcumque mandatum* (Massé, t. 3, n° 242). Les tiers ne peuvent pas plus prétexter cause d'ignorance pour les actes faits par le failli au nom et dans l'intérêt d'un mandant, que pour ceux faits en son propre nom et dans son propre intérêt (Massé, *ibid.*). Dessaisi par le jugement, le failli ne peut pas plus donner un mandat qu'en recevoir; le mandat qu'il aurait donné est révoqué par le jugement déclaratif; d'où suit que la négociation d'une lettre de change après la faillite déclarée du tireur par un individu à qui celui-ci ne l'aurait transmise avant sa faillite que par endossement irrégulier, est nulle, même à l'égard du tiers porteur de bonne foi (C. de Paris, 7 nov. 1840; Dall., v° *Eff. de comm.,* n° 478). Pour emporter la révocation du mandat, la faillite du mandant doit être connue du mandataire (C. Nap., art. 2008 et 2009).

« La faillite (le jugement déclaratif), en dessaisissant le failli de l'administration de ses biens, agit directement sur sa personne, et lui enlève à l'instant même toute sa capacité relativement aux biens et aux droits dont il est dessaisi. Il y a dès lors en lui un défaut de pouvoir qui ne laisse pas de place aux questions de bonne foi, parce que la bonne foi ne peut pas faire que ce qui n'est pas soit. Quand, au contraire, il s'agit d'un mandataire, dont les pouvoirs sont révoqués par la faillite du mandant, cette révocation ne peut avoir d'effet, relativement au mandataire et aux tiers, que du jour où elle est connue d'eux : parce que la faillite du mandant n'agit pas directement sur le mandataire, qu'elle ne lui enlève ses pouvoirs que par réflexion. C'est l'incapacité du mandant qui réfléchit sur le mandataire » (Massé, t. 3, n° 241). Aussi a-t-il été très-bien décidé que les créanciers ne peuvent attaquer un compromis fait par un mandataire du failli dans l'ignorance de sa faillite (Rejet, 15 fév. 1808; Dall., v° *Arbitrage,* n° 264). Remarquons toutefois que si le mandat était la condition d'un contrat synallagmatique entre les parties, il ne serait point révoqué par la faillite du mandataire (C. de Bordeaux, 23 nov. 1831; Dall., v° *Mandat,* n° 495).

24. Les actions concernant les biens du failli sont comprises dans le dessaisissement. L'art. 443, 2° al., est ainsi conçu : « A partir de ce jugement, toute action mobilière ou immobilière ne pourra être intentée ou suivie que contre les syndics. » Une action fait partie des biens du failli : *Qui actionem habet ad rem recuperandam, ipsam rem habere videtur. Non ignoro,* disait Stracca, *decoctorem qui bonis cessit, nec agere, nec conveniri posse* (Massé, t. 3, n° 245). L'art. 443 ne prévoit que le

cas où le failli est défendeur ; mais il est évident qu'étant dessaisi, il ne peut point agir comme demandeur.

Pour saisir le sens de la disposition que nous interprétons, rappelons d'abord que le dessaisissement ne porte que sur les biens et qu'il n'est établi qu'en faveur de la masse des créanciers. C'est à la lumière de ce double principe que nous comprendrons l'étendue de la règle posée par le 2e alinéa de l'art. 443.

25. Le dessaisissement ne porte que sur les biens; il va donc de soi que le failli peut exercer par lui-même toutes les actions exclusivement attachées à sa personne. C'est là un principe qui ressort de la nature des choses ; c'est une application de l'art. 1166 du Code Napoléon. Le failli peut donc seul répondre à une poursuite criminelle, il peut être condamné à des dommages-intérêts par les cours d'assises, sans qu'il soit besoin d'appeler les syndics, car les débats ne pourraient être ni retardés ni suspendus par l'appel en cause du tuteur d'un mineur, du mari d'une femme, du syndic d'un failli, placés dans les liens d'une accusation. Tous sont soumis à l'exercice de l'action publique, pour l'application des peines, sans que l'assistance de leurs représentants légaux soit nécessaire, quoique cette action entraîne souvent des condamnations qui grèvent la fortune des condamnés. Ils trouvent des garanties suffisantes dans la solennité de l'instruction et dans l'accomplissement des formalités établies dans l'intérêt de la défense. Ces mêmes garanties protégent aussi les intérêts civils sur lesquels les Cours d'assises sont appelées à prononcer (Rejet, 9 mai 1846; D. P. 46, 1, 316; voy. par analog., rejet, 15 janvier 1846; D. P. 46, 1, 126). Nous n'ignorons pas que la solution donnée à

cette question par la jurisprudence est repoussée par MM. Chauveau et Faustin-Hélie, dans le cas où il s'agit d'un mineur (*Théorie du Code pénal*, t. 1, p. 528 et 529). En supposant que les arguments des savants auteurs aient toute la force qu'ils leur attribuent, ces arguments ne sauraient s'appliquer au failli, qui n'est pas un interdit. Quel intérêt le failli peut-il d'ailleurs avoir à se défendre mal? Quand il s'agit simplement de poursuites criminelles, la chose est plus évidente encore, le failli peut agir seul. C'est ce qu'indique l'ancien art. 494, qui répond au 2e al. de l'art. 443 actuel; il porte : « Toute action civile ne pourra être suivie... » opposant ainsi « action civile » à « action publique. » C'est ce que M. Regnault de Saint-Jean-d'Angely veut dire, quand il fait observer au conseil d'État que l'effet de l'art. 494 est borné aux actions et ne s'étend pas aux poursuites (Séance du 16 avril 1807; Locré, *Législ. civ.*, t. 19, p. 242).

Le jugement déclaratif laisse intacte la capacité du failli dans tout ce qui ne touche pas à ses biens. Il peut donc exercer tous les droits attachés à sa qualité de père et d'époux. Seul il peut intenter une action en nullité de mariage, en séparation de corps, en désaveu, etc., contraindre sa femme à venir habiter avec lui le domicile qu'il a choisi (C. de Bruxelles, 13 août 1806; Dall., v° *Mariage*, n° 766). N'étant point interdit, le failli conserve le droit d'intenter les actions qui ont pour objet le règlement, le mode et l'époque d'un acte qui exige sa coopération personnelle, par exemple, du concordat (Dall., v° *Faill.*, n° 204). Il peut appeler du jugement qui lui refuse le bénéfice de l'excusabilité (C. de Bruxelles, 13 mars 1810; Dall., v° *Appel civil*, n° 503).

26. Nous avons vu (n° 19) que le dessaisissement n'est prononcé que dans l'intérêt des créanciers. Le failli a donc le droit de faire tout ce qui, quoique relatif à ses biens, n'est pas contraire à l'intérêt de ses créanciers, mais tend à augmenter la masse. Il conserve la faculté de faire tous les actes qui ont pour objet l'amélioration de sa condition et la conservation de ses biens et actions. Il peut dès lors faire courir le délai d'appel d'un jugement rendu à son profit, revendiquer toutes créances ou droits quelconques qui peuvent lui compéter, dans le but d'augmenter son actif ou de justifier sa conduite (C. d'Aix, 28 février 1832; Dall., v° *Faill.*, n° 206). Il a qualité pour interrompre une prescription prête à s'accomplir (C. de Poitiers, 29 janvier 1829; Dall., *ibid.*); pour former opposition au jugement déclaratif dans le cas où il aurait lui-même déposé son bilan (C. de Rouen, 2 mars 1843; Dall., *ibid.*); alors du moins que la conduite du failli est la suite d'une erreur de fait (Bédarride, n° 1182). M. Locré (sur l'ancien art. 457) dénie au failli le droit d'opposition dans le cas où il a lui-même provoqué la déclaration par le dépôt du bilan. L'opinion de cet auteur est la suite de la distinction erronée qu'il admet entre la cessation et la suspension des paiements (Locré, *Espr. du C. de c.*, t. 5, p. 458).

Les formalités concernant la vente des biens étant dans l'intérêt du débiteur comme dans l'intérêt de la masse, le débiteur peut demander la nullité des aliénations pour lesquelles ces formalités n'ont pas été observées (C. de Metz, 17 avril 1822; Dall., *ibid.*, n° 210). Dans tous les cas, les syndics ont le droit d'intervenir pour surveiller la manière dont le débiteur défend ses intérêts (Massé, t. 3, n° 246).

Faisons observer, en terminant, que la masse des créanciers a seule le droit de critiquer les actes faits par le failli depuis le jugement déclaratif; les tiers ne le pourraient pas (C. de Lyon, 25 août 1828; Dall., *ibid.*, nº 206).

27. Le failli étant dessaisi, la masse de ses créanciers est représentée par les syndics qui, comme les créanciers, sont tantôt ayants cause du failli, tantôt tiers à son égard. Comme ayants cause du failli, les syndics sont liés par les jugements rendus contre lui, et ne peuvent les répudier, alors surtout qu'ils ont été représentés au jugement (Rejet, 26 décembre 1808; Dall., *ibid.*, nº 212). Mais, d'un autre côté, ils peuvent, comme tiers et en leur propre nom, attaquer les actes et jugements qui portent atteinte à leurs droits, par exemple, les nantissements pour lesquels les formalités prescrites dans l'intérêt des tiers n'ont point été observées (C. de cass., 5 juillet 1820; Dall., vº *Nantissement*, nº 110; C. de Nîmes, 2 août 1847; D. P. 48, 2, 41); attaquer un transport non signifié au débiteur cédé; attaquer, sans recourir à l'inscription de faux, les énonciations fausses ou frauduleuses qui se trouvent dans les actes du failli. La double qualité de tiers et d'ayants cause est reconnue aux syndics par de nombreux arrêts (C. de cass., 21 juillet 1846; D. P. 46, 1, 290; 4 janvier et 10 mars 1847; D. P. 47, 1, 130 à 133).

28. En général donc et hors les cas que nous venons d'énumérer, le failli, dessaisi de ses actions, ne saurait ni les exercer, ni y répondre. Il ne peut donc, pendant la durée des fonctions des syndics, leur demander compte (C. de Dijon, 5 août 1818; Dalloz, *Faill.*, nº 213), ni exercer en son propre nom et pour son propre compte

aucun des droits dont le dépouille le jugement déclaratif (Rejet, 28 oct. 1842; Dall., *ibid.*), ni se pourvoir par tierce-opposition contre les jugements rendus avec les syndics; il n'y a pas lieu de distinguer dans ce cas, comme sous l'ancienne loi (art. 494), si l'action, même immobilière, a été intentée avant la faillite, car la loi nouvelle ne fait aucune différence entre les actions mobilières et immobilières.

A partir du jugement déclaratif, toutes les actions sont concentrées dans la main des syndics. Les créanciers représentés par eux ne sauraient donc plus en leur propre nom poursuivre le débiteur (cette vérité résulte avec évidence des art. 527, 539 et 571 du C. de comm.), ni intervenir individuellement dans une instance où leurs représentants légaux sont engagés (C. de Paris, 24 décembre 1849; D. P. 50, 2, 195). Si les créanciers perdent le droit d'agir et d'intervenir individuellement, ils ont toujours celui de surveiller les syndics et de demander leur destitution. Comme c'est en faveur de la masse seulement que la loi concentre l'exercice des actions dans les mains des syndics, le failli ne peut appeler d'un jugement sous prétexte que les syndics n'y auraient pas été représentés (C. de Paris, 1er février 1831; Dall., *Faill.*, n° 215).

29. Nous avons dit que les syndics représentent la masse des créanciers : un créancier ne peut donc être représenté par eux, lorsqu'il a à défendre un intérêt contraire à celui de cette masse; le syndic est alors son contradicteur naturel. « Dans la lettre comme dans l'esprit du Code de commerce, dit la Cour de cassation, les syndics des créanciers d'une faillite ne peuvent représenter la masse des créanciers que dans les affaires

qui présentent pour tous une unité d'intérêts. Mais il n'en peut pas être de même, lorsque certains créanciers ont des intérêts opposés à ceux d'autres créanciers de la même faillite, parce qu'alors l'unité d'intérêt cessant, chacun d'eux doit agir contre les autres dans son intérêt individuel et absolument séparé de celui de la masse (Cass., 25 juillet 1814; Dall., *Faillite*, n° 548). Le but de toute la procédure des faillites et de l'institution du syndicat est le maintien de l'égalité entre les créanciers. En conséquence, si des créanciers se présentent et soutiennent que cette égalité doit être rompue en leur faveur, qu'ils sont dispensés par leur position spéciale de partager l'infortune commune, ils trouvent dans les syndics des contradicteurs naturels. Ce n'est pas à dire que les syndics ne puissent jamais représenter les créanciers hypothécaires ou privilégiés; car il n'y a pas toujours entre les deux masses antagonisme d'intérêts; par exemple, si les syndics intentent une action en revendication, à l'effet de faire rentrer un immeuble hypothéqué dans le patrimoine du failli, ils représentent les hypothécaires. S'agit-il, au contraire, du rang du privilége ou de son existence, les syndics deviennent les adversaires des hypothécaires. Ainsi, ces derniers ne sauraient être représentés par les syndics dans une instance relative à la propriété de l'immeuble hypothéqué, et dont l'issue pourrait diminuer ou anéantir les droits hypothécaires, ou lorsque l'instance a pour objet et pourrait avoir pour résultat de diminuer la valeur de l'immeuble hypothéqué (Bédarride, n° 755). La jurisprudence est unanime à reconnaître que lorsqu'il y a opposition d'intérêts entre les deux masses, les syndics ne représentent que les chirographaires (C. d'Orléans,

13 mai 1851; D. P. 52, 2, 176; cass., 16 déc. 1850; D. P. 52, 1, 117). Mais, répétons-le, quand il n'y a pas opposition d'intérêts, les syndics représentent tous les créanciers : c'est ce que décide un arrêt de la Cour d'Angers du 20 décembre 1850 (D. P. 52, 2, 132). Dans l'espèce de cet arrêt, le failli, entrepreneur de travaux publics, a donné son cautionnement, qui forme seul tout l'actif, en gage à l'un de ses créanciers. Le syndic obtient la nullité de ce nantissement, et conclut que les créanciers fournisseurs soient payés par préférence sur la somme du cautionnement, et que le reste soit partagé au marc le franc. On oppose à cette prétention que le syndic ne saurait représenter les privilégiés. Mais la Cour l'a admise : «Attendu que le syndic a agi dans l'intérêt de la masse des créanciers, qui presque tous se présentent comme ouvriers ou fournisseurs, et que dès lors on ne peut prétendre qu'il ait agi sans qualité et hors des termes de sa mission.» Une circonstance de fait, que la Cour ne relève pas, justifierait à elle seule sa décision : le cautionnement formait tout l'actif de la masse; chirographaires et privilégiés avaient donc intérêt à faire tomber le nantissement, et du moment que, loin de contester le privilége des fournisseurs, les syndics le reconnaissaient, il y avait identité d'intérêts entre les deux masses. Du reste, c'était aux privilégiés seuls qu'il appartenait de soutenir qu'ils ne se croyaient point suffisamment représentés. L'arrêt que nous venons de citer ne nous paraît donc point, comme à M. Dalloz, contraire à la règle générale : il contient, selon nous, une stricte et saine application des principes.

30. Nous le voyons, les droits et actions dont le failli

est dessaisi, sont remis aux mains des syndics. Il n'y a donc aucun instant où l'on ne puisse faire valoir ses droits contre la masse, et cette masse peut toujours, par ses syndics, exercer les droits du failli. Il suit de là que le jugement déclaratif n'a pour conséquence, ni de suspendre, ni d'interrompre le cours de la prescription, soit en faveur du failli, soit contre lui. En effet, l'art. 2251 du Code Napoléon porte : « La prescription court contre toutes personnes, à moins qu'elles ne soient dans quelque exception établie par une loi. » Or, on chercherait vainement une exception de cette nature au profit du failli ou contre lui (C. de Metz, 3 février 1823; Dall., *Faill.*, n° 247). Cette doctrine a été plusieurs fois consacrée en matière de lettres de change, où elle pouvait d'autant moins faire doute, que la minorité même y est sans effet sur la prescription (C. de Toulouse, 23 fév. 1827; Dall., v° *Eff. de comm.*, n° 835 ; rejet, 14 fév. 1833; Dall., *ibid.*, n° 829). Toutefois, il ne faut pas s'y tromper : si le dessaisissement n'interrompt pas la prescription, l'admission d'une créance au passif de la faillite produit cet effet (Troplong, *De la prescription*, t. 2, n° 713). L'arrêt de rejet que nous venons de citer, constate que la créance en question n'avait point été admise au passif. Si elle l'avait été, il y aurait eu après le concordat un titre nouveau substitué à l'ancien, et la prescription trentenaire eût seule pu être invoquée.

31. La loi n'exige pas que les syndics dénoncent la faillite à leur adversaire, lorsqu'ils veulent suivre un procès intenté. Le changement survenu dans l'état du failli a été rendu suffisamment public et notoire par la déclaration judiciaire qui en a été faite (Boulay-Paty et

Boileux, t. 1, n° 155). De même le demandeur, après que toutes les significations ont été faites, n'est point tenu d'assigner les syndics en reprise d'instance (C. d'Angers, 19 mai 1847; Sirey, 47, 2, 404).

32. Le créancier pourrait même, sans avoir au préalable soumis son titre à l'épreuve de la vérification, actionner la faillite, s'il établissait que tout retard dans la reconnaissance de son droit lui causerait un grave préjudice, par exemple, que la prescription est prête à s'accomplir. La maxime que l'intérêt est la mesure des actions, reprendrait alors son empire. Mais, hors ce cas exceptionnel, une fin de non-recevoir insurmontable s'élèverait contre lui, et les frais de l'instance intempestivement intentée resteraient à sa charge (Boulay-Paty et Boileux, t. 1, n° 157).

33. Si l'affaire était en état à l'époque du jugement, la décision à intervenir pourrait être valablement rendue contre le failli personnellement. L'art. 342 du Code de procédure porte en effet : « Le jugement de l'affaire qui sera en état ne sera différé ni par le changement d'état des parties, ni par la cessation des fonctions dans lesquelles elles procédaient, ni par leur mort, ni par les décès, démissions, interdictions ou destitutions de leurs avoués. »

34. L'art. 443, alin. 3, contient une nouvelle conséquence du dessaisissement. Le failli ne pouvant plus, à partir du jugement, disposer de rien, ni répondre à aucune action concernant ses biens, il serait frustratoire de se livrer contre lui à aucune voie d'exécution. Aussi l'art. 443 dit-il : « Il en sera de même de toute voie d'exécution, tant sur les meubles que sur les immeubles. » Il en sera de même, c'est-à-dire les voies

d'exécution ne pourront être suivies ou intentées que contre les syndics. En assimilant les voies d'exécution sur les meubles à celles sur les immeubles, le texte tranche une question controversée sous l'ancien Code. Ce Code, en effet, était muet sur les voies d'exécution De là deux opinions. Les uns soutenaient, avec raison ce nous semble, que le dessaisissement portant sur tous les biens, mobiliers ou immobiliers, les voies d'exécution sur ces biens ne devaient, après la faillite, être exercées que contre les syndics et non contre le failli. Les autres, invoquant les art. 492, 494, 528 et 532 du Code de 1807, voulaient que l'on pût poursuivre contre le failli seul les voies d'exécution sur les immeubles. L'art. 492, disaient-ils, n'autorise les syndics à vendre que les effets et marchandises du failli, c'est-à-dire des objets mobiliers. L'art. 494 ne parle que d'une action intentée contre la personne et les biens mobiliers du failli. L'art. 532 ne donne aux syndics le droit de poursuivre la vente des biens du failli qu'après la nomination des syndics définitifs. Ce n'est qu'à partir de l'union que les syndics sont appelés à vendre les immeubles (art. 528) : donc jusque-là on peut en poursuivre la vente contre le failli. L'art. 443 décide cette controverse conformément aux principes.

35. Supposons maintenant qu'une exécution mobilière ait été commencée contre le failli par un créancier non privilégié : pourra-t-elle être continuée contre les syndics ? Pour l'affirmative, M. Bédarride (t. 1, n° 86) fait valoir les considérations suivantes : Contrairement à ce qui se pratiquait sous l'ancien Code, le nouvel art. 443 met sur la même ligne les actions et les voies d'exécution. Le débiteur n'est dessaisi des unes et affranchi

des autres que du jour du jugement déclaratif. Cette différence ne permet point d'appliquer sous la nouvelle loi la jurisprudence antérieure. Puisque dans tous les cas la saisie a été régulièrement intentée, on ne saurait, sous aucun prétexte, lui refuser tous ses effets ordinaires. Aux termes de l'art. 443, toute voie d'exécution pourra être intentée ou *suivie*. Le mot suivie n'indique-t-il pas qu'il s'agit d'une procédure commencée? Comment comprendre d'ailleurs que la loi ne donne la faculté de poursuivre une voie d'exécution qu'au syndic, lorsqu'elle autorise la continuation de la procédure contre lui. Il y aurait injustice à enlever au créancier un droit qu'il a acquis et exercé en temps utile. Ce système a été consacré par la Cour d'Aix, le 21 juillet 1840 (Dall., v° *Faill.*, n° 224). Nous croyons le raisonnement sur lequel il repose plus spécieux que solide. Le but d'un créancier, en se livrant à une voie d'exécution, est en effet de se faire payer sur le prix de l'objet exécuté; or, tant qu'un pareil résultat est rendu impossible par le dessaisissement, le créancier ne peut se faire payer avant la vérification de sa créance. A plus forte raison, les syndics ne sauraient disposer des valeurs mobilières du failli au profit du saisissant, puisque, sauf les exceptions introduites en faveur des créanciers hypothécaires ou privilégiés, l'actif doit être distribué au marc le franc entre les créanciers chirographaires et les hypothécaires qui ne viennent point en ordre utile. La continuation des poursuites serait donc sans objet : point d'intérêt, point d'action ; c'est une maxime aussi vieille que le Droit. La loi ne peut autoriser le débiteur à se livrer à des poursuites devenues injustes, puisqu'elles sont rendues inutiles par la modification de son droit et par la situation du débiteur. En admettant le système que lui prête M. Bédarride, le législateur eût détruit toute l'économie de la loi des faillites. Son but est de centraliser les poursuites pour économiser les frais ; dans l'opinion que nous combattons, on les morcelle au grand détriment de tous. On a reconnu que dans toute faillite non frauduleuse le concordat est préférable à l'union ; la vente intempestive du mobilier peut rendre le concordat difficile ou impossible ; la loi donne aux syndics le droit précieux de choisir le mode de vente le plus avantageux pour la masse, d'apprécier, sous la surveillance du juge-commissaire, l'opportunité des poursuites et de la vente ; ce n'est certes pas pour permettre à des créanciers isolés des poursuites coûteuses qui ne les mènent à rien. Reste l'argument de texte, tiré de l'art. 443. Cette disposition ne dit point aux créanciers : vous pourrez toujours suivre contre les syndics une voie d'exécution commencée sur les meubles ; mais elle leur dit simplement : quand vous aurez le droit de poursuivre une pareille exécution, vous ne pourrez le faire que contre les syndics et non contre le failli personnellement. Notre article n'a pas créé un droit spécial, en dehors des principes généraux qui régissent les faillites, il a eu pour but seulement d'indiquer contre quelles personnes les poursuites devraient être dirigées par celui ou ceux des créanciers qui tiendraient de la loi un droit spécial de poursuite. D'après l'art. 548 du Code de commerce, le débiteur nanti d'un gage a le droit de le faire vendre et de se faire payer sur le prix. Les art. 571 et 572 permettent aux hypothécaires de poursuivre ou même de commencer l'expropriation des immeubles du failli. La rédaction de ces articles a cela de décisif, quant à la question qui nous occupe, qu'elle reconnaît le droit de continuer les poursuites comme préexistant, et n'entend nullement le conférer exceptionnellement, en raison du gage ou de l'hypothèque. C'est un droit inhérent à toute créance garantie par une affectation spéciale.

36. Il résulte avec évidence de la discussion qui eut lieu sur l'art. 450 de la loi de 1838, que tous les créanciers privilégiés ont droit de continuer les voies d'exécution commencées avant le jugement déclaratif. Le projet de 1835 portait en effet (art. 449) : « Toutes voies d'exécution pour parvenir au paiement des créances privilégiées sur le mobilier de la faillite, autres que les frais de justice faits dans l'intérêt de la masse, seront suspendues jusqu'à l'expiration de la huitaine qui suivra la nomination des syndics provisoires. » C'était là une dérogation au droit commun, d'après lequel le créancier privilégié peut, sans être arrêté, poursuivre son paiement sur l'objet qui est particulièrement affecté à sa créance. Cette disposition fut, dans le projet de 1837, remplacée par celle qui forme l'art. 450 du Code actuel (M. Thieriet, p. 230). L'art. 450 adopte, quant au délai, un terme de trente jours à partir du jugement déclaratif; il borne la suspension des voies d'exécution à celles qui, pour parvenir au paiement des loyers, s'exercent sur les effets mobiliers servant à l'exploitation du commerce du failli. Nulle atteinte ne se trouve plus portée aux autres priviléges. « Je conviens, dit M. Renouard (sur l'art. 450), que de puissants motifs pouvaient déterminer le législateur à statuer autrement, et à faire exception aux règles ordinaires sur les priviléges; mais il a connu et entendu ces motifs, et il n'a point voulu s'y arrêter. »

M. Boileux tire de l'art. 450 une autre conséquence. Il pense que, le locateur étant le privilégié le plus favorable, toutes les voies d'exécution compétant aux privilégiés doivent être suspendues pendant trente jours (Boulay-Paty et Boileux, t. 1, n° 189). Le texte de l'art. 450 répond péremptoirement à cette opinion. Pour ne pas rompre brusquement le commerce du failli, il suspend les voies d'exécution du propriétaire sur les meubles servant à l'exploitation du commerce. Un motif spécial justifie cette suspension. Le propriétaire peut, sans être arrêté par le jugement déclaratif, exercer son privilége sur les autres meubles du failli. Aucune suspension n'est prononcée à l'égard des autres privilégiés. Ainsi le créancier gagiste peut exercer des poursuites le lendemain du jugement déclaratif, comme il l'aurait pu la veille (Renouard, sur l'art. 501). La suspension des voies d'exécution n'a lieu, parmi les privilégiés, que pour le propriétaire; elle cesse même de plein droit, lorsqu'il y a déplacement des meubles, ou lorsqu'une clause du bail donne au propriétaire le droit de résilier et de rentrer immédiatement en possession des lieux; car dans ces deux cas la suspension des voies d'exécution n'a plus d'objet. Nous avions donc raison de soutenir, avec une jurisprudence constante, que le troisième alinéa de l'art. 443 n'est applicable qu'aux créanciers hypothécaires et privilégiés, et que les chirographaires n'ont point le droit de continuer contre les syndics les voies d'exécution sur les meubles qu'ils ont entamées contre le failli (Renouard, sur l'art. 443; Boulay-Paty et Boileux, t. 1, n° 173; Esnault, t. 1, n° 159; Pardessus, n° 1173; Dall., v° *Faill.*, n° 224; C. de Paris, 9 mars 1837; C. de Bordeaux,

3 fév. 1838 ; C. de Rouen, 6 janv. 1843 ; Dall., *ibid.* ;
C. de Paris, 2 juill. 1846 ; D. P. 46, 4, 285).

Il est juste que les syndics paient en tout cas, et par
préférence, les frais faits par le créancier chirographaire. Ces frais ont été légitimement faits contre le
débiteur ; les représentants de ce dernier ne peuvent
refuser de les payer, bien qu'ils n'aient point mené les
poursuites à fin (C. de Bordeaux, 28 nov. 1840 ; Dall.,
Faill., n° 229 ; C. de Rouen, 6 janv. 1843 ; Dall., *ibid.*,
n° 224).

37. Le créancier peut-il continuer l'expropriation
d'un immeuble contre les syndics, alors qu'il a commencé une saisie immobilière avant la faillite, en vertu
d'un titre exécutoire ne conférant point hypothèque ?
La solution donnée à la précédente question indique
celle que doit recevoir la question que nous posons en
ce moment. L'art. 571 du Code de commerce porte :
«A partir du jugement qui déclarera la faillite, les
créanciers ne pourront poursuivre l'expropriation des
immeubles sur lesquels ils n'auront pas d'hypothèques. » Poursuivre l'expropriation, dit-on, signifie dans
le langage du Droit : commencer les poursuites. Donc,
si l'expropriation est commencée, l'art. 571 ne s'oppose point à ce qu'elle soit continuée. Nous ne contes-
tons pas le sens donné aux mots : poursuivre l'expropriation ; mais on nous accordera que ces mêmes expressions signifient aussi : continuer l'expropriation.
Quand je dis : je poursuis l'expropriation des biens d'un
tel, rien n'indique à quel point en sont mes poursuites ;
je puis être au début ou au terme de la procédure ;
donc le mot *poursuivre* indique toute la durée de la
voie d'exécution ; c'est à la fois commencer et conti-

nuer. Il nous reste à démontrer que c'est dans ce sens que l'art. 571 a employé le mot poursuivre. Rappelons que le but de la loi est de centraliser les poursuites entre les mains des syndics, qu'une seule exception est faite à cet égard au profit des créanciers hypothécaires et privilégiés, par la raison qu'ils ont accordé confiance plutôt à la chose qu'à la personne, qu'ils veulent et peuvent être payés sur leur gage spécial : ce qui les met en quelque sorte en dehors de la faillite. En est-il de même des créanciers chirographaires? Non ; le prix de l'immeuble qu'ils exproprieraient en vertu d'un titre exécutoire, serait distribué au marc le franc entre les chirographaires et les hypothécaires et privilégiés ne venant point en ordre utile ; le poursuivant n'aurait donc pas d'intérêt à achever les poursuites commencées. Dira-t-on qu'il y a droit acquis ? Nous avons déjà répondu à cet argument (n° 36) ; nous n'y reviendrons plus : c'est aux syndics qu'il appartient ici, comme pour les meubles, d'apprécier l'opportunité des poursuites. L'art. 572 ne dit point qui peut poursuivre : il ne donne donc point, à certaines conditions, aux créanciers un droit que l'article précédent leur enlève d'une manière absolue (Renouard, sur l'art. 571 ; Boulay-Paty et Boileux, t. 2, n° 743 ; Saint-Nexent, t. 3, n° 493). Il est bien entendu que les syndics doivent dans tous les cas acquitter les frais légitimement faits pour parvenir à l'expropriation.

38. Nous venons de constater l'effet du dessaisissement sur le sort des créanciers hypothécaires et des créanciers privilégiés. Il est toutefois une classe de privilégiés aux droits desquels la faillite reste totalement étrangère. Les priviléges à raison des droits du Trésor, dit

l'art. 2098 du Code Napoléon, et l'ordre dans lequel ils s'exercent, sont réglés par les lois qui les concernent. Ces priviléges sont donc soustraits à l'empire de la loi des faillites (V. loi du 5 septembre 1807, privilége du Trésor sur les biens des comptables; avis du conseil d'État, 25 février 1808, privilége de la Couronne; loi du 12 novembre 1808, privilége pour contributions directes; loi du 1.er germinal an XIII, art. 47, privilége pour contributions indirectes; loi du 22 frimaire an VII, art. 32, privilége pour droits de mutation; loi du 22 août 1791, art. 22, t. 13, et loi du 4 germinal an II, art. 4, t. 6, privilége de la douane; loi du 5 septembre 1807, privilége pour frais de justice criminelle). Les différents priviléges du Trésor s'exercent, comme s'il n'y avait pas faillite, contre le failli personnellement et sans avoir égard aux modifications produites par le jugement déclaratif, notamment quant à la compétence et à la contrainte par corps. Ainsi, l'expropriation du failli doit être poursuivie par les agents du Trésor et non par les syndics (Cass., 9 janvier 1815; rejet, 9 mars 1808). La faillite n'empêche point le Trésor de poursuivre l'expropriation contre le failli personnellement (C. de Bordeaux, 8 mai 1811). C'est là une faculté pour l'administration; elle peut y renoncer et poursuivre valablement contre les syndics (C. de Rennes, 29 janvier 1811). Quand le Trésor ou une administration jouissant d'un privilége spécial décernent une contrainte contre un redevable, l'administration ou le Trésor ne sont point obligés de suivre la procédure des faillites et les règles de compétence qui en dérivent (Cass., 9 mars 1808; C. de Bruxelles, 12 août 1811; Dall., v° *Faill.*, n° 233).

39. L'art. 443 ne parle pas des voies d'exécution

contre la personne ; mais il est évident qu'elles ne peuvent plus être appliquées par les créanciers individuellement. La contrainte par corps n'est qu'un moyen de forcer le débiteur à découvrir des ressources qu'il cache. Or, le débiteur ne peut plus payer; donc, il est inutile et par conséquent défendu à un créancier isolé de le soumettre à cette rigueur après le jugement déclaratif. Si le tribunal estime que l'intérêt de la masse exige l'emprisonnement du failli, il ordonnera le dépôt de sa personne dans une maison d'arrêt pour dettes (C. de com., art. 455). Il peut aussi, à toute époque, révoquer le sauf-conduit qu'il aurait accordé. Mais la contrainte par corps ne peut plus être exercée par les créanciers individuellement. C'est ce que suppose, d'une part, l'art. 527, quand il dit que le jugement prononçant la clôture pour insuffisance d'actif fera rentrer chaque créancier dans l'exercice de ses actions, tant contre la personne que contre les biens; d'autre part, l'art. 539, aux termes duquel, si le failli est déclaré excusable, il demeurera affranchi de la contrainte par corps à l'égard des créanciers de sa faillite, et ne pourra être poursuivi par eux que sur ses biens, sauf les exceptions prononcées par les lois spéciales.

40. Le tribunal, porte le dernier alinéa de l'art. 443, lorsqu'il le jugera convenable, pourra recevoir le failli partie intervenante. L'art. 442 du projet de 1835 était ainsi conçu : «Le tribunal pourra recevoir le failli partie intervenante, lorsqu'il jugera sa présence nécessaire.» M. Persil, garde des sceaux, demanda la suppression du paragraphe, et la commission y consentit. Sous l'ancien Code, il y avait controverse sur le point de savoir si le failli avait ou non le droit d'intervention. La juris-

prudence penchait pour l'admission de ce droit. La question fut discutée à la chambre des députés, le 9 février 1835. M. Persil, combattant le principe, disait : « Le motif de cette suppression, l'honorable M. Teste le comprend parfaitement, c'est l'incapacité dans laquelle se trouve le failli de se présenter en justice... Le failli n'est pas personne capable pour ester en jugement. » M. Teste répondait avec raison : « Il n'est pas exact en Droit de dire que la personnalité du failli soit complétement effacée, que la faculté d'ester en jugement lui soit enlevée par sa nouvelle position.... Une première vérité : le failli n'est point interdit ; tout le monde le reconnaît. En second lieu, il n'est pas exproprié. » Ils avaient donc raison, les orateurs qui prétendaient que l'intervention était de droit commun ; et, selon l'expression fort juste de M. Lherbette, pour que le droit commun fût renversé, il eût fallu, non-seulement que l'on ait rejeté le paragraphe qui en est la conséquence, mais que l'on ait introduit dans la loi une disposition contraire. Il importe peu, en effet, à l'existence du droit commun que le paragraphe qui lui est conforme soit adopté ou rejeté. Cependant il est bon, en présence de la discussion qui eut lieu à la chambre, que le législateur se soit prononcé (Ch. des députés, séance du 9 février, *Moniteur* du 10).

41. Notre article laisse les tribunaux libres d'admettre ou de rejeter l'intervention demandée par le failli. Ils ne peuvent la repousser en omettant d'y statuer, sans exposer leur décision à être attaquée par requête civile (C. de proc. civ., art. 480, 5° ; Renouard, sur l'art. 443 ; cass., 8 mai 1838 ; Dall., v° *Faill.*, n° 219). Les tribunaux ne peuvent rejeter la demande en intervention,

sans motiver le rejet (L. du 20 avril 1810, art. 7). L'intervention admise, le failli devient partie en cause; il est donc recevable à interjeter appel de la décision qui préjudicie à ses droits.

42. Mais pourrait-il intervenir la première fois sur l'appel? Non, si les art. 466 et 474 du Code de procédure sont applicables. L'art. 466 porte en effet: «Aucune intervention ne sera reçue (en matière d'appel), si ce n'est de la part de ceux qui auraient droit de former tierce-opposition;» et l'art. 474 n'ouvre la voie extraordinaire de la tierce-opposition que contre un jugement où ni la partie ni ceux qu'elle représente n'ont été appelés. Or, le failli n'a pas dû être appelé; mais ses représentants l'ont été. Il ne peut donc former tierce-opposition contre le jugement rendu avec eux.

Nous pensons avec M. Renouard, que l'art. 443 déroge à la généralité des règles du Code de procédure. Quelle est la prévision de l'art. 466 de ce dernier Code? C'est qu'il s'agit d'une partie intervenante autre que celles qui ont figuré en première instance. L'art. 443 du Code de commerce part d'un tout autre principe, de l'utilité de séparer, suivant les circonstances, en deux personnes judiciaires distinctes l'unique personne judiciaire qui réside ordinairement dans les syndics, chargés de représenter cumulativement le failli et la masse des créanciers. «Le droit d'intervention ouvert au failli, ajoute M. Renouard, n'est autre que le droit de faire déclarer par les tribunaux que les syndics ne représentent pas suffisamment ses intérêts dans telle circonstance donnée, et notamment lorsqu'il y a contrariété réelle entre ses intérêts et ceux de la masse: d'où naît pour les syndics la difficulté de remplir complétement

l'un et l'autre de leurs mandats » (Ren., sur l'art. 443).
C'est quand il paraîtra aux Cours impériales qu'en effet,
à raison des circonstances de la cause, les syndics n'ont
point été en première instance les représentants du
failli, qu'elles useront de leur pouvoir discrétionnaire
pour admettre son intervention sur l'appel; et alors,
loin de violer l'art. 466 du Code de procédure, elles en
feront une saine application, en supposant qu'il faille y
recourir, et que l'art. 443 du Code de commerce ne se
suffise point à lui seul.

43. La règle des deux degrés de juridiction est de
droit commun : aussi l'on peut interjeter appel de tout
jugement, à moins que la loi ne l'interdise. Elle ne le
fait point pour le jugement qui rejette l'intervention.
Le failli peut donc en appeler (Dall., v° *Appel*, n° 506).
Mais quel que fût le résultat de cet appel, il ne pourrait
y avoir recours en cassation, parce que la décision
rendue serait fondée sur une appréciation de fait.

44. Nous avons développé dans ce chapitre les caractères du dessaisissement : résumons-nous. Le dessaisissement ne résulte, depuis la loi de 1838, que du jugement déclaratif. Il porte sur tous les biens du failli
et sur celles de ses actions qui sont relatives à ces
mêmes biens. Établi dans l'intérêt de la masse des créanciers, il ne peut être invoqué contre elle. En conséquence de l'impossibilité où le dessaisissement place le
failli de payer valablement aucune dette, les voies
d'exécution des créanciers non hypothécaires ni privilégiés se trouvent arrêtées. Le jugement déclaratif ne
suspend point les voies d'exécution des créanciers privilégiés et hypothécaires, sauf l'exception portée en
l'art. 450 du Code de commerce. Mais ils ne peuvent,

hors le cas prévu par l'art. 2098 du Code Napoléon, exercer ces voies d'exécution que contre les syndics, représentants légaux tant du failli que de ses créanciers, même hypothécaires ou privilégiés, lorsque ces derniers ont un intérêt identique à celui de la masse chirographaire. Enfin, l'opposition possible entre les intérêts du failli et ceux de ses créanciers a porté le législateur à reconnaître au failli le droit d'intervention, il abandonne toutefois au pouvoir discrétionnaire du juge le soin d'apprécier l'opportunité de cette intervention; comme l'avait déjà fait, sous le Code de 1807, une jurisprudence imposante, qui décidait avec raison, selon nous, que le droit d'intervention accordé au failli n'est qu'une application du droit commun.

CHAPITRE II.

De l'exigibilité résultant du jugement déclaratif.

45. Nous passons au second effet du jugement déclaratif. L'art. 444, 1er alin., porte : « Le jugement déclaratif de faillite rend exigibles, à l'égard du failli, les dettes passives non échues. » La première disposition de l'art. 448 du Code de 1807 était ainsi conçue : « L'ouverture de la faillite rend exigibles les dettes passives non échues. » C'est là une application pure et simple du droit commun à la matière des faillites. « Le débiteur ne peut plus réclamer le bénéfice du terme, lorsqu'il a fait faillite ou lorsque, par son fait, il a diminué les sûretés qu'il avait données par le contrat à son créancier, » dit l'art. 1188 du Code Napoléon.

46. Toutefois, on se tromperait étrangement, si l'on pensait que cette exigibilité résultant du jugement dé-

claratif ait tous les effets de l'exigibilité naturelle produite par l'échéance, et puisse notamment servir de base à la compensation. Le créancier du failli qui se trouve être en même temps son débiteur d'une somme naturellement exigible, ne peut venir dire : Je suis débiteur du failli d'une somme naturellement exigible ; mais je suis son créancier d'une somme égale que la faillite a rendu exigible : il y a compensation. L'exigibilité, résultat du jugement déclaratif, ne donne au créancier que le droit d'être payé en monnaie de faillite, tandis qu'il doit rembourser la masse dont il est débiteur en bonne monnaie ; il n'a plus droit qu'à une quotité de sa créance, proportionnée à ce que les autres prendront aussi dans la masse, suivant les règles particulières aux distributions entre les créanciers d'un failli (Pardessus, n° 1125). Une jurisprudence constante a décidé, sous le Code de 1807, que l'exigibilité qui nous occupe ne peut produire la compensation (Dall., v° *Faill.*, n°ˢ 251, 252 et 253). En supposant d'ailleurs que l'effet de l'exigibilité dont nous parlons fût le même que celui de l'exigibilité naturelle, ce qui n'est point, la compensation ne saurait s'opérer, car les deux dettes ne seraient point liquides (C. Nap., art. 1291). En annulant tous les paiements faits pour dettes non échues, même dans les dix jours qui ont précédé la cessation des paiements, l'art. 446 du Code de commerce a enlevé tout intérêt pratique à cette question, que nous n'avons rappelée que pour faire ressortir l'esprit du premier alinéa de l'art. 444. Il est constant que son seul but est de donner à tous les créanciers le droit d'être payés en même temps des dividendes qui leur reviennent, sans égard à l'époque plus ou moins rapprochée de l'échéance de leurs titres.

47. Si les deux dettes étaient respectivement échues antérieurement à la déclaration de faillite, il est évident que cet événement ne pourrait porter atteinte à des droits acquis. La compensation aurait été opérée de plein droit. Cependant, comme on peut renoncer au bénéfice de la compensation, celui qui aurait droit de s'en prévaloir s'exposerait à en perdre les avantages, s'il présentait sa créance à la vérification ; ce qui serait incompatible avec les effets produits par la compensation, dont le principal est d'anéantir les deux dettes. « Faire revivre l'une d'elles en s'en prévalant, ce serait, dit fort bien M. Bédarride, renoncer au bénéfice de l'extinction prononcée par la loi. Si la dette compensée n'était point égale au chiffre de la créance, c'est le surplus de celle-ci qui devrait être affirmé : ce qu'on aurait soin de faire par un bordereau établissant, par un règlement de compte, la compensation jusqu'à concurrence de la dette » (n° 91).

48. Ces mots : *dettes passives*, que l'art. 444 emploie, doivent être pris dans toute l'étendue qu'ils ont naturellement dans leur généralité ; ils embrassent les dettes civiles comme les dettes commerciales. L'art. 1188 du Code Napoléon, qui enlève au failli le bénéfice du terme, est évidemment applicable aux dettes civiles comme aux dettes commerciales. Peu importe même que l'obligation du failli ait pour cause une libéralité ; la dette n'en existe pas moins (Boulay-Paty et Boileux, t. 1, n° 180).

L'exigibilité établie par notre article embrasse les dettes hypothécaires et privilégiées aussi bien que les dettes chirographaires. Le tribunal de commerce de Soissons disait dans ses observations sur l'art. 448 ancien : « Cet article est contraire au principe consigné dans l'art. 15 de la loi du 11 brumaire an VII, qui veut que la vente, soit volontaire, soit forcée, de l'immeuble grevé ne rende point exigibles les capitaux aliénés ni les autres créances non échues. L'art. 2167 du Code Napoléon maintient cette disposition. Il paraît donc nécessaire d'exprimer si l'on entend y déroger ou borner l'effet de l'art. 352 du projet aux dettes provenant de faits de commerce » (Locré, *Espr. du C. de com.*, sur l'art. 448, t. 5, p. 275). Les motifs qui ont fait établir l'exigibilité des dettes chirographaires en cas de faillite, existent avec la même force à l'égard des créanciers hypothécaires ou privilégiés. En effet, le but de la loi n'est autre que de faire participer aux répartitions ceux des créanciers dont les titres ne sont point échus. « L'hypothèque, dit la Cour de Bordeaux, est une sûreté de plus accordée au créancier; néanmoins elle n'est qu'un accessoire de l'obligation personnelle; il faut reconnaître que le créancier a suivi la foi du débiteur notoirement solvable au moment du contrat, et que, lorsque celui-ci est déclaré insolvable par l'ouverture de la faillite, la situation du créancier change, et qu'il est juste qu'il puisse faire ses diligences, pour obtenir sur l'actif de la faillite un paiement qu'il ne peut plus attendre des promesses ou du crédit de son débiteur » (C. de Bordeaux, 4 juin 1832; Dall. v° *Faill.*, n° 246). Puisqu'il faut tenir à l'exactitude du langage juridique, rappelons, en citant cet arrêt, que la faillite n'est pas nécessairement l'insolvabilité. La raison de distinguer, sous le point de vue qui nous occupe, entre les créanciers hypothécaires et privilégiés et les chirographaires, ne se trouve ni dans l'art. 15 de la loi du 11 brumaire an VII, ni dans l'art. 2167 du Code Napoléon, comme l'a cru le tribunal de commerce de Soissons. Ces textes, en effet, ne déterminent que les obligations du tiers détenteur qui a négligé les formalités de la purge; ils ne statuent qu'au profit des créanciers hypothécaires restés inconnus par suite de cette négligence, et ne s'appliquent nullement à la position du débiteur primitif. Quant aux rapports du tiers détenteur avec les créanciers produisant à la masse, ils sont réglés par les clauses du cahier des charges.

49. Les créanciers hypothécaires ne peuvent entamer aucune poursuite en vertu de l'exigibilité dont parle l'art. 444. Cette exigibilité n'a pour objet que d'assurer à tous les créanciers un concours égal à la distribution de l'actif (Cass., 10 mai 1809; Sir., 1809, 1, 542; Bédarride, n° 1083).

50. A la différence de l'art. 448 du Code de 1807, la loi de 1838 ne déclare les dettes exigibles qu'à l'égard du failli, affranchissant ainsi les coobligés non faillis de la déchéance du terme que le failli seul a méritée. « Si les garanties des créanciers se trouvent diminuées par la faillite de l'un des coobligés, dit M. Renouard, il ne suit point de là que les autres coobligés soient contraints à trouver sur-le-champ des ressources et à faire face sans délai à des engagements dont le terme n'était point arrivé » (*Rapport* à la ch. des députés, 26 janvier 1835; M. Thicriet, p. 104). Si donc la caution venait à être déclarée en faillite, le débiteur principal ou les autres cautions ne seraient point, par ce fait, privés du bénéfice du terme, qui ne leur est enlevé à chacun que lorsqu'ils sont eux-mêmes déclarés en faillite.

51. L'exigibilité, résultat du jugement déclaratif,

n'autorise point la retenue de l'escompte au profit de la masse pour les créances non échues. Le tribunal de commerce de Genève, dans ses observations sur l'art. 448 du Code de commerce de 1807, proposait d'autoriser cette retenue. Le législateur de cette époque pensa avec raison que la liquidation des faillites entraînait des longueurs telles que les répartitions ne sont souvent faites que bien après l'échéance des créances dont la faillite a avancé l'exigibilité (Locré, *Espr. du Code de comm.*, sur l'art. 448, t. 5, p. 274). Le même motif fit rejeter en 1838 la proposition d'admettre la retenue de l'escompte (Renouard, sur l'art. 444).

52. Le créancier ne peut en aucun cas différer l'acquittement de sa propre obligation jusqu'à l'échéance du terme qui lui a été accordé, et prétendre en même temps forcer la masse à exécuter immédiatement l'engagement corrélatif, pour l'exécution duquel le failli avait terme. L'art. 444 n'est point applicable aux contrats parfaitement synallagmatiques, où tout est réciproque. Ainsi, le terme accordé au vendeur n'étant point annulé par la déclaration en faillite de l'acheteur, celui-ci, nonobstant cette circonstance, continue à jouir du terme qui peut lui avoir été accordé pour le paiement; inapplicable au vendeur, l'art. 444 l'est aussi à l'acheteur, dont l'obligation est corrélative à celle du vendeur (C. de Bordeaux, 16 juillet 1840; Dall., *Faill.*, n° 248).

53. Nous venons de voir que les coobligés du failli ne sont point privés du bénéfice du terme par l'effet de la déclaration de faillite. Cependant il est une matière où ce principe de droit commun ne pouvait être admis sans danger : nous voulons parler de la lettre de change. Le commerce entier est intéressé à maintenir à cet ad-

mirable instrument de crédit toute la confiance dont il peut jouir. Aussi le 2ᵉ alinéa de l'art. 444 contient-il en faveur des lettres de change une exception à sa première disposition ; il est ainsi conçu : « En cas de faillite du souscripteur d'un billet à ordre, de l'accepteur d'une lettre de change ou du tireur à défaut d'acceptation, les autres obligés seront tenus de donner caution pour le paiement à l'échéance, s'ils n'aiment mieux payer immédiatement. » Cette disposition est dans l'intérêt du porteur; son but est d'augmenter la solidité de la lettre de change. L'art. 448 du Code de 1807 contient une disposition analogue, quoique fondée sur un motif différent. Sous cette loi, l'exigibilité résultant de la faillite avait lieu même à l'égard des coobligés non faillis, de sorte que, sans l'exception faite en leur faveur par la finale de l'art. 448, tous ceux qui s'étaient engagés par lettre de change, auraient, par suite de la faillite d'un seul des signataires, pu être contraints au paiement immédiat. Craignant avec raison de jeter la perturbation dans le commerce, en obligeant trop souvent des négociants à acquitter avant l'échéance des effets de commerce, le législateur admit, sur les observations du Tribunat, les coobligés du failli à donner caution, si mieux ils n'aimaient payer immédiatement (Locré, *Législat. civile*, t. 19, p. 426). L'exception de l'art. 448 ancien était en faveur des coobligés. Celle de notre article profite au porteur. Mais elles sont toutes deux basées sur la nature des effets négociables. Pour que ces titres rendent au commerce tous les services qu'il est en droit d'en attendre, il faut que le paiement arrive à l'échéance; il ne doit ni la précéder ni la suivre; le devoir du législateur est de faire tous ses efforts pour arriver à un résultat si désirable. Le projet de 1835 (art. 448) ne contenait point la deuxième partie de l'art 444 actuel. Elle n'y fut ajoutée qu'à la séance du 13 février 1835, sur un amendement de M. Jacques Lefèvre, dont la rédaction primitive porte : « A l'égard des effets de commerce dans lesquels le failli figure comme principal obligé, les autres obligés seront tenus de donner caution pour le paiement à l'échéance, s'ils n'aiment mieux payer immédiatement. Voyons d'abord, dit l'orateur, ce qui résulte du Code de commerce actuel. Je suis porteur d'une lettre de change, revêtue de deux endossements : j'ai par conséquent quatre obligés, l'endosseur qui m'a transmis l'effet, l'endosseur qui le précède, le tireur et l'accepteur. Je nomme- l'accepteur le dernier, j'ai tort : c'est mon principal obligé, c'est à lui que je dois m'adresser d'abord pour obtenir mon paiement. Il arrive que l'un des endosseurs ou le tireur fait faillite ; le Code de commerce me donne le droit de demander caution à tous ceux qui suivent ; à présent, quel est le droit qu'on cherche à introduire ? Dans le projet qui a été présenté, comme dans le Code de commerce, on déclare que les dettes non échues sont exigibles, mais seulement quant au failli, et l'on supprime la nécessité de donner caution. Ainsi, comme porteur de ma lettre de change, dans le système nouveau je n'ai rien à demander. Seulement je présenterai, comme s'il était échu, mon titre à la faillite et, quoiqu'il ne soit pas échu, je serai reçu comme s'il était échu. Voilà d'une part ce que le Code autorise, et de l'autre ce qu'on vous propose de décider aujourd'hui. Voyons quelle est la pratique adoptée par le commerce. Le commerce n'a

presque jamais usé dans toute sa latitude du droit
qu'avaient les tiers porteurs de demander caution,
quand il s'agit de la faillite d'un endosseur ou même
de celle du tireur ; mais toutes les fois que c'est l'accepteur qui fait faillite, le porteur ne manque jamais de
demander un autre accepteur ou une caution. Sur quoi
se fonde cet usage du commerce? Il se fonde, ce me
semble, sur des motifs très-valables. Quand on négocie
une lettre de change, on contracte deux obligations: la
première, c'est de donner un accepteur; la seconde,
c'est d'assurer le paiement à l'échéance. Eh bien! dans
l'hypothèse où l'accepteur de ma lettre a manqué,
voyez dans quelle situation je me trouve! Je n'ai plus
d'accepteur; l'obligation qui avait été contractée envers
moi ne sera pas remplie; il est certain que ma traite
ne sera pas payée à l'échéance, puisque l'accepteur est
tombé en faillite. Ainsi donc on ne remplit plus envers
moi aucune des deux obligations qui avaient été prises.
C'est là, n'en doutez pas, le motif qui a déterminé
l'usage introduit dans le commerce. » (*Moniteur* de
1835, p. 334). Un député, M. Delespaul, fit observer que l'article du projet entraînait l'abrogation du
§ 2 de l'art. 163 du Code de commerce, et par contre-
coup celle de l'art. 187, et qu'on ne pouvait, incidem-
ment à une loi sur les faillites, modifier les règles de la
lettre de change. Cette observation rallia M. le garde
des sceaux à l'amendement de M. Lefèvre, qui devint,
avec un léger changement de rédaction, l'art. 444 du
Code actuel, qui concilie seul les règles des faillites
avec celles de la lettre de change.

54. Sous le Code de 1807, il y avait, en effet, antinomie entre les art. 163, 2° alin., 187, et l'art. 448.

L'art. 163, 2ᵉ alin., porte : « Dans le cas de faillite de l'accepteur avant l'échéance, le porteur peut faire protester et exercer son recours. » L'art. 187 accorde la même faculté au souscripteur d'un billet à ordre. D'après l'art. 448, ce n'était plus seulement la faillite de l'accepteur d'une lettre de change, ou celle du souscripteur d'un billet à ordre, qui donnait au porteur le droit d'exiger de tous les obligés une caution ou le paiement immédiat. La faillite de l'un quelconque des obligés ouvrait ce recours, et si l'on a rarement usé de ce droit dans toute sa latitude, il n'en était pas moins écrit dans la loi, où la banque l'a quelquefois trouvé. Dire avec M. Vincens (*Exposit. raisonn. de la législ. comm.*, t. 2, p. 271), que l'art. 448 ne s'applique qu'aux débiteurs et non aux garants, c'est oublier que les endosseurs deviennent débiteurs solidaires, que chaque endosseur est garant solidaire envers tous ceux qu'il précède. L'antinomie était tellement frappante qu'on songea dès 1811 à la faire disparaître par voie d'interprétation. Dans une discussion qui eut lieu au conseil d'État les 22 novembre et 13 décembre 1811, on convint que le texte de l'art. 448 était erroné et opposé à son esprit, en ce qu'il parle de la faillite de l'un des coobligés, au lieu de restreindre sa disposition à la faillite du débiteur direct. On constata que si cette erreur avait été faite en contradiction avec ce qui résulte des règles posées par le Code au livre des lettres de change, il fallait l'attribuer à ce que ce livre et celui des faillites n'avaient pas été rédigés par la même main, et que c'était par cette raison qu'ils ne se trouvaient point en parfaite harmonie. On proposa de réformer la loi par un avis du conseil d'État. Depuis la loi du

16 septembre 1807, ce mode d'interprétation n'était plus praticable; la négligence ou l'acquiescement des parties pouvaient retarder indéfiniment l'occasion de rendre une loi interprétative; on eut un moment l'idée de faire intervenir le procureur général à la Cour de cassation, pour attaquer les arrêts, à défaut des parties; mais on y renonça : la Cour de cassation ne peut prononcer par voie de disposition réglementaire (C. Nap., art. 5). Il fallait donc corriger l'article par une loi nouvelle; mais c'était déchirer une page du Code, et on y montrait une grande répugnance. Le conseil se contenta donc de donner son approbation à un arrêt de la Cour de Bruxelles du 28 mars 1811 (Dall., v° *Eff. de Comm.*, n° 657 ; Vincens, *ibid.*, p. 271 à 273).

A la chambre des députés du 16 février 1835, M. Vincens, alors commissaire du roi, rappelait cette discussion (*Moniteur de* 1835, p. 355). La Cour de Bruxelles avait, en effet, devancé la correction proposée par le conseil d'État. Elle avait décidé que c'est dans le cas prévu par les art. 163 et 187 du Code de commerce seulement, c'est-à-dire en cas de faillite de l'accepteur, s'il s'agit de lettres de change, du souscripteur, s'il est question de billet à ordre, que le porteur peut exiger une caution ou le paiement immédiat. En effet, disait-elle, l'art. 448 du Code de commerce ne fait qu'appliquer à la faillite le principe de l'art. 1188 du Code Napoléon, d'après lequel le débiteur ne peut plus réclamer le bénéfice du terme lorsqu'il a fait faillite. Or, avant l'échéance, on ne peut appliquer aux endosseurs le nom de débiteurs, puisque l'art. 118 du Code de commerce ne les appelle que garants solidaires de l'acceptation ou du paiement à l'échéance. L'art. 140 leur donne la même qualification. L'arrêt considère en terminant, que la deuxième partie de l'art. 163 a été ajoutée sur les observations de la Cour de cassation; ce qui prouve, selon les magistrats de Bruxelles, que la Cour de cassation n'a point cru que l'art. 448 dût être entendu dans toute sa généralité; car, sans cela, l'addition proposée par elle à l'art. 163 devenait sans objet. L'arrêt longuement motivé dont nous venons de présenter l'analyse, offre matière à plusieurs observations. Et, d'abord, n'est-ce pas méconnaître la nature de l'endossement que de ne voir dans l'endosseur qu'un simple garant ? L'endosseur est garant solidaire ; mais il n'est garant que parce qu'il est cédant ; il renouvelle au tiré, à l'accepteur ou au souscripteur, l'ordre de payer à son cessionnaire, avec faculté pour celui-ci de transmettre l'effet par une cession semblable à celle qu'il a faite lui-même. Vis-à-vis de son cessionnaire, il remplit donc l'office de tireur. Il contracte envers lui deux obligations : 1° celle de procurer l'acceptation ; 2° celle de faire arriver le paiement à l'échéance ; et, par une fiction découlant du caractère des effets négociables, il est censé traiter directement avec le porteur. Il est donc obligé principal, et cela même avant l'échéance ; car l'accomplissement de sa première obligation doit nécessairement la précéder, sans quoi elle n'aurait plus d'objet. Nous allons plus loin, en admettant que l'endosseur ne soit qu'une caution solidaire, comment soutenir qu'une telle caution n'est point un obligé, et pourquoi distinguer là où l'article 448 ne distingue pas ? La dernière disposition de l'art. 163 a été ajoutée sur la demande de la Cour de cassation, ce qui prouverait que la Cour suprême croyait l'art. 448 insuffisant. Mais comment cette cour, en demandant une addition à l'art. 163, pouvait-elle songer à l'art. 448, qui n'existait pas encore? On ne peut donc donner à cet article le sens du second alinéa de l'art. 444 actuel.

55. En restreignant l'obligation de donner caution au cas de faillite du souscripteur d'un billet à ordre, de l'accepteur, ou, à défaut d'acceptation, du tireur d'une lettre de change, l'art. 444 évite de faire donner caution aux divers obligés lors de la faillite de personnes dont l'obligation est postérieure à la leur, et dont ils ne pouvaient en conséquence ni apprécier ni garantir la solvabilité : résultat choquant auquel on arrivait sous le Code de 1807.

Notre article dispense en tous les cas les obligés de donner caution lors de la faillite d'un endosseur, leur signature fût-elle même postérieure à celle de l'endosseur failli.

56. Ce n'est qu'à défaut d'acceptation que la faillite déclarée du tireur d'une lettre de change donne droit au porteur d'exiger la caution. Le législateur a voulu apporter le moins d'entraves possible à la circulation des effets négociables. Du moment où le porteur a un débiteur direct, le tireur se trouve placé sur la même ligne que les endosseurs ; il ne doit plus comme eux payer qu'à défaut de l'accepteur ; l'exemption dont il jouit dans ce cas se trouve parfaitement justifiée et ne nous semble pas aussi contraire à l'équité que le pense M. Dalloz (v° *Eff. de comm.*, n° 657).

Si donc, même postérieurement à la déclaration en faillite du tireur, le tiré acceptait, le porteur, ayant alors un débiteur principal, ne pourrait plus contraindre les endosseurs à donner caution, car il n'y aurait plus de raison de maintenir un état de choses devenu sans objet (Boulay-Paty et Boileux, t. 1, n° 183).

57. La faillite du débiteur autorise-t-elle le protêt avant l'échéance, et ce protêt suffit-il pour dispenser le porteur d'un second protêt à l'échéance ? Le Tribunal de cassation a décidé l'affirmative par un jugement du 11 pluviôse an X (Dall., *ibid.*, n° 656). Mais le recours doit être exercé dans les délais. Un jugement du Tribunal d'appel de Paris, du 19 nivôse an XII, décide le contraire, sur le motif que, l'accepteur étant en faillite, le défaut de diligence dans les délais prescrits n'avait point causé préjudice aux endosseurs (Dall., *ibid.*, n° 661). Nous ne pensons pas qu'en matière de formalités exigées par la loi à peine de déchéance, il puisse y avoir lieu d'examiner si l'omission a porté préjudice.

Le recours ouvert par les art. 163 et 444 n'est que facultatif. Le porteur *peut* exercer son recours, dit l'art. 163. On opposerait en vain que le terme en matière de commerce et surtout de lettres de change est dans l'intérêt de toutes les parties, et qu'ainsi le porteur ne peut y renoncer. Cette proposition est vraie; mais elle ne s'applique qu'à l'échéance naturelle, et nullement à l'exigibilité produite par le jugement déclaratif. Aussi le porteur ne perd-il point ses droits, si, au lieu de protester après le jugement déclaratif, il ne proteste qu'à l'échéance. L'art. 444 établit un bénéfice en sa faveur; il a le droit d'y renoncer (Rejet, 16 mai 1810 ; Dall., *ibid.*, n° 659). En conséquence, il peut lever un second protêt à l'échéance et exercer son recours dans la quinzaine qui suit ce second protêt. Mais doit-il toujours faire ce second protêt ? Pour la négative on peut dire : Le protêt fait en vertu de l'art. 444 est un protêt faute de paiement, puisqu'il est certain alors que la traite ne sera point payée à l'échéance ; il est donc inutile de faire à cette époque un second protêt faute de paiement (C. d'Aix, 15 juin 1822 ; Dall., *ibid.*). Pour l'affirmative, que nous croyons seule fondée, on répond : L'objet du premier recours était de faire donner caution aux obligés ou à quelques-uns d'entre eux ; l'objet du second est de mettre l'un ou l'autre en demeure de faire les fonds de la traite : il faut donc un double protêt.

58. Le porteur a-t-il la faculté de protester avant l'échéance, en cas de cessation de paiements notoire, quoique non encore déclarée par jugement ? L'art. 444 porte : « le jugement déclaratif rend exigibles... » L'ancien art. 448 disait : « l'ouverture de la faillite. » Ces deux rédactions ont un sens absolument différent. Aussi ne croyons-nous point que la cessation de paiements suffise pour donner ouverture au recours que l'art. 444 ne ménage au porteur que dans le cas de faillite déclarée. La loi est trop formelle pour qu'on cherche à l'interpréter. La question avait été décidée en sens contraire par la Cour de Bordeaux, le 10 décembre 1832. M. Dalloz, qui rapporte cet arrêt (*Ibid.*, n° 663), paraît penser que cette décision devrait encore être suivie sous la loi actuelle. Il suffit, selon nous, de comparer les deux rédactions, pour être convaincu du contraire.

CHAPITRE III.

De l'influence du jugement déclaratif sur le cours des intérêts.

59. Le troisième effet du jugement déclaratif est d'arrêter, à l'égard de la masse seulement, le cours des intérêts. Cependant les créanciers hypothécaires et les privilégiés peuvent se faire payer les intérêts, même ceux échus depuis le jugement déclaratif; mais ils ne le peuvent, bien entendu, que sur les objets affectés à leur privilége ou à leur hypothèque. Le premier alinéa de l'art. 445 est ainsi conçu : « Le jugement déclaratif de faillite arrête, à l'égard de la masse seulement, le cours des intérêts de toute créance non garantie par un privilége, par un nantissement ou par une hypothèque. »

L'introduction de cette disposition est due à la première commission de la chambre des députés; elle formait le § 2 de l'art. 448 du projet de 1835. Le motif sur lequel elle se fonde a échappé à la sagacité de M. Saint-Nexent (t. 2, nᵒˢ 285 et 286). Il nous paraît facile à découvrir. Dans le commerce, presque toutes les créances, pour ne pas dire toutes, sont productives d'intérêts; arrêter le cours de ces intérêts pour toutes les créances non garanties par un droit de préférence, ce n'est point porter atteinte à l'égalité entre les créanciers, ce n'est pas contrevenir au but essentiel de la loi des faillites. Il n'y a probablement pas assez pour payer le capital. Dans quel but augmenter le chiffre nominal de la créance, quand on n'a pas de quoi satisfaire aux réclamations des créanciers? Ce serait ajouter inutilement aux embarras de la liquidation, en compliquant les calculs; ce serait aussi augmenter les frais d'enregistrement. Cette disposition est tellement dans la nature des choses, que la jurisprudence l'avait consacrée malgré le silence du Code de 1807 sur ce point (Rejet, 14 juillet 1829; Sirey, 29, 1, 324; rejet, 2 avril 1833; Sirey, 33, 1, 378).

60. C'est le jugement déclaratif qui arrête le cours des intérêts; donc le créancier doit être admis pour les intérêts qui ont couru entre l'ouverture de la faillite et le jugement déclaratif.

61. Le cours des intérêts n'est arrêté qu'à l'égard de la masse. Si le failli veut obtenir sa réhabilitation, il est tenu de les payer intégralement. S'il a des coobligés non faillis, ceux-ci ne sont point dispensés de payer les intérêts, car ils ne cessent point de courir à leur égard. Nous pensons même que le failli doit, à partir du jugement déclaratif, les intérêts des créances qui n'en produisaient point auparavant. La présentation à la faillite vaut sommation de payer; à dater de cette présentation, les intérêts moratoires courent à la charge du failli, qui doit les acquitter s'il aspire aux honneurs de la réhabilitation.

Ce n'est jamais que postérieurement à la liquidation de l'union que le créancier peut demander en justice contre le failli le paiement des intérêts dont le jugement déclaratif n'a point arrêté le cours à son profit. Le failli concordataire veut-il se faire réhabiliter, c'est encore une occasion pour le créancier de rentrer dans les intérêts. Si le concordataire ne demande point la réhabilitation, le créancier en est réduit à faire un appel à sa conscience, après l'exécution des promesses du concordat.

Notre article parle des intérêts. S'il s'agit d'une rente, c'est-à-dire d'une créance dont les arrérages constituent le capital, ils ne cessent point de courir par l'effet du jugement déclaratif ; les arrêter dans ce cas, ce serait anéantir le droit lui-même, et réduire le créancier à une position pire que celle des autres (C. de Bruxelles, 26 mai 1844 ; Dall., v° *Faill.*, n° 262).

62. On se demande si, lorsque les intérêts ont été compris dans des billets payables d'année en année, ces billets doivent être réduits de tous les intérêts postérieurs au jugement déclaratif ; si, lorsqu'une facture non échue est présentée, et qu'un escompte de tant pour cent est stipulé, les syndics peuvent réduire la facture proportionnellement à cet escompte. Deux amendements proposés en ce sens, l'un par M. Goupil de Préfeln, à la séance de la chambre des députés du 16 février 1835 (*Monit.* de 1835, p. 356), l'autre à la séance du 29 mars 1838 (*Monit.* de 1838, p. 753), furent tous deux rejetés. M. Teste motivait ainsi le rejet du second : « Toutes les fois qu'il y a une diminution de sûretés, la créance devient exigible *hic et nunc ;* il ne faut pas faire acheter au créancier en quelque sorte les avantages que la loi lui donne, car ils sont compensés par la diminution des sûretés » (*Monit.* de 1838, *ibid.*).

Si l'on objectait que celui qui vend à crédit et reconnaît lui-même que sa facture est réductible pour escompte, avoue qu'il percevrait trop s'il était payé avant l'échéance sans déduction d'escompte, nous répondrions : La vente avec escompte a été faite sous condition de paiement immédiat en bonne monnaie, non en monnaie de faillite. Si vous voulez bénéficier du contrat fait par le failli, accomplissez les obligations qu'il impose.

Cependant, si la facture avait été réglée en billets où l'on aurait déduit l'escompte à faire, ces billets ne pourraient être admis que pour leur valeur; car ce ne serait plus la facture non escomptée que l'on présenterait à la vérification, mais un titre nouveau; le failli a usé de la faculté d'escompter, le créancier s'est fié à lui, il a accepté ses billets comme argent comptant; le débiteur manque, le créancier doit supporter les conséquences de ce fait.

S'agit-il de billets payables d'année en année, auxquels on a joint les intérêts, ils ne doivent point être réduits, car à l'époque où le failli a pris les engagements qu'ils constatent, il le pouvait valablement. On ne saurait donc enlever au créancier le bénéfice d'un acte inattaquable, que la masse est tenue de respecter. Cette opinion est combattue par M. Dalloz (v° *Faill.*, n°s 263 et 264).

63. Toutefois il y a des créances pour lesquelles le jugement déclaratif n'arrête point le cours des intérêts; nous voulons parler de celles que garantit un privilége ou une hypothèque. Les titulaires de ces créances peuvent se faire payer sur le gage spécial qui leur est affecté, des intérêts échus même depuis le jugement déclaratif; nous disons *sur le gage spécial:* c'est en effet ce que porte le dernier paragraphe de l'art. 445. « Les intérêts des créances garanties ne pourront être réclamés que sur les sommes provenant des biens affectés au privilége, à l'hypothèque ou au nantissement.» Si donc l'objet affecté ne suffit pas pour payer capital et intérêts, les intérêts restant dus sont arrêtés à l'égard de la

masse. L'art. 445 veut que, sur l'objet affecté à leur privilége ou à leur hypothéque, les créanciers qui se sont procuré ces sûretés soient payés en capital et intérêts, qu'ils touchent, s'ils viennent en ordre utile, la totalité de leurs créances (C. de comm., art. 552 et 554).

64. Aussi a-t-il été jugé, par application de l'art. 445, que le créancier conserve, même après le jugement déclaratif, le droit de prendre, comme le lui permet l'art. 2151 du Code Napoléon, une nouvelle inscription pour les arrérages que l'inscription du capital ne conserve pas. Le jugement déclaratif laisse les créances déjà inscrites sous l'empire du droit commun; mais le créancier ne peut réclamer les intérêts qu'une inscription valablement prise n'a pas conservés (Rejet, 24 février 1852; D. P. 52, 1, 46). Si le créancier hypothécaire reste soumis au droit commun, il lui appartient d'invoquer, non-seulement le premier, mais aussi le second alinéa de l'art. 2151 du Code Napoléon, et de prendre en conséquence une nouvelle inscription, emportant hypothèque à sa date, pour ceux des intérêts que l'inscription du capital ne conserve pas; car l'art. 448 du Code de commerce n'a, pas plus que l'art. 445, dérogé à l'art. 2151 du Code Napoléon. Décider autrement, ce serait établir entre les art. 445 et 448 une véritable antinomie; car il ne serait plus vrai de dire que les intérêts des créances hypothécaires ou privilégiées peuvent être réclamés en totalité sur les objets qui leur sont affectés, comme le veulent les art. 552 et 554 du Code de commerce; et l'on apporterait à cette réclamation une limitation que l'art. 445 ne crée pas. L'art. 448, qui ne permet d'inscrire que jusqu'au jour du ju-

gement déclaratif les droits d'hypothèque ou de privilége valablement acquis, ne s'applique qu'aux créances principales constituant un droit nouveau, et ne concerne nullement les intérêts des créances précédemment inscrites (C. d'Aix, 22 juin 1847; rejet, 20 février 1850; D. P. 50, 1, 102). En vain objecterait-on, avec la Cour de Caen (29 juin 1847), que le législateur a voulu former des intérêts pour deux ans et pour l'année courante, une dette distincte quant à son hypothèque des intérêts non payés postérieurement, et pour lesquels il a voulu que le créancier prît une nouvelle inscription; ce que l'art. 2146 du Code Napoléon ne lui permet point de faire après la faillite; l'art. 445, ajoute la même Cour, en assurant aux créanciers hypothécaires et privilégiés le paiement des intérêts échus depuis la déclaration, ne dit point qu'ils sont garantis par l'hypothèque du capital, ni qu'il permet de les inscrire au fur et à mesure de leur échéance : ils forment donc une créance chirographaire (D. P. 52, 1, 46). On répond avec avantage à ces raisonnements : le législateur, en s'opposant à ce que l'inscription du capital conservât les intérêts au même rang hypothécaire pour plus que pour deux années et l'année courante, n'a point dit que les intérêts postérieurement échus sont une dette principale, qu'ils cessent d'être l'accessoire du capital qui les a produits; il n'a pas voulu que ces intérêts vinssent d'une manière occulte grever au préjudice des tiers l'immeuble hypothéqué; il a donc ordonné qu'une nouvelle inscription fût prise. Or, comme l'art. 445 du Code de commerce permet le paiement des intérêts échus postérieurement au jugement déclaratif, il faut de toute nécessité que la loi permette aussi l'inscription, condition indispensable de la conservation de l'hypothèque. Mais, dit-on, la créance est chirographaire. Nous répondons par les termes de l'art. 445 : « Les intérêts des créances garanties ne pourront être réclamés que sur les sommes provenant des biens affectés au privilége, à l'hypothèque ou au nantissement. » Si l'on n'admet point la solution que nous défendons, il y aura inégalité entre deux créanciers que leur prudence place sur la même ligne. Tous deux se sont assuré une hypothèque suffisante pour les couvrir entièrement. A l'un, des intérêts sont dus depuis deux ans; l'autre n'a que les intérêts de trois mois à réclamer. La liquidation traîne en longueur; le premier ne touchera depuis le jugement déclaratif que les intérêts pour six mois; le second pourra toucher les intérêts pour deux ans et neuf mois depuis cette époque. L'on ne peut cependant reprocher au premier aucune négligence, puisque la loi garantissait les intérêts auxquels il avait droit, au même rang hypothécaire que le capital, pour deux années et pour l'année courante. Par tous ces motifs, nous ne pouvons que persister dans l'opinion que nous avons émise et que partage M. Geoffroy (*Code pratique des Faill.*, p. 32).

65. Le jugement déclaratif, dont nous avons exposé les effets dans cette première partie, fonde ce qu'on pourrait appeler le régime de faillite. Ce régime se termine et les effets particuliers au jugement déclaratif prennent fin, soit par le concordat, soit par la liquidation de l'union, soit enfin par la clôture pour insuffisance de l'actif.

SECONDE PARTIE.

DES EFFETS DE LA CESSATION DE PAIEMENTS INDÉPEN- DAMMENT DE TOUT JUGEMENT DÉCLARATIF.

66. Nous venons d'examiner les conséquences du jugement déclaratif. D'autres effets, non moins importants peut-être, sont attachés par le législateur à la cessation des paiements. Ils feront l'objet de la seconde partie de notre travail. A la veille des faillites, les fraudes sont à craindre, de la part du failli qui veut sauver quelques débris de son actif, de la part des créanciers qui souvent ne se font point scrupule d'avoir recours à des moyens peu avouables pour rentrer dans leurs fonds. Le législateur a dû mettre la masse à même de combattre ces fraudes d'une manière efficace : de là ses dispositions sur les actes faits entre la cessation de paiements et le jugement déclaratif, et même dans les dix jours qui ont précédé cette cessation.

Ce n'est pas tout, certains créanciers ne craignent point de se faire acheter leur voix au concordat par des avantages particuliers : la loi a vu là un délit à punir; elle a en outre donné au failli et aux créanciers le droit de demander la nullité de semblables avantages.

Enfin, on n'a point voulu que les contrats de mariage servissent de voile à la fraude. On n'a point voulu que la femme du failli s'engraissât des dépouilles des malheureux créanciers de son mari : de là les dispositions sur les droits des femmes des faillis, ou plutôt les restrictions que la loi commerciale apporte à leur égard au droit commun.

CHAPITRE PREMIER.

Des actes faits depuis la cessation des paiements ou dans les dix jours qui ont précédé cette époque.

67. Avant d'entrer dans le détail des différents actes et d'analyser les dispositions qui s'y rapportent, qu'il nous soit permis de retracer l'état de l'ancien Droit sur la question qui nous occupe. Nous essaierons ensuite de donner une idée d'ensemble du système adopté par la loi nouvelle; puis nous descendrons dans les applications.

« Deux systèmes, dit M. Massé (t. 3, n° 259), se sont trouvés en présence : l'un fort absolu qui, faisant remonter les effets de la faillite du jour où elle éclate jusqu'à l'époque où les affaires du débiteur ont commencé à se déranger, qui, réputant le failli aussi incapable pendant ce temps intermédiaire que pendant celui qui suit la faillite, annule également les actes antérieurs et les actes postérieurs; l'autre qui, tout en reconnaissant que les actes faits par le débiteur dans un temps voisin de l'éclat de sa faillite, peuvent ne pas être exempts de fraude, et que la fraude peut même être quelquefois présumée, ne les annule que suivant les circonstances et en ayant égard à leur nature et aux effets qu'ils sont destinés à produire. »

Les jurisconsultes italiens se rattachent au premier de ces systèmes. *Inter decoctum et esse proximum decoctioni in jure nulla adest differentia, nullaque intercedit inter eos distinctio*, disait Casaregis. Mais, que fallait-il entendre par ces mots : *proximum esse decoctioni?* C'était là, dans le silence de la loi, un point livré à la controverse des auteurs, et la doctrine, dans l'impuissance de poser une règle certaine, s'en remit au pouvoir discrétionnaire des tribunaux (Massé, t. 3, n° 260).

Dans notre ancien Droit français, un édit de mai 1609, enregistré le 4 juin suivant, est la première disposition qui ait statué sur la question. Ce document, ouvrage du chancelier de l'Hospital, est ainsi conçu : « Et néanmoins le plus souvent lesdits banqueroutiers font faillite en intention d'enrichir leurs enfants et héritiers, et pour couvrir plus aisément leurs desseins malicieux, font transport et cession de leurs biens à leurs dits enfants ou autres leurs amis, afin de les leur conserver. Nous avons par le même moyen déclaré et déclarons telles cessions, transports, venditions de biens meubles ou immeubles faits en fraude des créanciers, directement ou indirectement, nuls et de nul effet et valeur; faisant défense à tous nos juges d'y avoir égard; au contraire, s'il leur appert que lesdits transports, cessions, donations et ventes soient faits et acceptés en fraude desdits créanciers, voulons les cessionnaires, donataires et acquéreurs être punis comme complices desdites fraudes et banqueroutes» (Renouard, t. 1, p. 44). L'édit, on le voit, déclare les actes qu'il énumère, nuls de plein droit, par cela seul que celui qui doit profiter de l'acte est parent, héritier ou ami du failli. «Les actes onéreux ou à titre gratuit, lorsqu'ils profitaient aux enfants ou héritiers présomptifs du failli, ou même à ses amis, n'avaient qu'une existence éphémère et casuelle; leur validité suspendue n'obtenait jamais la sanction des années; la destinée du testament, en un mot, paraissait leur être commune; et cependant

peut-être avaient-ils été arrêtés à un moment où floris-
saient encore les affaires du failli, où sa fortune était
prospère et où rien ne présageait sa ruine future »
(Esnault, t. 1, n° 175).

L'art. 4 (tit. XI) de l'édit de 1673 succède à cette disposition : « Déclarons nuls tous transports, cessions,
ventes et donations de biens, meubles ou immeubles,
faits en fraude des créanciers ; voulons qu'ils soient rapportés à la masse commune des effets » (M. Thieriet,
Corps de droit commerc., p. 8). C'était s'en tenir au droit
commun. Ce droit ne suffisant pas au commerce, la
ville de Lyon resta attachée à son ancien règlement du
7 juillet 1667, dont l'art. 13 portait que « toutes cessions et transports sur les effets du failli seront nuls,
s'ils ne sont faits dix jours au moins avant la faillite
publiquement connue. » La déclaration du 18 novembre
1702 étendit l'effet de ce règlement à toute la France,
« Voulons et nous plaît, dit ce document, que toutes
cessions et transports sur les biens des marchands qui
font faillite seront nuls et de nulle valeur, s'ils ne sont
faits dix jours au moins avant la faillite publiquement
connue ; comme aussi, que les actes et obligations qu'ils
passeront par devant notaires au profit de quelques-uns
de leurs créanciers, ou pour contracter de nouvelles
dettes, ensemble les sentences qui seront rendues contre
eux, n'acquerront aucune hypothèque ni préférence sur
les créanciers chirographaires, si lesdits actes et obligations ne sont passés, et si lesdites sentences ne sont
rendues pareillement dix jours au moins avant la faillite
publiquement connue » (Renouard, t. 1, p. 97). Cette
déclaration n'interprète point l'édit de 1673, comme
l'avance le préambule ; elle le modifie. Voyons mainte-

nant comment la jurisprudence l'a appliquée ou plutôt modifiée elle-même. « Il faut observer, dit Jousse, que cette déclaration ne s'entend que des transports faits par le failli sur ses biens au profit de quelques-uns de ses créanciers, ainsi que des hypothèques qui pourraient s'obtenir contre lui ; mais un créancier qui de bonne foi et sans fraude aurait reçu de son débiteur le montant de ce qui lui est dû, ne pourrait être recherché par les autres créanciers, quand même il aurait reçu ce paiement la veille de la faillite, car ce créancier ne reçoit que ce qui lui appartient, et on ne peut présumer aucune fraude de sa part, comme elle est présumée à l'égard des cessions et transports qui se font dans les dix jours avant la faillite » (sur le tit. XI, art. 4 de l'édit de 1673). « L'unique effet de l'art. 13 du règlement de Lyon, dit Commeau dans une consultation rapportée par Savary (39e parère), est que le transport fait par le failli à son créancier pour le payer de ce qu'il lui doit, est présumé frauduleux lorsqu'il est fait dix jours avant la faillite, lorsqu'il y a d'ailleurs le moindre soupçon. » Il résulte de cette citation que, contrairement à la lettre de la déclaration, la jurisprudence n'appliquait la nullité que sous les deux conditions suivantes : 1° Si le cessionnaire était créancier ; 2° si la cession constituait une dation en paiement. En outre, le créancier avait le droit d'établir sa bonne foi ; s'il y parvenait, la cession faite à son profit était respectée.

La distinction entre les dettes échues et non échues, entre les paiements faits en nature et ceux faits en argent ou effets de commerce, appartient déjà à Savary (39e parère). « Le soussigné estime que, si un banquier ou négociant, dans le temps qui avoisine sa faillite (même la veille d'icelle), a payé en argent une lettre de change par lui acceptée, ou un de ses billets au porteur ou à ordre, ou d'autres dettes par lui contractées dont le temps du paiement est échu, les créanciers du failli ne peuvent pas obliger ceux qui ont reçu l'argent de le rapporter à la masse commune des effets du failli. »

De la fixation du délai de dix jours une jurisprudence erronée avait conclu que tous les actes antérieurs à ce délai étaient valables, bien que faits en fraude des créanciers; oubliant sans doute ce principe élémentaire, déjà reconnu par Casaregis, que, lorsque la loi établit pour certains cas, soit une prescription, soit un mode de preuve plus favorable, elle n'exclut pas, soit pour ce cas, soit pour les cas analogues, les autres modes admis par le droit commun (Massé, t. 3, n° 260). Cette interprétation vicieuse, donnée à la déclaration de 1702, portait Savary (*ibid.*), Frémery (*Études de Droit commerc.*, p. 358), et Vincens (*Exposit. raison.*, t. 1, p. 464) à lui préférer l'édit de 1673.

L'art. 11 de la loi du 9 messidor an III est ainsi conçu : « Néanmoins les jugements rendus dans les dix jours antérieurs à la faillite, banqueroute ou cessation publique de paiements d'un commerçant, ne sont point susceptibles d'hypothèque » (Merlin, *Répert.*, v° *Hypoth.*, sect. 2, § 1ᵉʳ). L'art. 5 de la loi de brumaire an VII porte : « L'inscription qui serait faite dans les dix jours avant la faillite, banqueroute ou cessation publique de paiements d'un débiteur, ne confère point hypothèque» (Merlin, *ibid.*, sect. 2, § 2, art. 1ᵉʳ). Enfin, aux termes de l'art. 2146 du Code Napoléon, les inscriptions ne produisent aucun effet, si elles sont prises dans le délai pendant lequel les actes faits avant l'ouverture des faillites sont déclarés nuls.

Tel est l'état où le Code de 1807 a trouvé la législation et la jurisprudence. C'est à ces sources qu'ont été puisées les dispositions de ses art. 443, 444, 445, 446 et 447, et celles des art. 446, 447, 448 et 449 de la loi de 1838.

68. Si nous comparons les dispositions du Code de 1807 avec celles de la loi actuelle, nous constatons les différences suivantes : L'art. 444 du Code de 1807 n'annule les actes translatifs de propriété à titre gratuit que lorsqu'ils portent sur des immeubles. La loi actuelle (art. 446) ne distingue plus entre les immeubles et les meubles; tout acte à titre gratuit, fait dans le délai fatal, est nul. Pour annuler les paiements de dettes non échues faits dans les dix jours, le nouvel art. 446 ne distingue plus, comme l'ancien, entre les dettes commerciales et les dettes civiles. Si la dette, civile ou commerciale, est échue, elle ne peut être payée valablement qu'en espèces ou effets de commerce. Aux termes de l'art. 445 du Code de 1807, tous actes de commerce sont présumés frauduleux à l'égard du failli; ils sont nuls, s'il est prouvé qu'il y a fraude de la part des autres contractants. Cette disposition rigoureuse n'a point été reproduite. Tous actes, autres que ceux énumérés par l'art. 446 de la loi nouvelle, sont dans le droit commun, s'ils ont précédé la cessation des paiements. S'ils l'ont suivie, ils pourront être annulés, si de la part de celui qui a traité avec le failli, ils ont eu lieu avec connaissance de la cessation des paiements (art. 447). L'art. 447 actuel n'est point la reproduction de l'ancien art. 447; il prévoit une espèce particulière de fraude, la connaissance de la cessation de paiements, qui peut être un indice de fraude, mais qui ne la prouve pas né-

cessairement. L'art. 446 actuel a remplacé la disposition trop absolue de l'art. 443 ancien par une disposition plus équitable; il annule toute hypothèque conventionnelle ou judiciaire et tout droit de nantissement constitués dans les dix jours sur les biens du débiteur, mais seulement lorsque ces sûretés ont pour objet de garantir des dettes préexistantes. Enfin, l'art. 448, qui n'a point d'analogue dans le Code de 1807, permet d'inscrire jusqu'au jugement déclaratif les droits d'hypothèque et de privilége valablement acquis, laissant toutefois aux juges la faculté d'annuler l'inscription prise dans les dix jours qui ont précédé la cessation des paiements, dans le cas où il se serait écoulé plus de quinze jours entre la date de l'acte constitutif de l'hypothèque ou du privilége et celle de l'inscription. Ce délai doit être augmenté d'un jour à raison de cinq myriamètres de distance entre le lieu où le droit d'hypothèque a été acquis et le lieu où l'inscription est prise. Le silence de l'ancienne loi laissait le tiers porteur de bonne foi sur la même ligne que tout autre obligé. Aujourd'hui, lorsque des effets de commerce sont acquittés entre la cessation des paiements et la déclaration, l'action en rapport ne peut être exercée que contre celui pour le compte de qui la lettre a été tirée, ou contre le premier endosseur s'il s'agit d'un billet à ordre. Dans les deux cas, la preuve que celui contre qui on demande le rapport avait connaissance de la cessation des paiements à l'époque de l'émission du titre, doit être fournie (C. de comm., art. 449).

Dans son premier rapport à la chambre des députés, le 26 janvier 1835, M. Renouard résume ainsi le système du Code de 1807 : « Tous actes ou paiements faits en fraude des créanciers étaient nuls. Dans les dix jours qui précédaient la faillite, nul ne pouvait acquérir privilége ni hypothèque. Tous actes translatifs de propriété immobilière à titre gratuit étaient nuls; tous engagements pour faits de commerce étaient présumés frauduleux; toutes sommes payées pour dettes commerciales non échues étaient rapportées » (M. Thieriet, *Code des faill.*, p. 99 et 100).

Lorsqu'il s'est agi de régler le sort des actes faits dans les dix jours précédant l'ouverture des faillites, de graves discussions se sont toujours élevées; elles ne manquèrent point de se reproduire devant les législateurs qui ont concouru à la confection de notre loi de 1838. « Chaque fois qu'on s'est occupé d'une loi sur les faillites, deux principes se sont toujours trouvés en présence : celui des jurisconsultes, qui, après avoir défini l'état de faillite et l'avoir fait dépendre, à cause de la foi due aux transactions commerciales, de la notoriété publique, en font découler l'incapacité absolue du failli, et le principe des commerçants, qui sacrifient tout au paiement des effets de commerce et à la nécessité de rendre ce paiement irrévocable. A leurs yeux, la position du débiteur est indifférente; la connaissance que les tiers porteurs peuvent en acquérir ne change rien : tout paiement reçu, même de mauvaise foi, même au détriment des autres créanciers, puisqu'il diminue d'autant l'importance de l'actif commun, ne se rapporte pas; chacun peut dire : *meum recepi* (Persil, *Exposé des motifs à la chambre des pairs*, 28 mars 1835; M. Thieriet, *ibid.*, p. 159 et 160).

Entre ces deux systèmes, le projet de 1835 prit un moyen terme. Tous actes ou paiements, dit son art. 444, qui auront été faits par le débiteur dans l'intervalle qui se serait écoulé entre l'ouverture de la faillite et le jugement qui l'a déclarée, sont présumés frauduleux. Ils ne peuvent être déclarés valables que s'ils ont eu lieu de bonne foi, dans l'ignorance de la part de ceux qui ont traité avec le failli, du mauvais état de ses affaires. M. Teste, à la séance du 29 mars 1838 (*Moniteur*, p. 719 et suiv.), défend avec une grande vigueur de logique le système de la nullité absolue depuis la cessation des paiements. La faillite est notoire; personne ne peut prétexter cause d'ignorance, et l'on voudrait que les actes faits après la cessation des paiements fussent valables, lorsqu'ils ont été faits de bonne foi. Mais la bonne foi ne fait point question : les actes faits par un failli sont faits par un incapable. Repoussant à la fois le système de 1835 et celui qui a passé dans la loi, l'orateur s'écrie : «Faillite, ouverture de faillite à partir de tel jour, et cependant validité des actes postérieurs! Non, cela ne se conçoit pas; et tout ce que je puis dire à cette occasion, c'est que votre commission n'a pas osé aller jusqu'où il aurait fallu aller pour rendre son système régulier» (*Moniteur* de 1838, p. 720).

Dans la rigueur des principes, il est peut-être vrai que, du moment que le commerçant cesse de payer, il doit ne plus pouvoir payer personne, et que, par conséquent, ceux qui ont reçu sont, malgré leur bonne foi, tenus de rapporter. Mais la notoriété sur laquelle se fonde ce système peut-elle donc être absolue? «Qu'est-ce qu'une faillite notoire, disait avec raison M. Persil? Ce qui est notoire à nos yeux, ne l'est point aux yeux des autres. Ainsi, tous les jours, à Paris, vous lisez dans les feuilles publiques des faillites arrivées rue Saint-Denis et rue Saint-Martin. Sont-elles notoires pour tout le monde? Ce qui est notoire dans une petite ville, ne l'est pas dans une grande ville. Si cela est vrai pour une grande ville, cela l'est aussi d'une ville à l'autre » (*Moniteur*, *ibid.*, p. 721). Puisque l'incapacité résultant de la faillite n'est point l'interdiction (V. n° 15 *supra*), le système de la nullité absolue des actes ne saurait trouver un appui dans l'art. 503 du Code Napoléon. Il faut tenir compte de cette différence incontestable entre la faillite et l'interdiction; il faut qu'on puisse contracter valablement avec un négociant qu'on voit à la tête de ses affaires, sans être exposé à une preuve négative, à une preuve impossible. Il faut qu'on puisse faire avec lui les actes qui composent la vie journalière du commerce, acheter, vendre valablement. Mais la loi ne saurait laisser au négociant la faculté de disposer de ses biens à titre gratuit après la cessation de ses paiements ou même à une époque rapprochée de cette cessation. Le commerçant doit connaître l'état de ses affaires, puisque cet état, puisque sa conscience tout entière, selon l'énergique expression de M. Regnault de Saint-Jean-d'Angély (*Exposé des motifs du liv.* 1er *du Code de commerce*, 1er sept. 1807; M. Thieriet, *Corps de Droit commerc.*, p. 170, doit être dans ses livres).

Certains actes sont tellement inusités dans le commerce, tellement contraires à sa nature et à ses procédés, qu'une présomption de fraude a pu les frapper sans injustice. Si un créancier ayant droit de se faire payer, l'échéance étant arrivée, accepte, au lieu de l'argent sur lequel il comptait, des marchandises, un nantissement, une hypothèque, il est probable que c'est parce qu'il connaît la détresse de son débiteur et qu'il cherche à se couvrir à tout prix. Eh bien ! quand ces actes ont lieu dans les dix jours qui précèdent la cessation des paiements, la loi érige cette probabilité en présomption, et sur le fondement de cette présomption elle prononce la nullité. Elle protége, au contraire, les actes réguliers et habituels, les transactions commerciales de tous les jours, à moins que la masse ne prouve la mauvaise foi de celui qui a traité avec le failli. Cette mauvaise foi de sa part consiste, la loi le dit, dans la connaissance qu'il aurait eue de la cessation des paiements à l'époque du contrat.

Nous nous occuperons d'abord des actes nuls de plein droit, énumérés par l'art. 446. Ce sont : 1º les actes à titre gratuit (nᵒˢ 69 à 78) ; 2º les paiements pour dettes non échues, ou les paiements pour dettes échues faits autrement qu'en espèces ou effets de commerce (nᵒˢ 80 à 88) ; 3º les hypothèques et priviléges (nᵒˢ 89 à 98).

69. La loi annule tous actes portant aliénation *à titre gratuit*. Cette expression comprend toute aliénation en échange de laquelle le failli ne reçoit point un équivalent appréciable en argent, ou qui ne constituait point pour lui l'accomplissement d'une obligation légale, peu importe du reste la forme sous laquelle on aura cherché à déguiser l'acte. *Plus valet quod agitur, quam quod simulatè concipitur.* Du moment qu'il y a libéralité, la loi sévit avec raison : il faut être juste avant d'être généreux. Le nouvel article ne distingue plus entre les donations immobilières et les donations de meubles. Il n'existait, en effet, aucun motif de traiter avec plus de faveur les transmissions de propriétés mobilières à titre gratuit, donations plus dangereuses pour

la masse, parce que les occasions en sont beaucoup plus fréquentes, et parce qu'il est plus facile d'en effacer les vestiges et de détourner les preuves de la connivence et de la fraude (*Rapp.* de M. Renouard, 26 janv. 1835 ; M. Thieriet, *C. des faill.*, p. 101). La distinction de l'art. 444 du Code de 1807 était encore une trace de cette préférence que le législateur accorde aux immeubles sur les meubles. Il faut convenir cependant que nulle part la maxime, *vilis est mobilium possessio*, n'est plus mal appliquée qu'en matière commerciale.

70. Aux termes de l'art. 932 du Code Napoléon, la donation entre vifs n'engagera le donateur et ne produira aucun effet que du jour où elle aura été acceptée en termes exprès. Si donc l'acceptation n'intervient que dans les dix jours qui précèdent la faillite, la donation est nulle.

71. Une autre question, plus sujette à controverse, touche de près à celle que nous venons d'indiquer. On se demande si une donation d'immeubles, transcrite dans les dix jours qui ont précédé la cessation des paiements ou après cette cessation, mais antérieurement au jugement déclaratif, est valable, lorsque d'ailleurs elle a été faite et acceptée dans un temps non suspect. La solution dépend du point de savoir si la transcription est une condition intrinsèque de l'acte, si elle est indispensable à sa perfection, ou si l'acte, même non transcrit, est parfait. D'un côté on dit, en s'appuyant sur l'art. 941 du Code Napoléon : tous ceux qui ont intérêt à opposer le défaut de transcription peuvent le faire ; le texte est formel ; il est certain que les créanciers sont dans le cas prévu par l'article ; ils peuvent donc opposer le défaut de transcription et la nullité

qui en résulte. Pour déroger à ce principe, il faudrait
une disposition spéciale que nous ne trouvons point
dans la loi des faillites. Car l'art. 448 du Code de commerce, exceptionnel et purement relatif aux hypothèques, ne peut légitimement être étendu à une hypothèse qu'il ne prévoit pas (Boulay-Paty et Boileux, t. 1,
n° 198; Esnault, t. 1, n° 194). On répond avec avantage, pour l'opinion contraire : la donation est parfaite
et la propriété transférée au donataire indépendamment
de la transcription (C. Nap., art. 938). On ne peut assimiler la transcription à l'insinuation, que le Droit romain exigeait à peine de nullité pour les donations de
plus de 500 *solidi* (Const. 34 et 36, *C., De don.*, 8, 53),
et qu'exige également à peine de nullité l'ordonnance
de 1731, art. 19 et 20 (Merlin, *Répert.*, v° *Donation*,
sect. 6, § 2; consult. produite devant la Cour d'Amiens
par M° Bonjean, et signée par MM. Vatimesnil et Va-
lette, D. P. 46, 1, 53; Troplong, *Donations*, t. 3,
n° 1155).

La transcription des art. 938 et suiv. du Code Napoléon est la même que celle de la loi de brumaire. Elle
ne peut, comme cette dernière, être invoquée que par
ceux qui ont un droit réel sur l'immeuble. Notre opinion se soutient sans le secours de l'art. 448 du Code
de commerce, qui lui prête pourtant un puissant argument d'analogie. Jusqu'au jugement déclaratif qui
donne naissance au droit de la masse, la donation peut
donc être valablement transcrite; mais elle ne saurait
plus l'être après ce jugement et jusqu'à l'inscription
que les syndics prennent en vertu de l'art. 490 du Code
de commerce. Cette opinion de M. Coin-Delisle (*Donat. et
testam.*, n° 14) va beaucoup trop loin. Le jugement vaut

saisie-arrêt au profit des créanciers; ils ont, dès le jugement, indépendamment de l'inscription, le droit d'être payés au marc le franc sur le prix des immeubles, après que les créanciers hypothécaires et privilégiés auront été désintéressés. Ils sont dès lors des tiers, et peuvent opposer le défaut de transcription, puisqu'ils ont un droit réel sur l'immeuble donné. L'art. 490 du Code de commerce rend public ce droit réel; il assure en cas de concordat une hypothèque à la masse; il empêche que les tiers ne soient trompés par une fausse apparence; mais l'inscription n'est point nécessaire pour créer en faveur de la masse un droit réel, conséquence immédiate du dessaisissement. (Dall., note de l'arrêt de la Cour de Montpellier, 4 juin 1844; D. P. 45, 2, 121). Mais jusqu'au jugement la donation peut être valablement transcrite; l'art. 446 du Code de commerce ne s'applique qu'aux actes faits par le failli, et non à des actes émanés de tiers qui n'ont pour but que de consolider un droit valablement acquis à une époque où le donateur était *in bonis* et capable de donner (C. de Montpellier, arrêt cité; rejet, 26 novembre 1845; D. P. 46, 1, 53; C. de Bourges, 9 août 1847; rejet, 24 mai 1848; D. P. 48, 1, 172; Troplong, *Donations*, t. 3, nos 1159 à 1162).

72. L'art. 446 annule les actes entre vifs translatifs de propriété *à titre gratuit*. Cette qualification convient-elle à une donation en faveur de mariage et notamment à une constitution dotale?

En Droit romain, la question ne peut faire doute : l'acte est à titre onéreux, au moins quand il s'agit de la dot d'un enfant qui a action pour la réclamer. La loi 25, *D., Quæ in fraud.*(42, 8) *credit.* est formelle sur ce point. La constitution de dot ne peut être annulée que si l'on prouve que le mari a été complice de la fraude. Est-ce là une exception à la règle que les actes à titre gratuit sont nuls, comme faits en fraude des créanciers, sans qu'on soit tenu de prouver la complicité de celui qui a contracté avec le débiteur? Nous ne le pensons pas. La loi 19, *D. de ritu nuptiar.* (23, 2) est ainsi conçue : *Qui dotem dare non volunt, ex constitutione divorum Severi et Antonini per proconsules præsidesque provinciarum coguntur in matrimonium collocare et dotare.* C'était donc pour le père de famille une obligation légale de doter ses enfants en puissance. Il pouvait y être forcé; l'enfant avait action. La constitution de dot était en Droit romain un titre onéreux.

En est-il de même en Droit français? L'art. 204 du Code Napoléon proclame un principe diamétralement opposé à celui de la loi 19, *De ritu nupt.* Le législateur moderne a abandonné à la générosité des parents le soin de doter leurs enfants. Or, avant de donner, il faut payer; c'est ce que proclament d'une commune voix la morale et la loi civile; c'est ce que disent plus haut encore, s'il est possible, les dispositions sur les faillites. Pour attribuer à la constitution dotale le caractère de titre onéreux, on dit qu'elle est, comme en Droit romain, le bien que la femme apporte au mari pour soutenir les charges du mariage (C. Nap., art. 1540); qu'aux termes des art. 1440 et 1547, le constituant est tenu à la garantie des objets constitués; que les parents, en dotant leurs enfants, remplissent au moins une obligation naturelle, et que dès lors la répétition de ce qui a été volontairement payé ne peut être admise ni de leur part, ni de la part de leurs représentants (C. Nap., art. 1235). Enfin on ajoute : Le mariage a pu être déterminé par la dot; il y a plus, pour toucher la dot, le mari devait s'unir à la femme qui la lui apportait; ce n'est donc pas là un contrat de bienfaisance, dans lequel l'une des parties confère à l'autre un avantage purement gratuit (C. Nap., art. 1105); c'est un contrat à titre onéreux qui assujettit chacune des parties à faire quelque chose (C. Nap., art. 1106). Nous pensons avoir fidèlement exposé le système qui voit dans la constitution dotale un titre onéreux, il nous reste à faire voir qu'il ne peut être admis, surtout en matière de faillite.

Répondons d'abord à l'argument tiré de l'art. 1540. L'obligation de supporter les charges du mariage découle du mariage lui-même, et non du fait d'avoir reçu une dot. Les art. 203 et 214 du Code Napoléon se trouvent placés au chap. VI, tit. 5, liv. 1er, intitulé : *Des droits et des devoirs respectifs des époux.* Si le constituant est tenu à garantie des objets constitués (art. 1440 et 1547), ce n'est pas parce que le contrat est à titre onéreux; le constituant a causé un préjudice aux époux en les engageant au mariage dans l'espoir d'un gain qui ne s'est pas réalisé; or, chacun est responsable de sa faute (C. Nap., art. 1382) et doit réparer le préjudice qu'il a causé; mais nul n'est responsable de la faute d'un autre, hors les cas déterminés par la loi; les créanciers n'ont aucune faute à se reprocher; ils ne doivent point répondre de celle de leur débiteur, parce qu'ils agissent en leur propre nom, en vertu du droit qu'ils tiennent de l'art. 1167, dont l'art. 446 du Code de commerce n'est qu'une application. Mais on insiste et l'on dit : Pour toucher la dot, le mari a fait quelque chose; il a contracté l'union, qui

lui impose des charges que la dot était destinée à soutenir; la constitution dotale peut avoir été le motif déterminant l'union. Nous ne voulons pas contester ce
point. Mais, après tout, le mari n'est pas plus malheureux que les autres créanciers; il peut avoir été trompé
comme eux, voilà la ressemblance entre les deux positions; mais ne voit-on pas aussi la différence qui les
sépare? Les créanciers, pour avoir droit à ce qu'ils réclament, ont livré leurs fonds ou leurs marchandises;
qu'a donné le mari pour avoir la dot? il n'a fait que recevoir. Il s'est marié, dit-on; mais ne savait-il donc pas
qu'il recevait une femme de la main d'un commerçant,
susceptible comme tel de tomber en faillite, et que, le
cas échéant, les libéralités faites par ce commerçant
dans le délai fatal tomberaient à la demande de ses
créanciers? «Il en est de ce cas, dit fort bien M. Esnault,
comme de celui où la donation aurait été consentie par
un tiers en faveur de l'un des époux; elle cesserait d'être
valable s'il survenait des enfants légitimes, même
posthumes, au donateur; ou s'il légitimait par mariage
subséquent un enfant naturel né depuis cette libéralité,
parce que l'art. 960 du Code Napoléon la frappe d'une
révocation de plein droit. Pourquoi en serait-il autrement, lorsque la cause de la révocabilité est la surve-
nance de la faillite de ce donateur?» (t. 1, n° 191).

Si l'on persistait à dénier à la dot le caractère de libéralité, nous rappellerions la loi 29, *D. de donat.* (29,
5), *Donari videtur quod nullo jure cogente conceditur.*
Nous citerions l'art. 204 du Code Napoléon, aux termes
duquel l'enfant n'a point d'action contre ses père et
mère pour un établissement par mariage ou autrement,
à plus forte raison n'en a-t-il point contre des étrangers

pour lesquels il n'existe même pas d'obligation naturelle. Cependant les partisans de la doctrine que nous combattons ne font aucune distinction, et raisonnent comme si la loi 25, *D.*, *Quæ in fraud. credit*, avait passé textuellement dans notre Droit.

Le Code Napoléon regarde si bien les donations par contrat de mariage, et la dot en particulier, comme de véritables donations, qu'il les soumet aux règles générales établies pour ces sortes de contrats (C. Nap., art. 1081), pour les actions en rapport (art. 843), en retranchement (art. 1090), en révocation, sauf l'exception portée par l'art. 959. Comment soutenir que les créanciers ne peuvent point les attaquer comme actes faits à titre gratuit, puisque le simple préjudice suffit quelquefois pour faire annuler un acte même à titre onéreux? (C. Nap., art. 622, 788 et 1053.)

En matière de faillite, le législateur n'a pas craint de porter la main sur le contrat de mariage (C. de comm., art. 564) que le Code Napoléon (art. 1395) déclare immuable. Il est donc permis de dire que, quand l'art. 446 frappe sans distinguer tous les actes à titre gratuit, il annule aussi la constitution de dot.

En face de l'obligation naturelle qu'il y a pour des parents à doter leurs enfants, se place une obligation plus sacrée, à la fois naturelle et civile, celle de payer ses créanciers. En morale et en Droit il n'y a point à hésiter. Qu'il y ait obligation naturelle pour le constituant, on l'accorde. Mais depuis quand les créanciers peuvent-ils être forcés de doter ses enfants, ses amis ou ses protégés? « La loi qui les y contraindrait, dit énergiquement M. Esnault, en consacrant un pareil abus, devrait être rayée de nos Codes; ce serait une source inépuisable de fraudes ; heureusement elle n'existe pas » (Esnault, *ibid.*).

La raison qui justifie la distinction des actes à titre onéreux et des actes à titre gratuit sous le rapport qui nous occupe, c'est sans doute la circonstance que le co-contractant du failli a fait quelque chose en échange de la prestation du failli ; mais c'est aussi, c'est surtout que ce quelque chose a une valeur pécuniaire qui est entrée dans le patrimoine du failli. Il faut qu'on puisse dire aux créanciers qui viennent attaquer l'acte : médiatement ou immédiatement vous avez profité du contrat dont vous demandez aujourd'hui la nullité ; le prix que j'ai payé, les fonds que j'ai fournis sont entrés dans la masse. Sous ce rapport encore, la dot n'est point un contrat à titre onéreux. C'est donc avec raison que l'on a annulé les constitutions dotales faites dans les dix jours qui ont précédé la cessation des paiements, bien qu'elles eussent été faites et acceptées de bonne foi (C. de Grenoble, 3 février 1842 ; C. de Montpellier, 6 avril 1842 ; C. de Rennes, 10 juillet 1843 ; rejet, 6 juin 1844 ; Dall., v° *Faill.*, n° 277). C'est l'opinion de MM. Bédarride (n° 207), Esnault (t. 1, n° 191), Boulay-Paty et Boileux (t. 1, n° 199), Pardessus (n° 1135), Duranton (t. 10, n° 579). M. Pardessus s'exprime ainsi (*loc. cit.*) quant aux donations d'immeubles (les seules qu'annulât de plein droit l'art. 444 du Code de 1807, sous lequel écrivait l'auteur) : « Dans quelque forme et sous quelque nom qu'elles soient faites, elles sont frappées d'une nullité présumée, par cela seul qu'elles ont été acceptées dans les dix jours qui précèdent l'ouverture de la faillite. Ainsi, un commerçant donne 100,000 fr. en dot à sa fille ; peu de jours après le mariage il tombe en faillite ; la donation est valable. Si, au contraire, il avait doté sa fille d'une terre de 100,000 fr., quoique la donation eût été faite et acceptée de bonne foi, les tribunaux devraient l'annuler, conformément à que nous avons dit au n° 264 sur l'effet des présomptions légales. » M. de Saint-Nexent signale une contradiction entre le passage cité et ce que M. Pardessus dit au n° 1229, où il établit la distinction entre les actes à titre gratuit et les actes à titre onéreux. Cette contradiction n'existe pas, le rapprochement des deux passages prouve simplement que M. Pardessus regardait la donation en faveur de mariage comme un titre gratuit. C'est encore à tort, ce nous semble, que M. de Saint-Nexent (*loc. cit.*) blâme M. Pardessus d'avoir (sous le Code de 1807) fait une distinction entre les donations immobilières et les mobilières. Le droit commun suffisait, selon lui, pour les annuler. Cela est certain, et M. Pardessus ne dit point le contraire; mais à la condition que les créanciers prouvent qu'à l'époque de la donation mobilière le failli connaissait le mauvais état de ses affaires. La présomption de l'art. 444 du Code ancien les dispensait de cette preuve, alors que la donation était immobilière. La distinction de M. Pardessus était donc fondée : elle était dans la loi que commentait l'auteur. «Il est certain, dit M. Duranton (*loc. cit.*), que le débiteur s'est appauvri par des donations faites en contrat de mariage, comme il se serait appauvri par des donations faites hors contrat de mariage. Il l'a fait au détriment de ses créanciers, s'il ne lui restait pas encore assez de biens pour remplir toutes ses obligations alors existantes. »

Nous savons qu'il existe des arrêts contraires à notre opinion (V. C. de Paris, 31 janv. 1845; Sir., 45, 2, 130; rejet, 23 fév. 1845; D. P. 45, 1, 173; Cass.,

3 mars 1847, D. P. 47, 1, 129). Nous croyons avoir répondu à leurs motifs. Quant aux arrêts du 22 nivôse an X (Sir., an X, 1, 200), de la Cour de Rouen (23 juill. 1828; Sir., 30, 2, 148), de la Cour de Bastia (27 août 1838; Sir., 38, 2, 527), nous en écartons l'application à notre question. Le premier a été rendu conformément aux lois romaines; les deux autres ne décident la question que par rapport aux parties contractantes, pour les soumettre à l'obligation de garantie, et non par rapport aux créanciers, ils n'ont du reste point été prononcés en matière de faillite.

Pour clore cette discussion, dont l'importance justifie peut-être la longueur, disons en deux mots: par la constitution de dot, une somme est sortie du patrimoine du failli; elle en est sortie sans compensation; elle ne lui a point servi à accomplir une obligation légale; la constitution de dot est donc un titre gratuit à l'égard des créanciers, et peut en conséquence être annulée par application de l'art. 446 du Code de commerce, sans que le juge ait à s'inquiéter de la bonne ou de la mauvaise foi des parties.

73. S'il s'agit d'une donation rémunératoire, sera-t-elle maintenue, ou devra-t-elle être annulée, en vertu de l'art. 446? Certains auteurs abandonnent à l'appréciation des juges la question de savoir s'il y a eu juste salaire, ce qui serait l'acquittement d'une créance légitime, ou s'il y a eu donation préjudiciable à la masse (Renouard, t. 1, p. 347). «Si, par exemple, dit Locré, un négociant, près de fermer ses magasins, donne à un domestique ou à un commis qui l'ont servi avec fidélité pendant de longues années, une légère somme pour subsister, ira-t-on permettre à des créan-

ciers impitoyables de révoquer cet acte, bien plus de justice que de bienfaisance, et qui, étant moins une donation qu'un supplément de gages, n'est que l'acquittement d'une dette naturelle? » (*Espr. du C. de com.,* t. 5, p. 180.) Ce système peut séduire au premier abord; mais en se pénétrant de la position des différents intéressés dans la faillite, on verra qu'il n'est pas même juste. «Quelque touchante que soit la position de ces fidèles serviteurs qui n'ont en rien coopéré à la faillite, dit avec raison M. Saint-Nexent (t. 1, n° 79), le commerçant qui se retire ne leur quitte rien. Si, au lieu de terminer ainsi ses affaires, il quittait le commerce avec une honorable aisance, oh! alors je l'approuverais. Mais, à mon avis, quand il récompense des serviteurs avec l'argent de ses créanciers, il ne fait pas même une bonne action. Serait-elle sublime d'ailleurs, ce qui n'est pas, les créanciers pourraient en demander la révocation, car nul autre qu'eux n'a le droit d'être généreux avec leur argent. *Nemo liberalis, nisi liberatus.*» On ne saurait trop se pénétrer de cette vérité. Quand on ne peut pas rendre à chacun le sien, il y a iniquité à donner à quelques intéressés plus que ce qui doit leur revenir. La loi a pris en considération la position des serviteurs et commis du commerçant. L'art. 549 du Code de commerce assure aux gens de travail, employés pour les besoins du commerce, le paiement par privilége de leur gages pour un mois. Le salaire des commis est privilégié pour six mois au même rang que le privilége établi par l'art. 2101, 4°, pour les gens de service. Leur accorder plus, ce serait commettre une injustice.

74. Nous n'avons pas besoin de faire observer que

la donation avec charges n'est un acte à titre gratuit que dans une certaine mesure, et peut même, si les charges sont équivalentes à la valeur des objets compris dans la donation, être un acte à titre onéreux. C'est un point laissé à l'appréciation des juges du fait.

75. Il ne suffirait point de déguiser un acte sous la forme d'un contrat à titre onéreux, pour le soustraire à l'application des règles sur les actes à titre gratuit.

76. L'art. 446 est général; il ne distingue point les actes entre vifs des testaments. Le testament d'un négociant déclaré en faillite après sa mort ne peut donc produire aucun effet, puisque cet acte est toujours censé fait au dernier instant de la vie; or, à cette époque, la faillite existait nécessairement (Boulay-Paty et Boileux, t. 1, n° 200). Nous ne faisons qu'indiquer la solution de cette question, dépourvue au reste d'intérêt pratique, puisqu'en matière de dispositions de dernière volonté on applique la maxime : *Non sunt bona, nisi deducto ære alieno.*

77. Si la donation était conditionnelle, tomberait-elle sous l'application de notre article, par cela seul que la condition s'accomplirait dans les dix jours? S'agit-il de la condition résolutoire, les créanciers, qui sont aux droits du failli donateur, peuvent l'invoquer; si c'est la condition suspensive qui vient à s'accomplir dans la période fatale, la donation n'en sera pas moins valable; car un acte dont l'effet est suspendu par une condition n'en est pas moins parfait.

78. La nullité des donations, obtenue en vertu de l'art. 446, peut être invoquée par tous les créanciers, peu importe la date de leurs titres. La distinction que M. Pardessus (n° 1138) fait à cet égard entre les créan-

ciers antérieurs et les créanciers postérieurs à la donation, n'est pas dans les textes et nous paraît contraire à l'esprit de la loi des faillites. Sans parler de la facilité des antidates en matière commerciale, rappelons-nous que la faillite place sur la même ligne tous les créanciers chirographaires. L'art. 446 ne fait aucune distinction et n'en autorise aucune. Les biens sortis du patrimoine du failli par une donation faite en temps suspect sont censés y être toujours restés, et y rentrent au profit de tous les créanciers. Le failli ne doit plus donner, malgré le mauvais état de ses affaires dont la loi présume, par une présomption *juris* et *de jure*, qu'il avait connaissance. La Cour de Riom semble, dans son arrêt du 18 janvier 1845 (D. P. 45, 2, 91), consacrer une doctrine contraire à celle que nous croyons conforme à la vérité.

79. Après nous être occupé des actes à titre gratuit, examinons, en suivant l'ordre tracé par l'art. 446, d'abord le sort des paiements pour dettes non échues, puis celui des paiements pour dettes échues faits autrement qu'en espèces ou en effets de commerce. L'art. 446, 2e alin., assimile ces deux espèces de paiements aux actes à titre gratuit.

80. L'art. 446 du Code de 1807 portait : «Toutes sommes payées, dans les dix jours qui précèdent l'ouverture de la faillite, pour *dettes commerciales* non échues sont rapportées.» Cette rédaction dispensait du rapport les sommes payées pour dettes civiles. L'argument *a contrario* est ici concluant, puisqu'il s'agit de revenir de la présomption de fraude, qui est l'exception, à la présomption de bonne foi, qui est la règle. Malgré cette raison de décider, qui nous paraît péremptoire, la

plupart des auteurs enseignaient, sous le Code de 1807, que tout paiement pour dettes non échues, commerciales ou civiles, peu importe, devait être rapporté (Frémery, *Études de Droit commerc.*, p. 358; Vincens, t. 1, p. 466). M. Pardessus (n° 1140) motive ainsi cette opinion : « Les paiements pour dettes commerciales ne nous semblent pas devoir être seuls frappés de cette annulation. Il doit en être de même des dettes civiles dont l'échéance n'est point encore arrivée; car les commerçants sont bien moins dans l'usage de les payer par anticipation et par voie d'escompte que celles de leur commerce. Une disposition spéciale, relative aux engagements commerciaux, paraît avoir plus pour objet de lever des doutes que de restreindre une règle aussi importante. » L'auteur ne se dissimule pas toutefois que le texte de l'art. 446 ancien n'est pas en faveur de cette opinion. Ceux qui la professent oublient que les exceptions ne peuvent point être étendues par voie d'analogie. Les motifs donnés par M. Pardessus ont frappé le législateur lors de la révision de 1838; mais ils ne nous paraissent point autoriser le jurisconsulte, esclave de la loi, à effacer une distinction qu'elle a faite. On a peine à comprendre comment M. de Saint-Nexent peut, même sous la loi nouvelle, refuser d'assimiler les dettes civiles aux dettes commerciales. Suivant lui, la distinction a tellement frappé les auteurs de la loi qu'ils ont songé à faire disparaître des mots objets de controverse. C'est leur attribuer un singulier procédé en présence de l'opinion qui s'était accréditée sous l'ancien Code. M. de Saint-Nexent invoque cette circonstance qu'on a constamment, dans la loi de 1838, cherché à adoucir l'excessive sévérité de la loi de 1807. C'est la tendance générale de la loi nouvelle; mais l'art. 446 lui-même nous fournit la preuve qu'elle n'a pas toujours adouci. L'argument pourrait avoir quelque portée, si en effet il y avait doute. Nous avions cru, avant de connaître l'opinion de M. de Saint-Nexent, que, sur le point qui nous occupe, l'article était, comme le demande l'auteur, rédigé de telle sorte qu'il n'y avait pas prise « pour le plus subtil des interprètes. » Qui dit : tout paiement, n'en exclut aucun. *Late ista verba patent*, dit la loi 1, *D.*, *Quæ in fraud. credit.* (42, 8). Or, nous ne devons pas distinguer là où la loi ne distingue pas.

L'ancien art. 446 portait : « Toutes sommes payées » ... Le tribunal et le conseil de commerce de Nantes, craignant qu'on ne prît ces expressions dans un sens trop restreint, demandaient qu'on ajoutât « en argent, billets, marchandises ou autrement» (Locré, *Espr. du C. de comm.*, t. 5, p. 185). La rédaction de notre article a été précisée dans le sens de l'observation qu'on vient de rappeler. Elle annule tout paiement pour dettes non échues, « soit en espèces, soit par transport, vente, compensation ou autrement. » C'est là une conséquence du principe de l'annulation des dispositions à titre gratuit. « Il est vrai, dit M. Renouard (t. 1, p. 349), que quand, par le moyen, soit d'une anticipation de paiement, soit d'une addition de garantie qui fortifie une créance régulière, le débiteur fait un avantage à l'un de ses créanciers, il n'y a point disposition à titre gratuit, en ce sens que la dette existait déjà légalement à titre onéreux. Mais où il y a gratuité, c'est dans l'avantage qui procure au créancier une position meilleure, et qui soustrait sa créance au sort commun de toutes celles que la faillite enveloppera.

81. Examinons maintenant le sens de ces mots : *Dettes non échues*. Un paiement avec escompte a-t-il ce caractère ? M. Massé (t. 3, n° 270) ne le pense pas, par la raison qu'un tel paiement n'est pas nécessairement frauduleux. « L'escompte, dit-il, est l'équivalent du terme ; si l'acheteur veut profiter de l'escompte, il paie sans attendre l'échéance ; s'il veut profiter du terme, il paie sans escompte. C'est là une opération commerciale qui, réduite à ses termes simples et naturels, est fort légitime. » De la part d'un commerçant *in bonis*, d'accord ; mais de la part d'un homme aux abois, qui ne peut plus satisfaire à ses obligations échues et exigibles, cette opération ne peut être que frauduleuse, faite dans le but de favoriser un ami, ou de désarmer un créancier que l'on craint. La loi présume la fraude du moment qu'un commerçant, dans la position de celui qui nous occupe, paie avant le terme. Or, du débiteur au créancier, quelque nom que l'on donne à la négociation, c'est toujours un paiement anticipé (Pardessus, n° 1140). M. Locré (*loc. cit.*, p. 192) est d'un avis contraire ; il pense que le marchand qui escompte ses propres effets n'anticipe pas le paiement, mais fait un pacte nouveau, par lequel, changeant les conditions primitives du contrat, il achète comptant, ou à un terme plus court, ce qu'il avait d'abord acheté à crédit ou à un terme plus reculé. L'escompte qu'il reçoit est le prix de sa renonciation au bénéfice du terme : c'est une sorte de restitution sur la remise, qui le place dans la situation où il se serait trouvé d'abord, s'il se fût engagé à payer à l'époque où il paie effectivement. M. Locré avoue qu'il y a renonciation au terme, cela nous suffit pour faire tomber les paiements avec

escompte sous le coup de notre article, qui est aussi général que possible. Il annule tout paiement, soit en espèces, soit par transport, vente, compensation ; et comme s'il craignait de n'en avoir pas assez dit, il ajoute : *ou autrement;* prévoyant par là tous les modes de paiements possibles. L'acheteur, dit l'auteur que nous combattons, a changé les conditions du contrat. C'est précisément ce que lui reproche la masse. Il les a changées quand il n'avait plus le droit de le faire. En-suite, il n'est pas exact de prétendre que le créancier, payé avec déduction de l'escompte, reçoive moins ; car l'intérêt qu'il ne reçoit point de l'acheteur, un autre le lui paie, ou il est dispensé de le payer lui-même ; son argent ne chôme pas dans sa caisse. Enfin, on ne peut supposer un seul instant que le législateur n'ait pas songé aux paiements avec escompte, c'est la manière la plus fréquente de payer des dettes commerciales avant le terme. Si donc on avait voulu exempter de l'annu-lation les paiements avec escompte, ce n'était pas la peine d'en frapper les paiements pour dettes commer-ciales non échues. Cet argument, bien fort encore sous la loi nouvelle, était sans réplique possible sous le Code de 1807, qui ne parle que des dettes commerciales. Nous pensons donc que le paiement d'une facture avec escompte, que l'escompte par un commerçant de ses propres effets, constituent le paiement d'une dette non échue et tombent sous l'application de l'art. 446. C'est l'opinion de MM. Pardessus (n° 1140), Saint-Nexent (t. 1, n°s 95 et 96), Dalloz (v° *Faill.*, n° 286), Boulay-Paty et Boileux (t. 1, n° 204).

Le paiement suppose les rapports de créancier à dé-biteur; or, l'endosseur d'un effet de commerce n'est point réputé débiteur envers le porteur, tant que cet effet n'est pas échu et qu'il n'y a pas eu refus du souscripteur ou de l'accepteur d'en acquitter le montant ; par suite, la rétrocession que cet endosseur s'est fait faire, moins de dix jours avant sa faillite, du billet non échu, ne peut être annulée comme constituant un paiement de dette non échue (C. de Bourges, 7 mars 1845 ; D. P. 46, 2, 226 ; Pardessus, *ibid.*).

82. L'envoi d'une somme d'argent ou de marchandises en compte courant entre deux correspondants, depuis longtemps dans l'usage d'en agir ainsi, constitue-t-il un paiement anticipé ? Pour résoudre cette question, il est essentiel de se fixer sur la nature et les effets du compte courant. Dans le silence de la loi, c'est d'après l'usage du commerce et le but que les parties se sont proposé qu'il faut chercher à les déterminer (Delamarre et Lepoitevin, *Contr. de commiss.*, t. 2, n°s 475 et suiv.). MM. Delamarre et Lepoitevin (n° 489) définissent le compte courant, « un contrat par lequel l'un des contractants remet à l'autre contractant ou reçoit de lui de l'argent ou des valeurs non spécialement affectés à un emploi déterminé, mais en toute propriété et même sans obligation d'en tenir l'équivalent à la disposition de celui qui remet, à la seule charge par celui qui reçoit d'en créditer le remettant, sauf règlement, jusqu'à due concurrence, des remises respectives sur la masse entière du crédit et du débit. » D'après M. Massé (t. 5, n° 362), le compte courant est « un contrat par lequel il est convenu que les prêts réciproques que pourraient se faire, sous forme d'avance ou de remise, deux commerçants qui sont en rapport d'affaires ou de correspondance, n'établiront entre eux

les rapports de débiteur à créancier que lorsque la balance constituera l'un créancier et l'autre débiteur, et que jusque-là, en d'autres termes, tant que le compte courra, il n'y aura pas dette réciproque, mais seulement crédit et débit, doit et avoir, rapport de crédité à débité. » - « Dans le contrat de prêt, il y a, dès qu'il s'est formé, un créancier et un débiteur, selon l'acception de ces mots en Droit : tant que le compte est courant, il n'y a qu'un crédité et un débité, selon l'acception de ces termes en tenue de livres. Il n'y aura de débiteur, suivant la signification légale de l'expression, que quand la volonté ou la faillite de l'un des contractants ou des deux aura mis fin au cours de leurs négociations, et que le compte aura été réglé par la compensation convenue des remises faites de part et d'autre. » (Delam. et Lepoit., *ibid.*, n° 495). En d'autres termes, il n'y a créance et dette, dans le sens juridique de ces expressions, que pour le solde du compte courant.

Pour que les sommes ou valeurs qu'un commerçant veut mettre en compte courant y entrent, il faut, en outre, que ces valeurs aient été remises en pleine propriété, et sans affectation spéciale de la part du remettant ; par exemple, disent MM. Delamarre et Lepoitevin, « le 1er juillet, jour où vous êtes créditeur de 25,000 francs dans notre compte courant, je vous remets sur divers pareille somme de 25,000 francs, échéance du 1er août suivant ; et je vous écris que je compte employer le produit de ce recouvrement aux réparations de mon navire le *Jupiter*, qui ira désarmer dans votre port ; le lendemain de ma remise reçue, apprenant que le *Jupiter*, sur lequel j'avais un riche chargement, dont les assureurs ont failli, s'est perdu corps et biens, vous me créditez de ma remise, et je manque quinze jours après. Si l'article est bien passé, pas un centime de perte pour vous dans ma faillite. Au cas contraire, vous y serez pour 25,000 francs. Or, pour peu que mes syndics sachent ce qu'est un compte courant, rien de plus facile que de faire annuler cet article de crédit, qui aurait dû être porté à votre compte de commission » (*Ibid.*). Des erreurs de ce genre, qu'on pourrait appeler d'un autre nom, sont fréquentes en cas de faillite.

Concluons des détails qui précèdent que des envois de marchandises entre commerçants depuis longtemps dans l'usage de solder ainsi leur compte courant, ne constituent point un véritable paiement, mais une opération de commerce régulière, que le Code n'a point voulu anéantir. Car; pour que l'art. 446 soit applicable, il faut, M. Tripier nous le dit, « que l'opération ait le caractère d'un véritable paiement; qu'elle ait eu pour objet d'éteindre une dette qui avait été créée en espèces et qui devait être acquittée dans cette valeur. Des envois respectifs de marchandises, destinés à se balancer réciproquement, n'auraient point le caractère de paiements prohibés, surtout s'ils avaient été précédés d'une série d'opérations de même nature, qui constateraient de la part des négociants un usage antérieur auquel ils se seraient conformés sans fraude. (*Rapport* à la chambre des pairs, 10 mars 1838; M. Thieriet, *Code des faill.*, p. 326). Dans ce cas, il faudrait, pour obliger à restitution, prouver que le négociant n'a reçu les valeurs qu'après avoir connu la faillite de son correspondant (Bédarride, t. 1, n° 112; Boulay-Paty et Boileux, t. 1, n° 203 ; Dall., v° *Faill.*, n° 292).

83. Pour repousser cette opinion, M. de Saint-

Nexent (t. 1 , n° 411) se fonde sur le rejet de l'amendement de MM. Wüstenberg, Bouet et Galos, qui proposaient de dire : Sont nuls pour dettes échues les paiements par vente de tout ou partie des immeubles du failli. Rejeter cet amendement, était-ce donc prohiber les remises de marchandises en compte courant ? La discussion de la loi prouve le contraire. « Vous avez, disait M. Maynard (Chamb. des députés, 29 mars 1838), à Paris et dans tous les grands centres commerciaux, des maisons qui étendent leurs correspondances, soit aux ports de mer, soit dans l'intérieur de la France. Elles ont en compte courant des avances, soit dans l'intérieur de la France, soit au dehors, à condition qu'on leur enverra de Marseille, par exemple, du savon, des denrées coloniales, de Lyon au Midi des soieries. Les grandes maisons de draperie en feront, dans les pays de fabrication, à condition d'en recevoir des toiles ou des draps ; et quand ces maisons ont reçu ces marchandises en paiement de leur compte courant, cette libération sera censée frauduleuse ? Quelle différence y a-t-il donc entre le paiement en espèces et un paiement de cette nature ? M. Persil répondait : « Si l'on paie avec des marchandises, non pas dans le cas dont a parlé M. Maynard, mais si en compte courant on solde avec des marchandises, ce mode de paiement est extraordinaire et éveille la sollicitude du législateur. C'est dans ce sens que la commission a rédigé son amendement » (*Moniteur* de 1838, p. 734). Retenons ces mots « on solde ; » tant que le compte court, il n'y a pas lieu de solder, il n'y a pas dette ; on ne solde que lorsque le compte est arrêté, et si alors on paie en marchandises ce solde, qui constitue une dette, le paiement est nul, s'il est fait dans le délai fatal. On ne peut opposer à cette doctrine un arrêt de la Cour de Grenoble du 13 avril 1848 (D. P. 49, 2, 102). Cet arrêt ne juge en effet que ce point incontestable, qu'un commissionnaire de ventes, recevant un colis de marchandises, avec ordre de le vendre pour compte de l'envoyeur et d'en porter le prix en compte courant, ne peut porter ce prix en compte qu'après sa rentrée. Si la faillite de l'envoyeur survient avant cette époque, le commissionnaire ne peut plus porter ce prix en compte et le compenser avec ce que le failli pourrait lui devoir. La marchandise, ayant une destination spéciale, devait figurer au compte de commission ; le prix seul devait après sa rentrée être passé en compte courant et compensé. Or, après la faillite de l'envoyeur, il était trop tard.

84. L'article que nous analysons parle de paiement de dettes non échues par compensation. Il ne peut être question de la compensation légale (C. Nap., art. 1291), Nous avons vu que l'exigibilité résultant du jugement déclaratif ne peut servir de base à la compensation (n° 46 *supra*). Il ne s'agit donc dans notre article que de la compensation conventionnelle, selon l'expression de M. Dupin (Ch. des députés, 29 avril 1838, *Moniteur*, p. 753), ou, pour parler plus exactement, d'une dation en paiement de choses autres que celles qui étaient dues.

85. Passons aux paiements de dettes échues. L'art. 446 en reconnaît la validité, bien qu'ils soient faits dans les dix jours, alors qu'ils l'ont été en espèces ou effets de commerce, c'est-à-dire conformément aux usages du commerce. La nouvelle loi, plus sévère que le Code de 1807, annule les paiements faits d'une manière in-

solite. M. Locré justifiait ainsi la disposition du Code de 1807 : «Il a toujours été de principe que le paiement, reçu de bonne foi, de ce qui est dû actuellement ne doit pas être révoqué. Comment ne pas admettre un paiement que l'autorité du juge eût forcé le débiteur à faire, s'il ne l'eût pas fait volontairement » (*Espr. du C. de comm.*, t. 5, p. 187).

Sans mettre en oubli ces règles de l'équité naturelle, consacrées par le Droit romain (l. 6, § 6, *D., Quæ in fraud. credit.*, 42, 8, et l. 129, *De regul. jur.*, 50, 17), les auteurs de la loi nouvelle ont pensé avec raison que le créancier qui recevait un paiement insolite ne pourrait les invoquer, parce qu'il n'était pas de bonne foi. «Le créancier qui, acceptant un mode de libéra- tion inusité, reçoit des marchandises ou des effets mo- biliers au lieu d'espèces, doit être présumé avoir connu l'embarras de son débiteur et avoir fait fraude à la règle d'égalité qui doit dominer les créanciers» (*Rapport* de M. Tripier à la chambre des pairs, 10 mai 1838; M. Thieriet, p. 325). La commission de la chambre des députés proposa d'ajouter à l'art. 446 du projet, qui, à l'exemple du Code de 1807, n'annulait que les paie- ments pour dettes non échues, ces mots : « et pour dettes échues tous paiements faits par transport ou vente de tout ou partie des immeubles ou du mobilier du failli. » L'expression *mobilier* était trop étendue (C. Nap., art. 535), puisqu'elle comprend même les es- pèces et les effets de commerce. Les mots *meubles et marchandises*, qu'on lui substitua, ne l'étaient pas assez ; on le prouve en citant l'art. 533 du Code Napo- léon : «Tout le monde reconnaît, dit M. Hébert, que les seuls paiements valables sont ceux qui sont faits en espèces ou en effets de commerce ; eh bien ! mettez dans l'article : tous paiements faits autrement qu'en espèces ou effets de commerce sont nuls » (Chamb. des déput., 29 mars 1838 ; *Monit.*, p. 733 et 734).

D'après la disposition qui nous occupe, quand un négociant paie en marchandises ou autrement une dette qui ne devait être acquittée qu'en espèces ou effets de commerce, le paiement est nul, s'il a été fait dans les dix jours. Mais rien n'empêche deux négociants de convenir que l'un livrera à l'autre des matières premières, à charge de les recevoir ouvrées, avec mandat de les vendre pour le compte du fabricant, de se payer sur le prix de vente et de ne tenir compte à son mandant que de la différence entre le prix des matières ouvrées et celui des matières premières ; car l'art. 446 n'est point applicable alors que, d'après la convention, le créancier ne devait recevoir ni espèces ni effets de commerce. (C. de Lyon, 31 déc. 1847 ; D. P. 48, 2, 15).

86. Si le créancier avait acheté des marchandises de son débiteur, sans intention de se payer de sa dette, mais simplement pour faire une opération de commerce, l'art. 446 ne serait pas applicable (Rejet, 3 août 1847 ; D. P. 47, 1, 343). Il va sans dire que, si cette opération est faite en temps suspect, elle tombera, comme toutes celles faites pendant cette période, sous l'application de l'art. 447 du Code de commerce.

87. Les paiements faits en effets de commerce ont été considérés comme valables, parce que la loi regarde ces titres comme une monnaie circulant rapidement. Si donc les billets sont restés déposés entre les mains d'un tiers jusqu'à l'accomplissement d'une condition, ils ont été soustraits à la circulation ; ils n'ont point été

à la disposition du créancier; ils appartiennent à la masse (C. de Lyon, 24 mars 1841; Dall., v° *Faill.*, n° 311). Il en serait autrement si les effets avaient été remis à un tiers pour acquitter une dette du failli envers ce tiers; car alors le paiement aurait été effectué.

L'art. 446 considère comme valable le paiement de dettes échues en effets de commerce, peu importe que la faillite soit survenue avant l'échéance des traites. Cette circonstance ne peut point obliger celui qui les a reçues à les rapporter (Rejet, 25 avril 1826; Sirey, 26, 1, 441). Les effets de commerce sont une monnaie; ils éteignent la dette par le seul fait de leur transmission.

Dans tous les cas, lorsque, pour une cause ou une autre, un paiement en effets de commerce est déclaré nul, le créancier qui les aurait reçus ne peut être condamné qu'à rapporter ces titres mêmes ou à fournir caution que le paiement n'en sera point réclamé à l'échéance. On ne pourrait exiger de lui la somme dont ils sont la représentation (Pardessus, n° 1140).

88. En prononçant la nullité de plein droit, dans le cas qu'il prévoit, des paiements faits autrement qu'en espèces ou effets de commerce, l'art. 446 suppose que ces paiements peuvent et doivent être faits en espèces ou effets négociables; il ne s'applique donc pas à ceux des paiements qui ne sont que le résultat de la réalisation de l'actif du failli par l'intervention de la justice. On n'a point, dans ce cas, donné par convention au créancier les marchandises ou effets qu'il a saisis, il ne peut pas y avoir concert frauduleux entre le failli et le créancier. C'est l'autorité de la justice qui a pour ainsi dire arraché au débiteur le paiement, en permettant au créancier d'arriver, par la réalisation du patrimoine du

failli, à un paiement en espèces que l'art. 446 n'atteint point. Le créancier, qui, en vertu d'un jugement déclarant valable une saisie-arrêt par lui formée sur son débiteur depuis déclaré en faillite, a touché les deniers sur lesquels portait la saisie, n'est donc pas tenu de rapporter ces deniers à la masse, encore que l'ouverture de la faillite soit reportée à une époque antérieure au paiement (C. de Rouen, 23 juin 1828; Sirey, 29, 2, 333). Ainsi encore, les syndics ne peuvent se faire remettre une somme déposée à la caisse des dépôts et consignations, en vertu d'une ordonnance de référé qui l'affecte au paiement de la créance du saisissant (C. de Paris, 23 juin 1841; Sirey, 41, 2, 589). La saisie a fait sortir cette somme du patrimoine du failli avant la faillite déclarée. Ces solutions données par la jurisprudence ont l'approbation de MM. Esnault (t. 1, n°s 205 et 207) et Bédarride (n°s 923 et 924). La loi donne l'autorisation d'obtenir ce paiement; il équivaut à un paiement en espèces, parce que la fraude n'est point supposable entre le failli et le saisissant.

D'après les mêmes principes, la Cour de Bordeaux a décidé, le 16 novembre 1841, que la délivrance d'un bordereau de collocation dans une procédure de distribution par contribution, en vertu d'une ordonnance passée en force de chose jugée, équivaut à un paiement en espèces et rentre dès lors dans l'exception consacrée par l'art. 446. Le porteur d'un semblable bordereau peut en toucher le montant, alors même que l'ouverture de la faillite aurait été reportée à une époque antérieure à la délivrance du bordereau (Dall., v° *Faill.*, n° 291). Le bordereau équivaut à un bon à vue, c'est-à-dire à un paiement en espèces (Esnault, t. 1, n° 206;

Boulay-Paty et Boileux, t. 1, n° 205). M. Bédarride (n°s 115 et 116) est d'un avis contraire. Il critique un arrêt de la Cour d'Aix, du 9 février 1843 (Dall., *ibid.*, n°s 546 et 291), où la question qui nous occupe aurait pu être agitée. Selon cet auteur, le bordereau de collocation serait tout au plus une cession ; or, cette cession serait nulle aux termes de l'art. 446. Si l'appréciation de M. Bédarride sur la nature du bordereau est exacte, ce que nous ne pensons pas, sa critique est fondée ; car il faut reconnaître, avec MM. Boulay-Paty et Boileux (*loc. citat.*), ce principe incontestable, que le juge ne peut point faire au nom du failli ce dont ce dernier est personnellement incapable.

Il résulte encore du principe posé plus haut, que le créancier, qui en temps suspect aurait reçu un paiement par le moyen de la contrainte par corps, devrait le conserver, alors même que la faillite du débiteur serait reportée à une époque antérieure à l'exercice de la contrainte par corps. La Cour de Caen avait, il est vrai, décidé le contraire, le 23 juillet 1827 (Dall., *ibid.*, n° 1513). Mais, comme le fait remarquer M. Esnault (t. 1, n° 208), cet arrêt se justifie par la circonstance que le Code de 1807 faisait partir le dessaisissement de la cessation des paiements, tandis que le dessaisissement ne commence aujourd'hui qu'au jugement déclaratif.

89. Dès le moment où la loi frappait de nullité les aliénations à titre gratuit dans un délai déterminé, les paiements de dettes non échues et ceux de dettes échues faits d'une manière contraire aux habitudes du commerce, elle devait étendre la même nullité aux priviléges et hypothèques, qui ne sont que des aliénations indi-

rectes, d'autant plus dangereuses qu'elles servent souvent de voile à la fraude. Aussi les priviléges et hypothèques ont-ils attiré l'attention du législateur, toutes les fois qu'il a cherché à prévenir les fraudes qui se commettent à la veille des faillites. Nous rappellerons le règlement de Lyon, du 7 juillet 1667, la déclaration du 18 novembre 1702, la loi du 9 messidor an III, art. 11, celle du 11 brumaire an VII, art. 5, l'art 2146 du Code Napoléon, enfin l'art. 443 du Code de 1807.

La loi de 1838 déclare nuls : « toute hypothèque conventionnelle ou judiciaire, et tous droits d'antichrèse ou de nantissement constitués sur les biens du débiteur pour dettes antérieurement contractées. » L'art. 443 du Code de 1807 était loin d'être aussi explicite : « Nul ne peut acquérir privilége ni hypothèque sur les biens du failli, dans les dix jours qui précèdent l'ouverture de la faillite. » La doctrine et la jurisprudence, s'appuyant sur le sens du mot *acquérir*, limitaient la portée de cet article aux sûretés créées par le fait de l'homme. Écoutons M. Troplong : « Le mot acquérir, dit-il, doit d'abord être exactement défini. Dans son acception la plus large, il embrasse tous les moyens de Droit civil ou naturel qui font entrer quelque chose dans le domaine d'un individu, soit que la volonté de l'homme y soit requise, soit qu'elle n'y soit pas exigée. C'est dans ce sens que l'art. 712 du Code civil dit que la propriété s'acquiert par accession... Mais, dans un sens plus restreint, le mot acquérir s'entend de ce que nous obtenons par l'effet de notre volonté ou par un effort de notre industrie, en un mot, par quelque acte personnel. Il n'est plus alors qu'un composé de notre verbe *quérir*, ou un synonyme du verbe latin *quærere*, qui indiquent tous les deux l'effort, la poursuite, la sollicitation. Ulpien se sert du verbe *quœrere*, au lieu du verbe *acquirere*, lorsqu'il parle de l'acquisition du domaine par la possession. *Placet*, dit-il, *per liberam personam omnium rerum possessionem quœri posse, et per hanc dominium* (l. 20, § 2, *D. de acquir. rer. domin.*, 41, 1). C'est en ce sens qu'on donne à l'acheteur le nom d'acquéreur, parce que l'achat est un des principaux moyens d'acquérir par un acte personnel et volontaire.... Dans l'art. 443 du Code de commerce, le mot acquérir doit être pris dans son sens restreint et non dans son acception la plus large, *Argument* de l'art. 558 du Code de commerce ancien » (Tropl., *Des privil. et hypoth.*, t. 3, n° 653 *bis*). « On doit restreindre la signification du mot acquérir, qui se trouve dans l'art. 443, au seul cas où il s'agit d'un droit qu'on s'est procuré par stipulation, afin d'améliorer sa condition. Mais il ne faut pas étendre ce mot aux priviléges qu'on ne se procure pas, et qui découlent d'une volonté supérieure et de la force intrinsèque de la créance » (*Ibid.*, n° 654).

L'art. 443 du Code de 1807 s'applique-t-il aux hypothèques légales? M. Pardessus l'applique à celle de la femme, parce que le mariage, dont cette hypothèque découle, est un fait volontaire; mais non à celle qui grève les biens du failli devenu tuteur dans les dix jours qui précèdent la cessation des paiements, parce que le pupille n'a point concouru ni pu concourir à la fraude. M. Dalloz (*Répert.*, v° *Hypoth.*, p. 235) étend l'article cité à toutes les hypothèques légales. On ne peut, selon lui, les acquérir dans les dix jours. M. Troplong pense que les hypothèques légales, étant dispensées d'inscription, sont soustraites à l'application de l'art. 443 du

Code de 1807. Mais il y soumet les hypothèques judiciaires et les priviléges qui doivent être inscrits, parce
que l'inscription, dit l'auteur, est un acte personnel et
volontaire, qui fait que nous retombons sous l'influence
du mot acquérir pris dans son sens le plus restreint
(*Ibid.*, n° 655).

De la combinaison des art. 2134 et 2146 avec l'art.
443 du Code de 1807, il résultait qu'on ne pouvait
inscrire dans les dix jours antérieurs à la faillite une
hypothèque ou un privilége valablement acquis. « L'art.
2146, dit M. Troplong (*Préface*, p. 72 à 75, *des privil.
et hypoth.*) défend de consolider, par une transcription
ou une inscription faite dans les dix jours qui ont précédé la faillite, les priviléges acquis par des actes antérieurs. Cette disposition, contraire au système de la déclaration de 1702 et de la loi de brumaire an VII, est
vicieuse. L'article défend aussi l'inscription des hypothèques dans les dix jours de la faillite, bien que la
cause de ces hypothèques soit antérieure : c'est à mes
yeux une révoltante injustice; ici, en effet, toute idée
de fraude, de concert dolosif, doit être écartée; la
source de l'hypothèque est pure, pourquoi veut-on
lui défendre de se compléter ?... Ces hypothèques sont
un bénéfice qui doit être respecté; elles forment une
garantie légalement acquise; elles ont droit de se compléter, parce que, leur origine étant sincère, leur complément ne saurait être frauduleux. Veut-on se placer
dans le vrai et concilier équitablement les droits de la
masse avec les préférences acquises aux tiers? il faudra
prendre pour guide la déclaration de 1702, et se borner à enlever leur effet hypothécaire aux obligations
stipulées et aux sentences rendues dans les dix jours

de la faillite publiquement connue. Le gagiste qui se serait nanti dans ce délai serait aussi sans privilége. »

Si nous nous sommes un peu étendu sur les controverses auxquelles donnait lieu l'art. 443 du Code de 1807, c'est qu'il nous a semblé intéressant de montrer comment le législateur de 1838 a profité des indications que lui donnaient la doctrine et la jurisprudence. Nous avons déjà signalé la rédaction plus précise de l'art. 446 actuel. L'art. 448 porte, alin. 1er : « Les droits d'hypothèque et de privilége, valablement acquis, pourront être inscrits jusqu'au jour du jugement déclaratif de la faillite. »

90. Les réformes proposées par M. Troplong ont été accomplies. Comme la déclaration de 1702, l'art. 446 ne déclare nulles de plein droit que les hypothèques conventionnelles et judiciaires ; il ajoute les droits de nantissement, dont la déclaration ne parlait pas. L'art. 448 abroge en partie l'art. 2146 du Code Napoléon.

Il n'est plus permis de faire aujourd'hui la distinction qu'on admettait sous le Code de 1807, entre les hypothèques légales qui ont pour occasion un fait volontaire de l'homme, comme un contrat de mariage, l'acceptation de fonctions publiques, et les autres hypothèques. Nous ne pouvons approuver la doctrine de M. Pardessus (n° 1135), qui enseigne, même sous la loi actuelle, que la femme, l'État, les communes et les établissements publics n'ont point d'hypothèque légale, alors que le contrat de mariage a été passé, que les fonctions ont été acceptées dans les dix jours qui précèdent la cessation des paiements. Nous sommes dans une matière où toute interprétation extensive est interdite. Le législateur connaissait d'ailleurs la controverse qui existait sous la loi de 1807; il a voulu la trancher (Dall., v° *Faill.*, n° 300).

Il ne faudrait pas croire cependant que l'hypothèque légale, quoique attachée à des faits et à des actes accomplis en temps suspect, soit toujours inattaquable. Si l'on fait tomber le principal, l'accessoire ne saurait subsister. Le projet de 1835 (art. 447) avait à cet égard une disposition expresse : « Les hypothèques et privi-léges attachés aux actes dont il est parlé en l'art. 444 du projet (art. 447 de la loi de 1838), suivent le sort de ces actes » (M. Thieriet, p. 40). Cette disposition a été retranchée, soit comme inutile par son évidence même, si elle se bornait à exprimer que l'annulation d'un acte entraîne celle des hypothèques ou priviléges qui en sont l'accessoire, soit comme susceptible d'induire en erreur, si on arrivait à en conclure que les droits d'hypothèque ou de privilége ne peuvent jamais s'éteindre par des causes indépendantes de la validité de l'acte auquel ils auraient été attachés (Renouard, t. 1, p. 363). « Pourquoi, dit M. Troplong, dans son rapport sur un arrêt de la chambre des requêtes du 7 novembre 1848, pourquoi la loi annule-t-elle l'hypothèque conventionnelle ? C'est parce qu'elle suppose que cette hypothèque est due à un concert pour tromper la masse des créanciers. Ici, au contraire, la femme, loin d'être présumée avoir voulu tromper les créanciers, est censée avoir été circonvenue par son mari. C'est elle qui est plutôt trompée. Il ne faut donc pas s'étonner si l'hypothèque légale n'est pas assimilée à l'hypothèque conventionnelle ou judiciaire. La femme serait sacrifiée à la masse des créanciers; la femme doit être protégée et non pas sacrifiée.

Remarquez, d'ailleurs, qu'il ne s'agit pas ici d'une dette antérieurement contractée et venant se fortifier par un cautionnement; il s'agit d'une dette de la femme, contractée dans les dix jours, pour sauver son mari. Sans doute, si l'on pouvait apercevoir une participation de la femme à la fraude, l'opération serait annulée, mais rien de pareil n'est allégué » (D. P. 48, 1, 241; C. d'Angers, 21 janv. 1846; D. P. 46, 2, 83). Un double motif doit empêcher l'application de l'art. 446 aux hypothèques légales : 1º. le texte et l'esprit de l'article; 2º la circonstance que les hypothèques légales protégent toujours des obligations qui sont nées avec elles, et ne peuvent jamais s'attacher à des obligations antérieurement contractées. Or, l'hypothèque n'est annulée qu'alors qu'elle est postérieure à l'obligation qu'elle fortifie.

91. La distinction entre les hypothèques et les priviléges venant se joindre à une obligation antérieure, et ceux créés en même temps que l'obligation à laquelle ils servent de garantie, ne fut point admise sans contestation. Ceux qui voulaient l'annulation de toutes les hypothèques indistinctement, se fondaient sur ce que l'offre d'hypothèque de la part d'un négociant est un signe non équivoque de ruine. « Je ne connais, disait M. Teste, que le dépôt du bilan qui soit plus significatif sur la situation d'un négociant que l'emprunt hypothécaire sur tout ou partie de ses biens » (Ch. des députés du 29 mars 1838; *Monit.*, p. 736). Les orateurs qui combattaient la distinction de notre article ont trop oublié peut-être qu'aux termes de l'art. 1er du Code de commerce, tous ceux qui font leur profession habituelle d'actes de commerce sont commerçants, que les artisans qui ne travaillent point à façon le sont aussi.

Or, pour ceux-là, prendre une hypothèque, ce n'est point pousser le cri de détresse; souvent ils ne trouvent point à emprunter autrement; il faut faire une loi pour tout le monde, au moins pour le plus grand nombre. Il était donc sage de maintenir une hypothèque qui a été la condition d'un prêt fait dans le but de prévenir la faillite, et d'annuler de plein droit une hypothèque qui, venue après coup, n'est qu'un moyen de favoriser un créancier au détriment des autres, avec des ressources dont le débiteur ne peut plus disposer.

Si le créancier ajoutait une somme nouvelle à celle antérieurement prêtée, en se faisant consentir une hypothèque pour le tout, cette hypothèque devrait être réduite à la somme nouvellement et réellement prêtée. Nous ne pensons pas, comme M. Bédarride (n° 123), qu'on puisse annuler cette hypothèque pour le tout, alors même que le prêt d'une nouvelle somme n'aurait été ajouté à l'ancienne que pour éluder l'art. 446.

92. Une hypothèque ou un privilége garantissant des créances qui ne naissent que graduellement, *de die in diem*, parce qu'elles sont le prix de fournitures de jouissances et de services successifs, s'étend même aux créances postérieures aux dix jours; il suffit que la cause productive du privilége existe en temps utile (Locré, *Espr. du C. de comm.*, t. 5, p. 174).

93. Une autre question d'une grande importance pratique se rattache à celle que nous venons de résoudre. Si un banquier ou un capitaliste ouvre un crédit à un commerçant sous affectation hypothécaire, cette affectation est-elle valable, et, dans le cas de l'affirmative, l'hypothèque prendra-t-elle date du jour du contrat, ou seulement du jour des versements succes-

sifs, de sorte que le banquier ou capitaliste se trouverait primé, pour tout ou partie des sommes par lui
avancées, par un tiers qui aurait pris inscription avant
l'usage ou l'épuisement du crédit par le crédité?

Pour contester la validité de l'hypothèque en elle-
même, on se fonde sur l'art. 1174 du Code Napoléon :
« Toute obligation est nulle, lorsqu'elle a été contractée
sous une condition potestative de la part de celui qui
s'oblige. » *Nulla promissio potest consistere quæ ex vo-
luntate promittentis statum capit* (*l.* 108, § 1, *D. de
verbor. oblig.*, 45, 1). Or, dit-on, il dépend de la volonté
du crédité qui s'oblige à donner l'hypothèque, de ne pas
user du crédit. Les lois romaines, dont l'art. 1174 n'est
que la reproduction, n'entendaient par la maxime citée
qu'une seule chose, savoir que qu'une obligation ne peut
pas dépendre uniquement de la volonté du débiteur.
Elles n'en poussaient pas les conséquences jusqu'à dire
que si, à une obligation, soit pure et simple, soit subordonnée à une condition potestative de la part du débiteur, il se mêlait, d'après la nature du contrat, un fait
qui formât une condition tacite et dont l'exécution dé-
pendît de sa volonté, l'obligation serait nulle par cette
seule raison. Elles voulaient, au contraire, qu'en ce cas
l'obligation fût valable, et que par suite l'hypothèque
constituée pour sa sûreté eût son effet contre le débiteur
(sauf la question de priorité à l'égard des tiers, après
l'exécution du fait dépendant de la volonté de celui-ci;
voy. *l.* 11, *D., Qui potior in pign.*, 20, 4; Merlin, *Quest.
de Droit*, v° *Hypoth.*, § 3). L'hypothèque conférée pour
garantie d'un crédit ouvert est donc valable en soi.

Mais prendra-t-elle date du jour du contrat, ou seulement du jour des versements successifs? Pour la

deuxième opinion, on dit : L'art. 1179 du Code Napoléon porte, il est vrai, que la condition accomplie a un
effet rétroactif au jour auquel l'engagement a été contracté. Mais cette disposition est nécessairement modifiée dans l'intérêt des tiers par ce principe général que
le débiteur ne peut pas, en faisant aujourd'hui, par
suite ou à l'occasion d'un engagement qu'il avait contracté avant-hier, une chose à laquelle cet engagement
ne l'astreignait pas, et qui dépendait uniquement de sa
volonté, préjudicier à des tiers avec qui il a traité dans
le jour intermédiaire (Merlin, *ibid.*). Assimilant le contrat d'ouverture de crédit à une promesse de prêt, on
cite la loi 11, D., *Qui potior in pign.* 20, 4. *Potior est
in pignore qui prius credidit pecuniam et accepit hypo-
thecam, quamvis cum alio ante convenerat, ut si ab eo
pecuniam acceperit, sit res obligata; licet ab hoc postea
accepit; poterat enim, licet ante convenit, non accipere
ab eo pecuniam.* Cette loi ne peut être appliquée à l'ouverture de crédit. Elle dit en effet : celui qui a le premier prêté son argent et reçu hypothèque, jouit de cette
hypothèque, quoiqu'il ait été convenu avec un autre
que, s'il prêtait de l'argent, il aurait hypothèque et qu'il
en ait prêté dans la suite, et cela parce que le débiteur
pouvait ne point recevoir. Ajoutons que, d'après l'espèce
posée, le créancier pouvait ne point prêter, ce qui justifie la décision de notre texte. Mais si l'obligation de
donner hypothèque n'était que corrélative de celle de
prêter, si le créancier s'était obligé à prêter une certaine
somme à la première demande du débiteur, à la charge
par celui-ci de donner une hypothèque à la date du
contrat, alors il faudrait que l'hypothèque qui forme la
condition du contrat fût valable, si elle n'était point

illicite. Or, elle ne l'est point, puisqu'un débiteur a le droit d'hypothéquer ses immeubles, sous la seule condition de respecter les droits antérieurement acquis par des tiers.

Examinons maintenant la nature du contrat d'ouverture de crédit. Un négociant a besoin d'une somme importante pour un temps assez long. « Il pourrait sans doute, dit M. Persil (*Quest. sur les hypoth.*, t. 1, ch. 4), emprunter cette somme pour tout ce temps. Mais il trouverait dans ce mode d'opérer un inconvénient. Le cours des intérêts pèserait tout entier sur lui, bien que les deniers restassent oisifs pour tout ou pour partie. Il lui est donc plus avantageux d'avoir une caisse dans laquelle il pourra puiser et rétablir les fonds au fur et à mesure des besoins. De cette manière, il est sûr de trouver toujours la somme qu'il lui faut en payant les intérêts. » Le banquier ne pourra se refuser à fournir le montant du crédit au correspondant. « Qu'importe, dit M. Troplong (*Des privil. et hypoth.*, t. 2, nº 479), que le banquier soit obligé! Ce n'est pas lui qui est débiteur de l'hypothèque; il en est au contraire créancier. » Cela importe beaucoup; car, si le banquier n'est pas débiteur de l'hypothèque, il est obligé de fournir les fonds empruntés. Si cette obligation est valable, on ne peut la séparer de la condition que le banquier a valablement mise à son accomplissement. « La stipulation de l'hypothèque, dit M. Troplong (*Ibid.*, nº 478), est évidemment soumise à la condition : si le débiteur fait usage du crédit. Or, c'est là une condition potestative de la part du débiteur. Donc l'accomplissement de la condition ne pourra produire d'effet rétroactif; donc l'hypothèque ne prendra naissance qu'au fur et à mesure des paiements réalisés; ou bien, si celui à qui le crédit a été ouvert en a usé en tirant des lettres de change, l'hypothèque ne se réalisera qu'au fur et à mesure des présentations qui font cesser la condition potestative et produisent un lien de droit définitif.» Si c'était en effet là la nature du contrat d'ouverture de crédit, si M. Troplong avait bien saisi l'intention des parties dans ce contrat, quel est le banquier qui oserait ouvrir un crédit sous affectation hypothécaire et rester dans l'incertitude sur le rang qu'aurait son hypothèque? Sans doute, le débiteur peut, en n'usant pas du crédit, ou en le rétablissant en caisse, faire que le banquier n'ait plus droit à être colloqué que pour une somme moindre que le montant du crédit, parce que tout paiement suppose toujours une dette actuellement existante (C. Nap., art. 1235). Mais l'hypothèque peut, aux termes de l'art. 2132 du Code Napoléon, garantir une créance conditionnelle pour son existence et indéterminée pour sa quotité. « Lors de l'ouverture du crédit, il est intervenu un véritable contrat synallagmatique, par lequel chacun a contracté envers l'autre une obligation dont celle souscrite envers lui était la cause » (Pardessus, n° 1131). Dès que l'obligation d'ouvrir un crédit est valablement formée, il faut qu'au même instant l'obligation de donner une sûreté hypothécaire le soit aussi; car l'hypothèque est un droit réel sur des immeubles affectés à l'acquittement d'une obligation (C. Nap., art. 2114). « Il résulte évidemment de cette définition, dit la Cour de Caen, dans son arrêt du 11 août 1811, que tout individu ayant droit de contracter peut valablement donner une hypothèque sur ses immeubles pour sûreté de l'exécution de cette obligation. L'arrêt de rejet du 26 janvier

1814, qui rejette le pourvoi formé contre la décision précitée, considère que l'hypothèque conventionnelle créée pour sûreté de l'obligation personnelle, réunit les conditions prescrites par la loi : le consentement, la capacité, l'objet certain et la cause licite (C. Nap., art. 1108). Consulté sur les chances de succès du pourvoi contre l'arrêt de Caen, Sirey résume dans les termes suivants l'opinion que nous défendons : « L'acte du 27 avril 1808 est une obligation irrévocable pendant trois mois de payer des lettres de change jusqu'à concurrence de 100,000 fr. C'était par anticipation un aval, une acceptation, un cautionnement solidaire de 100,000 fr. de lettres de change. C'était pour le sieur Manoury Lacour l'obligation la plus rigoureuse, la plus chanceuse peut-être. Donc cette obligation ne ressemblait nullement à la simple promesse de prêt : *Numerabo si volo.* Donc le sieur Bonvoisin était obligé au remboursement éventuel d'une manière réciproquement irrévocable. Donc, de part et d'autre, il y avait obligation qui n'était pas purement potestative; donc à cette obligation personnelle pouvait valablement se joindre une affectation réelle, une constitution d'hypothèque » (Consult. du 10 déc. 1812; Sirey, 1814, 2, 50).

Cette doctrine est admise par une jurisprudence constante dont nous nous contenterons de citer les dernières décisions : Cour de Paris, 15 janvier 1852; D. P. 54, 5, 419; rejet, 8 mars 1853; D. P. 54, 1, 341. « Attendu que l'hypothèque conventionnelle dont il s'agit réunit toutes les conditions prescrites par la loi, savoir le consentement, la capacité, l'objet de l'engagement et une cause licite; que, le contrat synallagmatique étant parfait au moment où il fut formé, l'hypothèque stipulée pour son exécution devait prendre naissance au moment même de la formation du contrat ; que dès lors c'était la date de l'inscription hypothécaire qui devait en fixer le rang. »

De quoi se plaindraient d'ailleurs les tiers ? L'inscription les avertissait du chiffre auquel pourraient s'élever les prétentions des créanciers hypothécaires ; c'était à leur prudence à les prendre pour règle ; aussi, lorsque l'acte stipule que le crédit sera remboursé au bout d'un certain temps, et que l'inscription révèle cette clause aux tiers, le banquier ne peut être colloqué à la date du contrat pour une somme supérieure à celle due au moment où le crédit devait être remboursé, bien que le crédit ait continué de fait, et lors même qu'il résulterait d'un compte courant (Cass., 22 mars 1852, et sur renvoi, Paris, 24 déc. 1852. D. P. 52, 1, 87, et D. P. 53, 2, 81).

Si, d'une part, le banquier s'engage à livrer ses fonds, d'autre part, le crédité contracte une autre obligation, c'est de payer l'indemnité d'usage pour la mise perpétuelle à disposition, et pour l'obligation où se maintient le banquier de lui délivrer la somme toutes les fois qu'il en aura besoin. Cette obligation est pure et simple, et susceptible comme toutes les autres d'être garantie par une hypothèque (Persil, *Quest. sur le rég. hypoth.*, t. 1, p. 173).

Du moment où le banquier créditeur est obligé de tenir constamment la somme à la disposition du crédité, il y a un véritable prêt actuel, et non un prêt réellement conditionnel. En admettant l'opinion que nous combattons, il faudrait faire une modification à l'inscription chaque fois qu'il y aurait dans la caisse du banquier un mouvement relatif au crédit ouvert, c'est-à-dire qu'on priverait le commerce des ressources qu'il peut tirer de ce mode d'emprunter. Ce ne serait point là une raison de décider, si notre opinion n'était fondée en Droit ; mais, nous le répétons, il y a dans le crédit ouvert un contrat synallagmatique, le créditant au moins ne s'oblige point sous condition potestative; dès que son obligation est valable, elle peut être valablement fortifiée par une hypothèque prenant rang à la date du contrat, et garantissant au banquier l'exécution des engagements pris envers lui par le crédité.

Appliquant la solution de cette question à notre matière, disons que l'hypothèque valablement conférée pour sûreté d'un crédit ouvert, prend rang du jour de son inscription, et s'étend aux versements même postérieurs aux dix jours, pourvu qu'ils soient antérieurs au jugement déclaratif (Boulay-Paty et Boileux, t. 1, n° 208 ; Esnault, t. 1, n° 204 ; Bédarride, t. 1, n°s 124, 125, 126).

94. L'art. 446 annule enfin de plein droit tout droit d'antichrèse et de nantissement acquis dans la période fatale pour dettes antérieurement contractées. Nous remarquons dans les termes de l'art. 446 un pléonasme; il suffisait de dire : tout droit de nantissement, cette expression comprenant le nantissement d'une chose mobilière ou le gage et le nantissement d'une chose immobilière ou l'antichrèse (C. Nap., art. 2072).

95. Le nantissement, nous dit l'art. 2071, est un contrat par lequel un débiteur remet une chose à son créancier pour sûreté de la dette. » Il résulte de cette définition, que l'art. 446 n'annule que les sûretés conventionnelles, et ne frappe point notamment le privilége

que l'art. 93 du Code de commerce confère au commissionnaire de ventes. Ce point avait déjà été jugé sous le Code de 1807, et ne peut plus faire doute sous la loi actuelle. « Quand le privilége n'a pas besoin d'être accordé par convention, qu'il est de l'essence du contrat, qu'il est attribué par la loi et non par la volonté de l'homme, il y aurait injustice à priver un tel acte des avantages que lui confère sa nature; or, le privilége du commissionnaire est dans ce dernier cas; il est légal et non conventionnel, et l'on peut dire que, à proprement parler, il n'est pas ce que l'art. 443 (C. anc.) appelle un privilége acquis (Pardessus, consult. à la suite de laquelle a été rendu l'arrêt de la Cour de Rennes du 13 juin 1818; Dall., *Commiss.*, nᵒˢ 173 et 174; tribunal de comm. de Dunkerque, 31 mai 1843; Dall., *Commiss.*, nᵒ 157). En ne parlant que du nantissement, l'art. 446 déclare implicitement qu'il ne·s'applique point aux autres priviléges.

96. Il y a des actes qui, pour se compléter, ont besoin de l'accomplissement de quelques formalités établies par la loi dans l'intérêt des tiers. Quand ces formalités n'émanent point du débiteur, peuvent-elles venir même dans la période fatale compléter l'acte d'ailleurs valable ?

Pour les hypothèques nous avons un texte spécial. D'après l'art. 448 de nouvelle création, les droits d'hypothèque ou de privilége peuvent être inscrits jusqu'au jugement déclaratif. Il n'en était pas de même sous l'ancien Code. « L'hypothèque, dit Tripier, dans son rapport à la chambre des pairs du 10 mai 1836, l'hypothèque était acquise aux créanciers, elle n'avait pas encore pris un rang utile, faute d'avoir été inscrite;

mais cette publicité, nécessaire pour qu'elle opérât son effet, n'était pas un élément substantiel de son existence; l'exercice d'un droit ne peut point être assimilé à la naissance même de ce droit; la loi fait tout ce que le légitime intérêt des créanciers exige lorsqu'elle interdit cet exercice après la faillite ouverte (M. Thieriet, *Code des faillites*, p. 184 et 185).

97. Le premier alinéa de l'art. 448 ne serait point sans danger, si la loi n'y apportait une restriction salutaire introduite par la chambre des députés en 1838. Le créancier pourrait, en effet, dans la vue de ménager le crédit du débiteur, négliger de prendre inscription et tromper ainsi les tiers sur la véritable situation de ce débiteur. Pour prévenir ce résultat, l'art. 448 ajoute : « néanmoins les inscriptions prises après l'époque de la cessation des paiements ou dans les dix jours qui précèdent, *pourront* être déclarées nulles s'il s'est écoulé *plus de quinze jours* entre la date de l'acte constitutif de l'hypothèque ou du privilége et celle de l'inscription. » L'inscription prise dans les délais indiqués par l'article pourra être annulée; il est laissé au pouvoir discrétionnaire du juge de l'annuler dans le cas où plus de quinze jours se seraient écoulés entre l'acte constitutif de l'hypothèque ou du privilége et l'inscription. Plus de quinze jours, ce qui prouve que le délai est franc. Il sera augmenté d'un jour à raison de cinq myriamètres de distance entre le lieu où le droit d'hypothèque aura été acquis et le lieu où l'inscription sera prise. La loi, on le voit, ne tient aucun compte de la distance entre le domicile du créancier et le lieu où l'inscription doit être prise.

Notre article s'applique à toutes les hypothèques et

priviléges dont la loi exige l'inscription, et par conséquent même au privilége du Trésor (loi du 5 sept. 1807, art. 5; C. Nap., art. 2106 et 2113) et aux hypothèques légales des établissements publics (C. Nap., art. 2135).

L'article laisse aux juges la plus grande latitude; ils peuvent annuler sans constater la mauvaise foi; il suffit que le retard apporté à l'inscription ait pu préjudicier aux créanciers ou à quelques-uns d'entre eux, en leur inspirant une fausse confiance en la solvabilité d'un débiteur dont ils étaient fondés à croire les immeubles libres de toute hypothèque. Il y a alors ce que M. Persil appelait énergiquement un abus de la confiance publique. C'est pour y remédier que la disposition finale de notre article a été introduite. Il résulte de la discussion qui a précédé la loi, que sa disposition n'est intervenue que pour empêcher le créancier hypothécaire en retard de prendre son inscription, de tromper même involontairement les tiers qui ont traité avec le débiteur commerçant dans la pensée que ses biens étaient libres, tandis qu'ils auraient été grevés en majeure partie par une hypothèque consentie depuis longtemps. Si la loi a accordé au juge le pouvoir de valider ou d'annuler l'inscription, elle a eu pour but de ne pas rendre le créancier victime d'un empêchement de force majeure, ou tout au moins sérieux à la prise de son inscription antérieurement à la cessation des paiements de son débiteur (C. de Bourges, 9 août 1848; et rej., 17 avril 1849; D. P. 48, 2, 153, et D. P. 49, 1, 150). Rien ne prouve mieux que l'espèce jugée par la Cour de Bourges l'utilité de la disposition finale de l'art. 448. L'hypothèque consentie par un père à son fils est du 15 février 1835; l'inscription. du 15 avril 1843, plus de huit années après la date du titre et deux jours après celle où la faillite remonte aux termes d'un jugement du 2 mai 1843. « Quoique l'hypothèque ait été constituée valablement, disait M. Quénault (*Monit.* 1838, p. 788), par cela seul que l'inscription aura été retardée de manière à laisser au failli un crédit apparent qui pourra tromper les tiers et l'aider à prolonger son agonie, le projet de loi annule cette inscription » (Chamb. des dép. du 3 avril). M. Barthe, garde des sceaux, ajoutait dans la même séance : « Il y a deux bienfaits dans la loi : d'un côté, la faculté accordée à la justice d'annuler, s'il y a connivence ou même simple complaisance de la part des créanciers hypothécaires, pour faciliter le failli en dissimulant la situation de ses immeubles; d'un autre côté, contrainte morale de faire disparaître toute hypothèque latente en prenant inscription dans les quinze jours » (*Monit.* 1838, p. 789).

98. Outre les hypothèques, il est d'autres actes qui, pour se consolider, ont besoin d'une formalité accessoire; nous voulons parler de la signification au débiteur cédé (C. Nap., art. 1690), de la signification de la créance donnée en nantissement (C. Nap., art. 2075). Si la cession est faite, si le nantissement est constitué en temps non prohibé, la créance pourra-t-elle être signifiée en temps suspect? Si l'un des actes dont la loi des 23-26 mars 1855 (D. P. 55, 4, 27), art. 1, 2 et 4, exige la transcription a été fait ou obtenu en temps de capacité, la transcription pourra-t-elle avoir lieu après la cessation des paiements ou dans les dix jours qui la précèdent?

Toutes ces questions se résolvent par le même principe : sous le Code de 1807, les auteurs enseignaient

avec raison que la transcription d'une donation immobilière, la signification d'un transport au débiteur cédé,
du nantissement d'une créance au débiteur de cette
créance, ne pouvaient être valablement faites après la
cessation des paiements. La raison en est qu'aux termes
de l'art. 442 la cessation de paiement dessaisit le débiteur au profit de la masse de ses créanciers. C'est là
le motif qu'en donne M. Troplong (*Vente*, n° 911). «Si
le transport, quoique loyalement passé avant la faillite,
n'avait pas encore été signifié lors de son ouverture, il
ne serait plus temps de remplir cette formalité, et le
cessionnaire ne pourrait compléter son droit. La raison
en est que la faillite opère dessaisissement, qu'elle produit une véritable saisie au profit des créanciers, et que
dès lors le cessionnaire arrive tardivement pour en
prendre possession.» Cette doctrine paraît évidente par
elle-même à l'illustre auteur, et nous ne pouvons que
nous ranger à son opinion, car le traité de la vente est
écrit sous le Code de 1807.

Mais avec le nouvel art. 443 la solution n'est plus la
même, le dessaisissement ne partant plus que du jugement déclaratif. En effet, entre le cédant et le cessionnaire, la cession est parfaite par la remise du titre
(C. Nap., art. 1689); l'art. 1691 prouve que l'art. 1690
n'a pour but que de donner au débiteur cédé le
droit de se libérer valablement en payant entre les
mains du cédant ou de son créancier qui avant la signification du transport viendrait faire une saisie-arrêt entre ses mains. Les créanciers chirographaires du cédant ne sont pas des tiers relativement au cessionnaire;
pour prendre cette qualité, il ne leur suffit pas d'exhi-
ber du droit de gage général dont les investit l'art. 2092

du Code Napoléon, qui ne leur donne que le droit de se faire payer sur tous les biens du débiteur, sauf à respecter les causes de préférence légitimement acquises.

L'art. 446 (C. de comm.) ne déclare nuls que les actes faits par le débiteur. Or, la signification d'un transport, d'une créance donnée en nantissement, la transcription d'un acte, ne sont point le fait du débiteur; dès lors, ils ne peuvent tomber sous son application. Aussi, les Cours d'Orléans, 31 août 1841 (Dall., *Faill.*, n° 617), et de Lyon, 17 mars 1842 (Dall., *ibid.* n° 618), ont-elles décidé que la signification pourrait être faite valablement jusqu'au jugement déclaratif. La Cour de cassation a suivi les cours royales dans cette voie, où le texte de l'art. 443 devait forcément l'amener, par quatre arrêts rendus à la date du 4 janvier 1847. Le premier (affaire Laurent contre syndic Levylier) casse un arrêt de la cour de Nancy du 22 août 1844 (D. P. 45, 2, 12; D. P. 47, 1, 130). Le deuxième (affaire Tallendeau contre faillite Hervô, D. P. 47, 1, 133) rejette le pourvoi contre un arrêt de la Cour d'Angers du 12 mai 1841, qui avait jugé qu'un transport était nul aux regards des créanciers, parce que le cessionnaire ne justifiait pas de la signification antérieurement au jugement déclaratif. Le troisième (affaire Bureau contre faillite Bodin) casse un arrêt de la Cour de Bourges du 12 juin 1844 et décide également que la signification d'un transport peut avoir lieu jusqu'au jugement déclaratif (D. P. 47, 1, 134). Enfin, le quatrième (affaire Maury contre Odon-Rech, D. P. 47, 1, 135) casse un arrêt de la Cour de Montpellier du 13 juin 1845 (D. P. 45, 2, 122), et applique la même doctrine à la signification d'une créance donnée en nantissement. La Cour de Nîmes, saisie par le renvoi, adopte la doctrine de la Cour suprême par arrêt du 22 juin 1847 (D. P. 48, 2, 30), et un arrêt de rejet du 19 janvier 1848 (D. P. 48, 1, 181) accueillit le pourvoi contre cet arrêt. Il est à remarquer que la Cour de cassation a persévéré dans sa jurisprudence, bien qu'elle connût les objections faites par M. Troplong contre son arrêt du 4 janvier 1847, dans son ouvrage *Du nantissement*, nos 274, 275, 276 ; car le commentaire du nantissement a été publié en 1847. Dans son arrêt Maury contre Odon-Rech, la Cour considère qu'à la différence de l'ancien art. 442, l'art. 443 actuel ne fait partir le dessaisissement que du jugement déclaratif. M. Troplong nous paraît avoir perdu de vue ce principe (*Nantissement*, n° 276) : « Qu'est-ce que la faillite ? C'est la cessation des paiements ; elle est indépendante du jugement de déclaration de faillite, de telle sorte qu'elle peut être beaucoup antérieure à ce jugement. Or, la faillite met arrêt sur les biens du débiteur, elle fixe l'état dans lequel ils se trouvent, elle paralyse tout mouvement ultérieur qui tendrait à changer leur condition. Qu'a-t-elle trouvé dans les mains du créancier qui se dit nanti ? est-ce un gage réalisé d'une manière complète et revêtu de toutes ses conditions d'existence ? Nullement, ce gage manque d'un de ses éléments ; le créancier n'en est pas saisi à l'égard des tiers ; en ce qui concerne ces derniers, ce n'est qu'un simple mandataire passible de toutes les exceptions qu'on pourrait opposer au débiteur lui-même. »

« Peu importe, dit Massé (*Droit comm.*, t. 6, n° 518), que la signification soit le fait du créancier et non du débiteur qui a donné le gage, cette circonstance ne fait pas que le gage soit constitué avant la signification ; et pour les tiers à l'égard de qui cette signification est indispensable, la créance donnée en gage, bien que le titre ait pu régulièrement être détenu par le gagiste, est toujours restée en la possession du failli. C'est donc leur opposer un acte sans effet, en ce qui les concerne, que de s'attacher à cette circonstance que la signification est le fait du créancier nanti.»

A ce système il y a deux réponses : D'abord, ce n'est plus la faillite qui, comme le dit M. Troplong, met arrêt sur les biens du débiteur, fixe l'état dans lequel ils se trouvent, et paralyse tout mouvement ultérieur qui tend à changer leur condition ; cet effet n'est plus attaché qu'au jugement déclaratif. En second lieu, MM. Massé et Troplong conviennent, et le texte de l'art. 1689 prouverait de reste, que la signification n'est exigée qu'à l'égard des tiers. Cette qualification convient-elle à la masse dans la circonstance qui nous occupe? c'est ce qu'il nous reste à examiner. S'il s'agissait d'un acte fait en fraude des créanciers, ils seraient des tiers sans contestation possible ; mais notre cas est tout différent : la créance cédée ou donnée en gage est sortie du patrimoine du débiteur, à son égard elle n'y est plus ; la saisie résultant au profit des créanciers du jugement déclaratif n'a donc pu la frapper. Pour que les créanciers puissent prendre la qualification de tiers, la Cour de cassation, par deux arrêts en date du 15 juin 1843, exige que les créanciers aient un droit à la chose (*jus ad rem*), ou un droit sur la chose (*jus in re*), ou que l'acte soit fait en fraude des créanciers. La faillite, en effet, ne modifie pas les positions respectives et ne donne point aux créanciers contre les tiers un droit qu'ils n'avaient pas ; l'art. 443 n'est point attributif d'un droit nouveau ; contre ceux qui ont traité de bonne foi avant la faillite, la masse ne peut agir que comme ayant cause du failli (Dall., *Faill.*, n° 613), ce qui, dans le sens de l'art. 1690 comme dans celui de l'art. 1328 du Code Napoléon, imprime aux créanciers la qualité de tiers, ce qui leur confère une action spéciale qu'ils peuvent au besoin tourner contre celui qui la leur a transmise ; c'est le droit à la chose ou sur la chose (*jus ad rem* ou *in re*) ; c'est l'acquisition d'un droit quelconque sur un ou plusieurs objets déterminés du débiteur commun, par exemple, d'un privilége ou d'une hypothèque, de la propriété ou d'un démembrement de la propriété d'un meuble ou d'un immeuble. Les autres créanciers simplement chirographaires n'ont, au contraire, qu'un droit vague et abstrait sur les biens de leur débiteur, tel qu'il est défini par l'art. 2093. Lors donc qu'ils viennent exercer en justice l'une des actions de leur débiteur, ils se saisissent de son droit, mais ils restent soumis à ses engagements et à ses charges. Il y a seulement substitution d'une personne à une autre, mais sans altération dans le fond même des choses et des droits respectifs. Or, quelle est la qualité du créancier chirographaire qui demande le partage d'une succession contre son débiteur ? Il est manifeste que ce créancier n'est saisi d'aucun droit, d'aucun titre spécial sur une valeur quelconque de son débiteur ; il n'est pas son représentant à titre particulier, mais seulement à titre universel ; il vient se substituer à lui dans une action relative à une généralité de biens ; il devra donc, s'il n'allègue pas la fraude, seul cas où il tiendrait de l'art. 1167 le droit d'agir en son nom propre, respecter tous les droits auparavant acquis à l'encontre de son débiteur sur cette généralité de biens. Ces observations ont été présentées à l'appui du pourvoi contre un arrêt de la Cour d'Orléans; le rejet intervenu le 11 juin 1846 n'implique point désapprobation de la théorie que nous venons de rapporter. Sans examiner la question à ce point de vue, la Cour considère qu'il est de l'essence du contrat de nantissement que la chose donnée en gage soit mise en la possession du débiteur ou d'un tiers convenu entre les parties (C. Nap., art. 2076). Que, si donc cette chose est une créance, il est nécessaire que le débiteur ait effectué la remise du titre à une époque où il avait droit de le donner en gage (D. P. 46, 1, 252). La décision citée répond par anticipation à l'une des objections de M. Troplong contre l'arrêt du 4 janvier 1847 ; « si, dit l'auteur, la doctrine de la Cour de cassation est vraie pour les significations de transports (lesquelles sont la prise de possession des nantissements consistant en créances), elle doit nécessairement s'appliquer à la prise de possession des objets corporels donnés en gage; car l'on ne comprendrait pas comment la raison mettrait sous ce rapport une différence entre ces deux espèces de nantissement » (*Nantiss.*, n° 276). L'arrêt précité juge que la signification n'équivaut pas à la prise de possession par la remise des titres; donc, entre le créancier et le débiteur, la prise de possession, c'est la remise des titres. « Comme le titre de la créance la représente, dit avec raison Duranton (t. 18, n° 525), par la possession du titre, le créancier gagiste possède la créance, autant qu'il est possible de posséder une chose incorporelle, purement intellectuelle. »

S'il s'agit d'objets corporels, la tradition est indispensable, soit pour la validité du nantissement lui-même entre le créancier et le débiteur, soit pour la création du privilége de gagiste contre les tiers. Mais, dans les cas où le nantissement s'applique à des objets incorporels, tels que des créances, il y a une distinction à établir entre le nantissement et le privilége qui en peut être la conséquence. Pour constituer le nantissement, il suffit de l'acte mentionné en l'art. 2074, suivi de la remise du titre de la créance engagée, remise exigée comme signe de possession par l'art. 2076 du Code Napoléon. Ces deux conditions remplies, le débiteur est dessaisi au profit de son créancier; le sort du nantissement ne dépend plus que de ce dernier. Le nantissement est constitué selon le vœu de l'art. 446; la signification, qui est le fait exclusif du créancier, n'ajouterait rien à la présomption de sincérité du contrat (D. P. en note de l'arrêt de rejet du 19 juin 48; D. P. 48, 1, 181).

S'il pouvait encore rester du doute sur la signification du mot *tiers* en matière de signification de créances et de transcription, nous invoquerions l'autorité du législateur lui-même : « Jusqu'à la transcription des actes et jugements énoncés aux articles précédents, les actes et jugements ne peuvent être opposés aux tiers qui ont des droits sur l'immeuble et qui les ont conservés en se conformant aux lois» (L. des 23-26 mars 1855, art. 4). Ces mots excluent évidemment ceux des créanciers chirographaires qui, n'ayant point un droit particulier sur l'immeuble, ne peuvent invoquer que le droit général résultant des art. 2092 et 2093 du Code Napoléon. Notons que dans son ouvrage *Des don. et test.*, t. 3, n°s 1158-1160, M. Troplong enseigne que la donation peut être valablement transcrite jusqu'au jugement déclaratif, et argumente, pour soutenir cette opinion, de la jurisprudence de la Cour de cassation relative aux significations des transports et des nantissements. Il paraît donc être revenu sur sa première opinion.

Concluons : quand un acte juridique est fait en temps de capacité, il peut recevoir le complément dont il a besoin pour valoir à l'égard des tiers jusqu'au jugement déclaratif, mais non après ; car ce jugement met arrêt sur tous les biens du débiteur et fixe la position du créancier. Il n'est point, au reste, besoin d'examiner s'il y a ou non plus d'une quinzaine entre la constitution du droit et la transcription ou la signification, car l'art. 448, spécial aux hypothèques, ne saurait être étendu au delà. Les nullités sont de droit étroit. (Rejet, 24 mai, 48 ; D. P. 48, 1, 172). Cour de Nîmes, 22 juin, 47 ; D. P. 48, 2, 30, et rejet, 19 juin, 48 ; D. P. 48, 1, 181).

99. Nous venons de passer en revue les actes que l'art. 446 déclare nuls. L'art. 447, à l'explication duquel nous passons, s'occupe des actes qui, bien que présumés valables, peuvent être annulés lorsqu'ils ont eu lieu avec connaissance de la cessation des paiements de la part de ceux qui ont traité avec le failli. « Tous autres paiements faits par le débiteur pour dettes échues et tous autres actes à titre onéreux par lui passés après la cessation de ses paiements, et avant le jugement déclaratif de faillite, pourront être annulés, si de la part de ceux qui ont reçu du débiteur ou qui ont traité avec lui ils ont eu lieu avec connaissance de la cessation de ses paiements » (art. 447).

Tous les actes autres que ceux qui tombent sous le coup de l'art 446 sont en principe valables ; cependant, s'ils ont eu lieu entre la cessation des paiements et le jugement déclaratif (s'ils avaient précédé la cessation des paiements ils seraient inattaquables), la loi admet une espèce spéciale de fraude; elle la déduit de la connaissance qu'a eue le cocontractant du failli du mauvais état des affaires du débiteur, ou, pour parler plus exactement, de la cessation de ses paiements; il suffit d'établir ce fait pour que les tribunaux puissent annuler, sans se préoccuper de la question de savoir si à cette connaissance s'est jointe de la part du créancier l'intention d'en profiter pour frauder la masse.

100. L'art. 447 actuel n'est point la reproduction pure et simple de l'art. 447 du Code de 1807 ou l'application de l'action paulienne à la matière des faillites. Quant à l'action des créanciers contre la fraude faite à leurs droits, elle leur appartient, en vertu des principes, contre tous actes ou paiements, quelle qu'en soit la date, quel qu'en soit le titre, car la fraude est toujours attaquable; mais, qu'entendra-t-on par la fraude? Sera-ce la simple connaissance que les affaires du débiteur se trouvaient en mauvais état? Une solution aussi large appliquée à l'époque antérieure à la cessation des paiements ne serait pas compatible avec la rédaction de l'art. 447, puisque cet article limite à l'époque qu'un tribunal déterminera comme étant celle où les paiements ont réellement cessé la cause d'annulation résultant de cette connaissance. La fraude aura existé à l'époque antérieure, si à la connaissance du mauvais état des affaires on a joint la volonté de profiter de cet état (Renouard, sur l'art. 447, t. 1, p. 360). C'est pour n'avoir pas saisi cette distinction que Boileux a pu dire: «L'art. 447 ne parle pas des actes faits dans les dix

jours qui ont précédé la cessation des paiements, mais il faut suppléer à ce silence; évidemment ces actes doivent subir le sort de ceux qui ont été passés depuis (Boulay-Paty et Boileux, t. 1, n° 209, en note). Nous croyons, en nous fondant sur les motifs précédemment déduits, que l'interprète n'a pas le droit de suppléer au silence d'une disposition établissant une nullité pour un cas spécial; il nous répugne de ne voir dans notre article que la répétition inutile du principe consigné au Code Napoléon, art. 1167.

101. Demandons-nous maintenant quelle est la portée du pouvoir discrétionnaire que le mot *pourront* laisse au juge. M. Sevaistre avait proposé à la chambre des députés, séance du 30 mars 1838, de substituer le mot *devront* au mot *pourront*. M. Martin (de Strasbourg) a dit: « Je crois qu'il y a une bonne raison pour préférer *pourront* à *devront*, parce que l'art. 447 atteint des actes à titre onéreux; or, il est possible qu'un tel acte ait été consommé et n'ait pas porté préjudice à la masse; dans ce cas donc, il faut que le juge ne soit pas obligé d'annuler et que les syndics ne soient pas forcés de demander l'annulation. Ce n'est qu'autant qu'il y aura eu préjudice pour les créanciers que les juges devront annuler; il faut donc laisser le mot *pourront* (*Moniteur* de 1838, p. 747). En effet, pour annuler un acte à titre onéreux comme fait en fraude des créanciers, il faut, outre le *consilium fraudandi*, l'*eventus damni*. Or, dans le cas de l'art. 447, l'intention de frauder est présumée résulter de la seule connaissance de la cessation des paiements; c'est ce qui distingue notre article du droit commun. Il suffit, pour que les juges puissent annuler, que l'arrêt constate en fait que

le créancier qui a reçu du failli ou qui a traité avec lui, connaissait la cessation des paiements (Rejet, 30 juillet 1850; D. P. 50, 1, 235). L'appréciation de cette circonstance de fait échappe à la censure de la Cour de cassation, et si elle suffit pour motiver l'annulation, elle ne la rend pas inévitable. Juger le contraire c'est violer l'art. 447 du Code de commerce (Chambre des requêtes, *Bulletin* du 21 janvier 1856, *Gazette des Tribunaux* du 23 janvier). Ainsi, par exemple, le paiement peut être maintenu malgré la connaissance que le créancier aurait eue de la faillite, alors qu'il a malgré cela continué à faire de fortes avances dans un but désintéressé (Rejet, 12 février 1844; Dall., v° *Faill.*, n° 309). Nous disons dans un but désintéressé, car il en serait évidemment autrement si le créancier n'avait voulu par ses avances que retarder dans son intérêt la déclaration de la faillite.

L'art. 447 déclare valables tous actes autres que ceux qui tombent sous l'application de l'art. 446. Ces expressions *tous actes* sont le plus larges possible; elles présentent le même sens que les mots de l'ancien art. 445, *tous actes et engagements*, et on ne distingue plus entre les engagements pour fait de commerce et les autres. M. Saint-Nexent, t. 1, n° 93, est d'un avis contraire; nous avons déjà répondu à ses raisons au n° 80.

102. Tous autres paiements, c'est-à-dire tous paiements faits en espèces ou effets, sont valables et peuvent seulement être annulés s'ils ont été faits en connaissance de la cessation des paiements. Il ne suffit pas que les effets aient été endossés au profit du créancier, pour qu'il puisse se placer sous la protection de

l'art. 447; il faut que ces valeurs aient été à sa disposition, qu'elles aient pu faire office de monnaie dans ses
mains; l'art. 447 ne protégerait pas le paiement si les
effets, au lieu d'avoir été remis au créancier, étaient restés
déposés dans les mains d'un tiers jusqu'à l'accomplissement d'une condition. C'est seulement parce que le
législateur assimile les effets de commerce qui cir-
culent rapidement et sans obstacle à du numéraire,
qu'il fait exception en faveur des billets de cette nature,
que lorsque le paiement a été réalisé, lorsque les effets
de commerce ont passé de la main du débiteur dans
celle du créancier, qui a pu en disposer comme de
l'argent, et que la remise de ces effets constitue ainsi
un paiement effectif équivalent à la remise d'une
somme d'argent (C. de Lyon, 24 mars 1841; Dall., v°
Faill., n° 311).

On objecterait en vain qu'aux termes de l'art. 136
du Code de commerce, l'endossement régulier est
translatif de propriété, qu'aux termes de l'art. 139 du
même Code, il est défendu d'antidater les ordres sous
peine de faux, qu'en conséquence l'endossement régulier fait foi de sa date (C. de Paris, 6 nov. 1838; Dall.,
ibid).

D'abord l'endossement ne fait pas foi de sa date en ce
sens que cette date soit au-dessus de toute contestation,
mais seulement en ce sens que les créanciers ne
peuvent l'écarter, en disant simplement: cet acte n'a
pas de date, selon l'art. 1328 du Code Napoléon; il ne
peut nous être opposé; entre ce cas et celui d'un acte
ayant date certaine, il y a une différence qui ne saurait échapper à personne. De ce que l'apposition à un
acte d'une date autre que la véritable peut, selon les

clrconstances, constituer un faux, il ne s'ensuit pas que cet acte fasse foi de sa date; mais là n'est pas la question; les effets de commerce ont des prérogatives que le législateur a attachées à leur qualité de monnaie commerciale; du moment qu'ils perdent ce caractère, ils ne doivent plus jouir d'avantages qui n'auraient plus de raison d'être.

En résumé, pour qu'un paiement réalisé en espèces ou effets de commerce puisse être annulé en vertu de l'art. 447, il faut : 1° Que le paiement ait lieu après la cessation des paiements; 2° que la dette soit échue ; si elle ne l'était pas, il y aurait lieu à l'application de l'art. 446 ; 3° que le créancier, en recevant le paiement, ait eu connaissance de l'état des affaires du failli. Quand ces conditions se réunissent, il est laissé à la prudence des juges d'annuler ou de maintenir le paiement, sans que leur décision sous ce rapport puisse donner prise à cassation.

103. Le principe de l'art. 447 reçoit un adoucissement quand il s'agit du paiement d'effets de commerce; dans ce cas, l'action en rapport ne peut être intentée que contre celui pour le compte de qui la lettre a été tirée, ou contre le premier endosseur s'il s'agit d'un billet à ordre (art. 449). Peu importe que le tiers porteur ait connu la cessation des paiements, car il se présente à l'échéance comme il en a le devoir; on lui offre la somme due, il ne peut protester faute de paiement; en refusant, il perdrait son recours. Il est bien entendu que, pour pouvoir invoquer l'art. 449, le tiers porteur doit avoir reçu à l'échéance; s'il avait reçu avant, il y aurait paiement d'une dette non échue, frappé par l'art. 446 d'une nullité de plein droit. S'il

avait reçu autre chose que ce qui était dû, des marchandises au lieu d'espèces ou d'effets de commerce, le paiement serait également atteint par l'art. 446. Le motif sur lequel est basée l'exception de l'art. 449 n'existerait plus ; le porteur pouvait et devait protester ; s'il ne l'a point fait, ce n'est pas à la masse à pâtir de sa négligence ou de sa mauvaise foi.

Le tiers porteur de bonne foi est seul digne de la protection de la loi ; si donc le porteur avait obtenu son paiement par violence, erreur ou dol, il devrait le rapporter. Comme rien ne serait plus facile que d'obtenir au moyen d'effets de commerce un paiement qu'on n'aurait pu recevoir du failli directement, la loi soumet au rapport celui pour le compte de qui la lettre a été tirée, ou le premier endosseur s'il s'agit d'un billet à ordre ; à condition toutefois que, dans l'un et l'autre cas, la preuve que celui à qui l'on demande le rapport avait connaissance de la cessation des paiements à l'époque de l'émission du titre, soit fournie (art. 449).

C'est à la masse qu'incombe le fardeau de cette preuve ; la loi veut que celui à qui l'on demande le rapport ait eu connaissance de la faillite à l'époque où il a émis ou transmis le titre, parce que l'émission ou la transmission du titre est le seul fait qui lui soit personnel et qui lui ait profité.

104. Que dire enfin d'un acte fait par un mandataire pour le compte de son mandant, par un tuteur ou administrateur pour le compte de ceux dont il gérait les intérêts ? L'acte pourra-t-il être annulé vis-à-vis de ces personnes, quoiqu'elles aient ignoré au moment de la passation la cessation des paiements, alors d'ailleurs que leur mandataire ou administrateur connaissait ce fait ?

Quid du sous-acquéreur d'immeubles du failli qui aurait ignoré la position de ce dernier au moment de la revente, bien que l'acquéreur originaire connût le danger de cette situation?

M. Esnault (t. 1, nᵒˢ 211, 212, 213) pense que dans tous ces cas l'acte est à l'abri de toute attaque, et que la masse ne peut agir que contre le mandataire, le tuteur, l'administrateur, l'acquéreur primitif de mauvaise foi, et ce en vertu de l'art. 1382 du Code Napoléon. L'auteur cite à l'appui de son opinion le *Fr.* 25, § 3, *Quæ in fraudem* (42, 8). Nous ne saurions adhérer à cette doctrine. En effet, ce que fait le mandataire ou le tuteur est sensé fait par le mandant ou le pupille lui-même. Comment un négociant honnête pourrait-il se faire un titre du dol de son mandataire, alors qu'il répond de ses faits? *Mandans et mandatarius pro una persona habentur.* Que le mandant ait une action contre le mandataire, quand le dol de ce dernier lui a porté préjudice, personne n'en doute; mais qu'il puisse profiter de la mauvaise foi de son mandataire, s'approprier son dol, c'est ce que la morale et la loi repoussent également (Voy. Boulay-Paty et Boileux, t. 1, nᵒ 221).

105. Quant au sous-acquéreur, il ne peut, sauf les cas expressément prévus par la loi, avoir plus de droits que l'acquéreur primitif dont il n'est que l'ayant cause; il doit supporter les conséquences de la mauvaise foi de son auteur; sans doute, il a un recours contre lui, mais cela ne regarde point la masse. On ne peut point, comme le prétend M. Esnault, appliquer par analogie au sous-acquéreur l'art. 449. Cette disposition, spéciale aux tiers porteurs d'effets de commerce, n'est point susceptible d'une interprétation extensive.

106. Maintenant que nous avons analysé les dispositions des art. 446, 447, 448 et 449, présentons quelques observations sur le caractère général des nullités qu'ils établissent; nous verrons ensuite de quelles valeurs ils exigent le rapport, et puis nous essaierons de tracer quelques règles de compétence. Et d'abord, ces nullités ne sont établies qu'en faveur des créanciers de la faillite; c'est donc en vain que le failli ou ses représentants, que des tiers étrangers à la faillite, que ceux qui ont traité avec le failli chercheraient à s'en prévaloir (Rejet, 9 mai 1834, et C. de Paris, 24 janvier 1844; Dall., v° *Faill.*, n° 325). « Des termes et de l'esprit de l'art. 446, dit la Cour de Paris, il résulte que des actes faits par le failli depuis la cessation de ses paiements ou dans les dix jours qui ont précédé cette époque, ne sont déclarés nuls que relativement à la masse et dans son unique intérêt, que le débiteur relevé de sa faillite n'a aucun titre pour réclamer le bénéfice de cette disposition toute spéciale à la masse » (C. de Paris, 3 déc. 1846; D. P. 51, 2, 93). Un créancier ne pourrait en son nom individuel user des présomptions de nullité établies en matière de faillite, qui ne peuvent être invoquées que contre le failli et par la masse de ses créanciers ou au profit de cette masse (Cass., 16 nov. 1840; Dall., v° *Faill.*, n° 326).

Comme tout demandeur, le syndic qui intente les actions en nullité résultant de nos articles doit établir le bien fondé de sa demande, il doit, en conséquence, prouver que l'acte qu'il attaque se trouve dans l'un des cas prévus par les art. 446 et 447, il ne lui suffit pas d'alléguer ce fait (C. de Riom, 18 juin 1855, *Gazette des Tribunaux* du 30 sept. 1855); il va sans dire qu'une interposition de personnes ne sauverait pas de la nullité les actes qui en sont frappés.

107. Quand une nullité est prononcée, il y a lieu au rapport de ce qui a été livré ou payé en vertu de l'acte annulé. Quelle est l'étendue de l'obligation de rapport?

Les intérêts ou les fruits des choses rapportées sont dus du jour de l'acte annulé et non pas seulement du jour de la demande, car le simple possesseur ne fait les fruits siens que dans le cas où il possède de bonne foi (C. Nap., art. 549). Or, c'est parce que la mauvaise foi est présumée qu'il y a lieu au rapport, le créancier doit donc restituer les intérêts à partir du jour du paiement (C. Nap., art. 1378), sans quoi sa position serait meilleure que celle des autres créanciers (Esnault, t. 1, n° 228; rejet, 2 juillet 1834; Dall., *Faill.*, n° 309; C. de Nancy, 11 juin 1840; *ibid.*, n° 322).

Toutefois le créancier a droit de retenir le prix des impenses utiles, car, s'il ne doit pas s'enrichir aux dépens de la masse, l'équité ne permet pas que la masse s'enrichisse à ses dépens. *Ei qui indebitum repetit et fructus et partus restitui debet deducta impensa*, dit la loi romaine (*Fr.* 65, § 5, *De condict. indeb.*, 12, 4). Si un acte à titre onéreux est annulé, la masse est tenue de rembourser au bénéficiaire tout ce qu'il a payé; s'il s'agit d'un paiement, le créancier au préjudice duquel l'annulation est prononcée reste chirographaire, en supposant sa dette sérieuse.

Ceux qui sont tenus au rapport ne peuvent y être soumis solidairement, car la solidarité ne se présume pas, il faut qu'elle ait été expressément stipulée ou qu'elle résulte d'une disposition de la loi (C. Nap., art. 1202).

Or, on ne peut invoquer l'art. 55 du Code pénal, car ceux qui sont condamnés n'ont en général commis ni crime ni délit, et nous ne voyons point d'autre texte qui puisse servir d'appui à la solidarité (Esnault, t. 1, 231).

108. Quel est le tribunal compétent pour connaître de l'action en nullité intentée en vertu des art. 446, 447 et 448 ? Il faut distinguer. L'action est-elle dirigée contre un acte commercial de sa nature ou à raison de la qualité des contractants, elle doit être portée devant le tribunal consulaire; si l'action est au contraire engagée pour obtenir la révocation d'un engagement civil, c'est au juge civil qu'il faudra s'adresser (Orillard, *De la compétence et de la procédure des tribunaux de commerce*, n° 516). Ce n'est pas la faillite qui détermine la compétence, c'est la qualité des contrats (Boulay-Paty et Boileux, t. 1, n° 225). Comment n'en serait-il pas ainsi, lorsque la faillite n'apporte aucune novation dans les titres des créanciers du failli, comme le fait observer Orillard (n° 508). Il n'y a point, croyons-nous, à cet égard à distinguer entre les questions relatives à l'existence d'une créance et au privilége dont elle peut être accompagnée, comme le fait un arrêt de la Cour de Poitiers du 2 avril 1830. Cet arrêt juge qu'en matière de vérification de créances, les contestations qui n'avaient pour objet que l'existence ou la non-existence d'une créance, la question de savoir si elle était ou non hypothécaire, ne pouvait plus être décidée que par les juges civils (Dall., v° *Faill.*, n° 1311).

Cette doctrine aurait l'inconvénient de déférer à deux juridictions différentes le jugement d'une contestation que pourrait soulever une créance; il est plus rationnel de déférer au juge civil la connaissance de tout procès relatif à une obligation civile et de réserver au juge-consul le jugement des différends résultant seulement d'engagements de commerce (Orillard, n° 508). On doit d'autant moins hésiter à admettre cette distinction que les art. 500 et 512 du Code de commerce l'autorisent, et qu'il résulte déjà de la discussion au conseil d'Etat sur l'art. 458 du Code de 1807, que les contestations que la faillite peut faire naître ne doivent être portées au tribunal de commerce qu'autant qu'elles ont pour objet des affaires commerciales. C'est l'observation de M. Treilhard (Locré, t. 19, p. 223). L'art. 635 porte : « Les tribunaux de commerce connaîtront de tout ce qui concerne les faillites. » S'il s'arrêtait là, les actions en nullité, intentées en vertu des art. 446, 447 et 448, seraient de la compétence des tribunaux de commerce; mais l'article ajoute: conformément à ce qui est prescrit au livre 3ᵉ du présent Code ; or, en parcourant le livre 3, nous trouvons que toutes les fois que le législateur a voulu que la faillite servît de fondement à la compétence, il l'a dit (Nouguier, *Des tribunaux de commerce*, t. 2, p. 296 à 302). Si ces tribunaux devaient connaître de toutes les contestations concernant les faillites, on ne comprendrait pas le sens du renvoi au livre 3ᵉ; il faut dire que, quand il s'agit d'intenter une action en nullité, la nature de l'acte à annuler détermine la compétence (Voy. Nouguier, t. 2, p. 303 et 304).

CHAPITRE II.

Des avantages stipulés par un créancier à raison de son vote dans les délibérations de la faillite, soit avec le failli, soit avec un tiers, et des avantages particuliers et secrets consentis par le débiteur ou des tiers à la charge de l'actif.

109. Les nullités dont nous nous sommes occupé dans le chapitre précédent sont établies dans l'intérêt de la masse des créanciers, un intérêt d'un ordre plus élevé a dicté celles dont l'examen fera l'objet de ce chapitre. L'art. 597, placé sous la rubrique des crimes et des délits commis dans les faillites par d'autres que par les faillis, est ainsi conçu : « Le créancier qui aura stipulé, soit avec le failli, soit avec toute autre personne, des avantages particuliers à raison de son vote dans les délibérations de la faillite, ou qui aura fait un traité particulier duquel résulterait en sa faveur un avantage à la charge de l'actif du failli sera puni...» L'art. 598 ajoute : « Les conventions seront en outre déclarées nulles à l'égard de toutes personnes et même à l'égard du failli, le créancier sera tenu de rapporter à qui de droit les sommes ou valeurs qu'il aura reçues en vertu des conventions annulées. »

110. La première question que nous suggèrent ces articles est celle de savoir si la nullité qu'ils prononcent s'applique lors même qu'à l'époque du traité il n'existait point de jugement déclaratif?

Si l'on pèse attentivement les termes de l'art. 597, on voit qu'il prévoit un double délit : il punit d'abord le créancier qui aura stipulé des avantages particuliers à raison de son vote dans les délibérations de la faillite, ce qui suppose une faillite déclarée par le tribunal de commerce; l'article punit encore celui qui aura fait un traité particulier duquel résulterait en sa faveur un avantage à la charge de l'actif du failli. Cette seconde partie peut s'appliquer alors même qu'un jugement du tribunal de commerce n'a point déclaré la faillite; c'est en effet la cessation des paiements qui la constitue (C. de comm., art. 437). Cet état est indépendant du jugement, qui le déclare et ne le crée pas (voy. n° 4). « A la vérité, comme le dit la Cour d'Aix, dans son arrêt du 5 mai 1845 (D. P. 45, 2, 136), suivi d'un arrêt de rejet du 3 avril 1846 (D. P. 46, 1, 163), à la vérité, dans le cas où il n'a pas été rendu de jugement déclaratif de faillite, le premier délit prévu par l'art. 597, et qui dérive des avantages particuliers stipulés au profit d'un créancier à raison de son vote dans les délibérations de la faillite, ne saurait exister; mais l'absence de jugement déclaratif serait sans influence sur le second délit que prévoit le même article et qui existe toutes les fois qu'un créancier a fait avec le failli ou avec un tiers un traité particulier duquel résulte en faveur de ce créancier un avantage à la charge de l'actif de ce failli. » Il n'est donc pas nécessaire qu'il y ait dans ce cas un jugement déclaratif, mais il faut au moins que le jugement qui annule la convention attaquée constate qu'au moment de sa passation, il y avait cessation de paiements, car cette cessation seule constitue la faillite, et elle ne résulte point *ipso jure* de la passation d'un contrat d'atermoiement (C. d'Aix, 5 mai 1845; D. P. 45, 2, 136; rejet, 3 avril 1846; D. P. 46, 1, 163; C. de Paris, 24 avril 1850; D. P. 50, 5, 223).

On objecterait en vain qu'aux termes de l'art. 1134 du Code Napoléon, les conventions légalement formées tiennent lieu de loi à ceux qui les ont faites ; que le failli n'étant pas dessaisi par un jugement déclaratif, il pouvait faire avec ses créanciers ou quelques-uns d'entre eux un arrangement quelconque, subordonné à telles conditions qu'il plairait aux parties; que dans l'arrangement amiable la majorité ne lie point la minorité, comme dans le concordat. Nous répondons: D'abord, l'art. 597 ne prononce pas le mot concordat; en second lieu, il est vrai que je puis dans un acte d'atermoiement mettre à mon consentement telles conditions que bon me semble, mais il faut qu'elles soient connues des autres créanciers, il ne faut pas que je les trompe en paraissant consentir une remise qu'en réalité je ne subis pas ; les autres n'auraient peut-être pas traité s'ils avaient su qu'un paiement fait sous main épuiserait les ressources sur lesquelles ils fondaient leurs espérances. Si je fais avec le failli ou avec un tiers un traité particulier, un traité secret dont il résulte pour moi un avantage à la charge, l'art. 597 ne dit pas de la masse, mais de l'actif du failli, je suis sous le coup des art. 597 et 598, sans qu'il soit besoin qu'un jugement du tribunal de commerce ait organisé le régime de faillite; mais, comme nous l'avons dit, il faut que le jugement qui prononce l'annulation constate qu'à l'époque de la convention le débiteur était en état de faillite. On ne saurait induire cet état du jugement, il faut qu'il le constate expressément. Si la convention attaquée était antérieure à l'époque où le jugement placerait la faillite, elle ne pourrait être annulée en vertu des art. 597 et 598 (Rejet, 20 juin 1849 ; D. P. 50, 1, 83).

111. Il ne s'agit plus dans notre article d'une nullité relative, ce n'est plus l'intérêt des créanciers qui a surtout préoccupé le législateur; il a vu un délit à punir, l'ordre public à venger; toute personne, même le failli, peut donc invoquer cette nullité. Pour être plus sûre d'atteindre les coupables, la loi a dérogé à la maxime : *Nemo auditur turpitudinem suam allegans.* «Le meilleur moyen de faire cesser le fléau des arrangements particuliers n'est-il pas de leur ôter toute garantie et de ne laisser pour celui qui les a exigés aucune précaution possible de sécurité» (*Rapp.* de M. Renouard à la chamb. des députés du 16 janvier 1835; M. Thieriet, p. 153).

Quelle que soit la généralité de ces expressions *seront déclarées nulles à l'égard de toutes personnes*, il nous semble qu'elles ne sauraient s'appliquer à celles qui n'ont point participé à la fraude, ni au tiers porteur de bonne foi qui a fourni la valeur des effets de commerce dont il ignorait la cause illicite (C. de Paris, 14 février 1844; Dalloz, *Faill.*, nᵒ 1522). « En rapprochant, dit cet auteur, l'art. 598 du précédent, on voit que la loi n'a prononcé la nullité qu'en faveur, soit du failli, soit de toutes autres personnes qui se seraient engagées avec lui ou pour lui, et seulement contre le créancier qui a stipulé» (*Ibid.*, 1523). Le dol ne se présume pas, il doit être prouvé (C. Nap., art. 1116). Dans le cas d'un tiers porteur de bonne foi, on pourrait encore appuyer cette doctrine de l'art. 449 du Code de commerce.

112. Notre article ne se borne pas à annuler les conventions faites avec le failli; il englobe dans la même nullité les actes faits avec un tiers, pourvu que l'avantage qui en résulte en faveur du créancier stipulant soit à la charge de l'actif. La cession d'une créance par l'un des créanciers du failli à un autre créancier, moyennant une somme supérieure au dividende fixé ensuite par le concordat, ne pouvant avoir pour résultat de grever l'actif du failli, ne tomberait pas sous le coup de notre article (Rejet., 13 février 1855; D. P. 55, 1, 339). Mais le cautionnement qui garantirait une telle convention serait nul, car la caution conserverait un recours contre le failli (C. Nap., art. 2028). C'est ce que la chambre civile a jugé par deux arrêts de rejet en date du 4 juillet 1854 (D. P. 54, 1, 403). Le législateur considère comme étant à la charge de l'actif tout ce qui impose au failli un paiement en dehors des prévisions du concordat ou de l'acte d'atermoiement (Bédarride, n° 1285; C. de Douai, 3 avril 1843; Sir., 43, 2, 449). Toutefois le cautionnement ne serait pas nul s'il n'avait été donné que dans la vue de prévenir la cessation des paiements et non après cette cessation (Cass., 17 avril 1849; D. P. 49, 1, 216).

113. Peu importe que la date de l'engagement soit antérieure où postérieure au concordat, nous ne saurions admettre sous ce rapport la décision de la Cour de Bordeaux du 24 août 1849 (D. P. 50, 2, 102). En effet, quelle que soit la date de l'engagement, il en résulte toujours un avantage à la charge de la masse (Dall., *Faill.*, n° 1511). Ainsi celui qui, postérieurement au concordat, se fait consentir un avantage particulier pour renoncer à son opposition au concordat ou à sa plainte en banqueroute, se trouve soumis aux art. 597 et 598 (Ch. crim., 4 février 1843; Dall., *Faill.*, n° 1513); il n'y a pas non plus lieu de distinguer si les titres d'un créancier sont antérieurs ou postérieurs à un engagement

pour lui permettre de l'attaquer en vertu de l'art. 597 (Rejet., 4 juillet 1854; D. P. 54, 1, 403).

114. La nullité qui nous occupe est absolue et d'ordre public; elle peut être prononcée nonobstant l'exécution des conventions, car le créancier sera tenu de rapporter à qui de droit la somme ou valeur qu'il aura reçue en vertu des conventions annulées (art. 598); «à qui de droit, c'est-à-dire au failli, si, ayant obtenu un concordat, il a fait ce sacrifice sur l'actif de la masse ou à l'aide de ressources particulières, et cette somme alors servira à remplir les obligations du concordat; à l'union, si les avantages proviennent du failli; aux parents ou amis qui auront fourni les deniers, s'il s'agit de sommes données pour le prix d'un vote dans la délibération de la faillite» (*Rapp.* de M. Renouard à la chamb. des députés de 1835; M. Thieriet, p. 153). Bien que l'art. 598 du Code n'ait pas reproduit la disposition du projet de 1835 (M. Thieriet, p. 70), le créancier qui poursuit à ses frais l'annulation d'une pareille convention faisant l'affaire de la masse, peut obtenir des dommages-intérêts, conformément au droit commun (Renouard, sur l'art. 598).

115. Une dernière question nous reste à examiner : quel est le délai de la prescription de l'action en nullité?

L'art. 1304 du Code Napoléon fixe à dix ans le délai de la prescription des actions en nullité ou en rescision des conventions, lorsqu'une loi spéciale ne le limite pas à une durée moindre. Or, dit-on dans notre hypothèse, cette loi spéciale existe, c'est la disposition de l'art. 638 du Code d'instruction criminelle; il s'agit d'un délit, la prescription est donc de trois ans (Bédarride, nº 1298;

Boulay-Paty et Boileux, t. 2, nº 1155). Nous ne saurions adopter cette opinion dans sa généralité ; sans doute, comme le dit l'art. 637 du Code d'instruction criminelle, l'action civile se prescrit par le même laps de temps que l'action criminelle. Pour expliquer cette disposition, il ne faut pas oublier qu'elle fait partie du Code d'instruction criminelle; par conséquent, dire l'action civile est prescrite, c'est dire, quand l'action criminelle est éteinte par la prescription, la juridiction criminelle ne peut plus connaître de l'action civile, cette juridiction n'en étant saisie qu'accessoirement (Cass., 9 mai 1812; Dall., *Chose jugée*, nº 433; Crim. rej., 6 août 1818; Dall., *Instruction crim.*, nº 141). Si l'action publique est éteinte, l'action civile ne peut être suivie isolément devant la juridiction criminelle (Ch. crim., 10 juin 1826; Dall., *Cass.*, nº 423). C'est à tort que, pour écarter l'art. 1304 du Code Napoléon, on invoque l'art. 638 du Code d'instruction criminelle; ce dernier ne s'occupe que de l'action publique et laisse l'action civile sous l'empire du Droit civil. Cela est si vrai que l'acquittement du prévenu ou de l'accusé n'empêche pas de réclamer par la voie civile des dommages-intérêts à raison de faits qui ne seraient point jugés suffisants pour donner lieu à une condamnation (C. d'instr., art. 191 et 212). Or, dans notre hypothèse, le failli ou les créanciers qui réclament la nullité de la convention ne prétendent aucunement faire prononcer une peine contre celui qui leur a causé préjudice ; leur action est donc réglée, quant à sa durée, par l'art. 1304 du Code Napoléon (Dall., *Faill.*, nº 1526). En effet, l'action civile n'est point intentée parce qu'il y a crime ou délit, mais parce qu'il y a fait dommageable, et dans l'espèce ce fait est une convention, l'action doit donc durer dix ans; il y a paiement de l'indû (C. Nap., art. 1376), ce qui suffit pour donner à l'action le caractère civil et ne la soumettre qu'aux prescriptions édictées par le Code Napoléon. L'action introduite par la voie civile est indépendante du délit; elle a pour fondement l'obligation que la loi impose à tout créancier de ne rien recevoir d'un failli au détriment des autres créanciers en dehors du concordat (Cass., 28 août 1855, *Droit* du 29 octobre 1855). On applique la maxime : *Quæ temporalia sunt ad agendum perpetua sunt ad excipiendum* (Bédarride, n° 1289).

CHAPITRE III.

Des restrictions apportées aux droits de l'épouse du commerçant failli.

116. Nous avons vu que la faillite exerce une influence décisive sur certains actes du failli, lors même que ces actes ont une date antérieure à la cessation des paiements. Le législateur a donné à cet état une rétroactivité bien plus étendue, il n'a pas craint de porter la main sur un contrat qu'il avait lui-même déclaré immuable (C. Nap., art. 1395), de restreindre, dans l'intérêt des créanciers du failli, les droits que son épouse tenait du Code Napoléon. Ces restrictions sont formulées dans les art. 557 à 564 du Code de commerce. On a pensé, avec raison, que c'était le seul moyen d'empêcher des fraudes trop fréquentes, de garantir des droits plus sacrés encore que ceux auxquels le droit commun accorde une protection si efficace. Le Code de 1807 entra le premier dans cette voie. A la séance du

conseil d'Etat du 28 juillet 1807, l'Empereur disait :
« Il serait à désirer aussi que dans tous les cas la femme
partageât le malheur de son mari. Dans une communauté de biens et de maux, telle qu'est le mariage, il
est inconcevable que le désastre du mari ne retombe
pas d'abord sur sa famille, et que sa femme ne sacrifie
pas tout ce qu'elle possède pour prévenir, ou du moins
adoucir, les torts d'une personne avec laquelle elle est
si étroitement unie » (Locré, *Législ.*, t. 19, p. 481). Les
observations du Tribunat, contraires à la sévérité de
Napoléon, modifièrent le système trop absolu peut-être
qu'il proposait. Quoi qu'il en soit, M. Locré, (*Esprit du
Code de commerce*, sur l'art. 445), constate que personne au conseil n'a soutenu que la femme du failli dût
exercer toutes les reprises accordées aux autres femmes
(t. 7, p. 106). La loi nouvelle a encore adouci les dispositions du Code de 1807 sur les droits des femmes.

117. Avant d'entrer dans les détails, faisons observer
que la femme du commerçant failli est la seule que le
législateur suspecte; l'épouse du commerçant non failli
peut toujours invoquer le droit commun, cela résulte
des premières expressions de l'art. 557 : *en cas de
faillite du mari*, et de la place de notre section au livre
des faillites; de plus, l'art. 564 enlève à la femme toute
action *dans la faillite* (Esnault, t. 3, n° 593).

N'oublions pas qu'aux termes de l'art. 437, tout commerçant qui cesse ses paiements est en état de faillite;
il ne faut pas que la faillite soit déclarée par un tribunal de commerce, il suffit que le tribunal qui veut en
appliquer les conséquences à un litige dont il est compétemment saisi, constate l'existence de la cessation des
paiements (Rej., 13 nov. 1838; Dall., *Faill.*, n° 119;

C. de Grenoble, 28 août 1847 ; D. P. 48, 2, 137). C'est en effet la cessation des paiements qui place la femme hors du droit commun, la faillite est indépendante de la forme sous laquelle ce fait se produit plus tard au jour, le jugement déclaratif n'est qu'une formalité que la femme elle-même peut désirer d'éviter, ce qui ne pourrait jamais se faire si cette formalité était nécessaire pour assurer au créancier le bénéfice des dispositions que nous discutons (Bédarride, n° 994 ; Esnault, t. 3, n° 594 ; Renouard, t. 2, p. 325).

La solution devrait être différente s'il s'agissait d'invoquer l'état de faillite après le décès du failli ; dans ce cas, l'on ne pourrait s'en prévaloir si l'on n'avait provoqué la déclaration dans l'année. Il y a ici deux ordres de tiers dont la loi a voulu sauvegarder les intérêts, les créanciers de l'héritier et ceux du failli. Nous ne pouvons donc qu'approuver le dispositif d'un arrêt de la Cour de Grenoble du 15 février 1845, mais nous regrettons que, par la généralité de ses motifs, cette décision semble exiger dans tous les cas un jugement déclaratif (D. P. 45, 4, 272). Si le fait de la faillite constatée suffit pour rendre notre section applicable, il faut que cet état existe, des poursuites en expropriation ne suffiraient pas à elles seules et toujours pour soumettre la femme du commerçant aux règles exceptionnelles du Code de commerce (Cass., 28 déc. 1840 ; Dall., *Faill.*, n° 1185).

D'un autre côté, la femme du failli concordataire y est sujette même après l'homologation du concordat, car la réhabilitation seule efface complétement la faillite (C. de comm., art. 604 ; Renouard, t. 2, p. 325 ; C. de Nîmes, 4 mars 1828 ; Dall., v° *Faill.*, n° 1084).

118. La règle générale qui domine cette section est une exception au droit commun, elle est écrite dans l'art 559 qui présume propriété du mari les biens acquis par la femme du failli; les exceptions à cette règle sont un retour au droit commun, la loi les fait résulter, soit du régime et des conventions sous lesquels le mariage a été contracté, soit de la preuve administrée par la femme.

L'art. 559, reproduction de l'ancien art. 547, est ainsi conçu : «Sous quelque régime qu'ait été formé le contrat de mariage, hors le cas prévu par l'article précédent, la présomption légale est que les biens acquis par la femme du failli appartiennent à son mari, ont été payés de ses deniers et doivent être réunis à la masse de son actif, sauf à la femme à fournir la preuve du contraire. » Une présomption analogue existait en Droit romain en matière de donations entre époux (*Fr.* 51, *De donat. inter vir. et ux.*, 24, 1; disc. du tribun Tarrible au Corps législ., séance du 12 sept. 1807; Locré, t. 19, p. 597).

La présomption n'est que *juris tantum*, la loi admettant la femme à faire la preuve contraire. Les auteurs ne sont point d'accord sur le mode de preuve admissible; suivant les uns, il faudrait une preuve authentique; selon d'autres, et cet avis nous paraît devoir être admis, l'art. 559 s'en référerait au droit commun pour le mode de preuve.

Dans le premier sens, la Cour de Nancy a dit dans son arrêt du 17 janvier 1846 : «Pour déterminer le sens légal de ces mots *preuve contraire*, employés dans l'art. 559, il faut coordonner son contenu non-seulement avec l'art. 558 qui le précède, mais encore avec l'ensemble des dispositions du Code de commerce relatives aux droits des femmes en matière de faillite. La facilité qu'ont les époux commerçants de tromper leurs créanciers en simulant à l'avance des reprises fictives ou des revendications frauduleuses, a fait admettre en règle générale que, lorsque le mari fait faillite, les réclamations de la femme ne peuvent être accueillies qu'autant qu'elles sont accompagnées de la preuve par titre légal de l'origine des deniers et de la désignation du remploi fait au moment de la passation de l'acte. Ces conditions de rigueur ayant été exigées par l'art. 558 pour les acquisitions faites par la femme avec les deniers lui provenant de donations ou successions à elle propres, il y a raison identique et motif plus puissant encore d'appliquer la même règle aux acquisitions faites par la femme dans le cas prévu par l'art. 559. En effet, la présomption que les biens acquis par la femme du failli ont été payés des deniers du mari est la même pour les cas prévus par ces deux articles ; ainsi, il y a entre eux corrélation intime, et par conséquent la nature des preuves exigées dans l'art. 558 pour justifier la revendication de la femme du failli, doit déterminer le véritable sens des mots, *sauf la preuve du contraire*, employés dans l'art. 559 (D. P. 46, 2, 69). L'opinion dont l'arrêt que nous reproduisons renferme le résumé substantiel, a été adoptée par divers auteurs (Esnault, t. 3, n° 585 ; Bédarride, n° 1006 ; Boulay-Paty et Boileux, t. 2, n° 903). On ne peut citer comme conforme un arrêt de la Cour de cassation du 18 janvier 1844, indiqué par Dalloz en note de la décision précitée : cet arrêt est rendu par application des art. 545 et 546 du Code de 1807, qui tous deux exigent un titre authentique pour les cas qu'ils prévoient (Dall., *Contrat de mariage*, n° 1419). «Chaque fois, dit Esnault, que le Code de commerce demande à la femme une justification sans en désigner l'espèce ou la nature, c'est qu'il entend s'en référer au mode spécial de preuve qu'il a institué pour gouverner les prétentions de celle-ci pendant le cours de la faillite; car on ne saurait raisonnablement alors lui attribuer d'autres pensées que celle d'éviter des répétitions. » Nous ne pouvons admettre la solution proposée; en effet, l'art. 559, en omettant de spécifier le genre de preuve admis par la loi, s'en est implicitement, mais nécessairement rapporté au droit commun; la règle générale qu'invoquent et l'arrêt cité et les auteurs que nous combattons n'est écrite nulle part.»

«La femme, dit l'art. 558, reprendra pareillement les immeubles acquis par elle et en son nom des deniers provenant desdites successions et donations, pourvu que la déclaration d'emploi soit expressément stipulée au contrat d'acquisition, et que l'origine des deniers soit constatée par inventaire ou par tout autre acte authentique. » Si la règle générale qu'on nous oppose existait, on ne verrait pas pourquoi la loi se serait occupée du cas spécial réglementé par l'art. 558, cet article deviendrait inutile, on ne comprendrait pas son but.

Maintenant est-il donc vrai, comme l'affirment les adversaires, qu'il y ait motif plus puissant de déroger au droit commun dans le cas prévu par l'art. 559 que dans celui de l'article précédent? Nous ne le pensons pas; mais, quand cela serait, il n'y aurait point là une raison de modifier notre opinion, car ce que le législateur aurait pu et peut-être dû faire, il ne l'aurait pas fait, et dès lors, en matière exceptionnelle, ce ne serait pas à l'interprète à suppléer à son silence; la première des obligations de l'interprète c'est de ne pas refaire la loi d'après ses idées particulières, de ne pas la lire telle qu'il croit qu'elle devrait être, mais de l'accepter telle que le législateur a cru devoir nous la donner.

Nous ajoutons qu'il n'y avait pas même motif de déroger au droit commun dans les cas prévus par l'art. 559 que dans ceux qui font l'objet des art. 558 et 560. L'art. 560 devait en effet déroger au deuxième alinéa de l'art. 1504 du Code Napoléon, qui permet à la femme ou à ses héritiers de faire, même par commune renommée, preuve de la consistance du mobilier exclu de la communauté et non inventorié; la loi commerciale (art. 560) interdit ce mode de preuve et veut qu'en tous les cas on se conforme au premier alinéa de l'art. 1504. Une donation doit être faite par acte notarié, le partage d'une succession se fait communément dans la même forme; l'art. 558, en demandant que l'origine des deniers soit en ce cas constatée par acte authentique, n'exige donc rien d'insolite, ni surtout rien d'impossible. Il n'en serait pas de même en supposant la nécessité de l'acte authentique pour tous les cas. «Si, dit Cambacérès au conseil d'État (séance du 30 avril 1807), une femme avait, par exemple, gagné à la loterie et que le fait fût bien constaté, il serait injuste de la priver de ce gain» (Locré, t. 19, p. 310). Sans insister sur cet exemple, nous supposons, et le cas se présentera plus fréquemment, qu'une femme mariée sous un régime qui lui laisse la propriété et l'administration de ses biens fait un commerce séparé de celui de son mari; ses opérations prospèrent, avec ses bénéfices elle fait des acquisitions, elle prouve ses bénéfices par son livre d'inventaires, ou bien la source des deniers n'est point contestée, sur quel texte se fonderait-on pour dire : il nous faut un acte authentique constatant l'origine des deniers? Nous n'en voyons pas, nous persistons donc à penser que, hors les cas prévus par les art. 558 et 560, la femme peut faire la preuve que lui impose l'art. 559 par tous les moyens que le droit commun met à sa disposition. Cette opinion est enseignée par MM. Dalloz (*Faill.*, n° 1089), Massé (*Droit commercial*, t. 3, n° 386), Geoffroy (*Code pratique des faillites*, p. 356). On cite aussi Renouard (t. 2, p. 285). Nous n'avons pu retrouver ce passage dans l'édition que nous avons consultée; il est certain, dans tous les cas, que nulle part le savant auteur n'exige un acte authentique, il rentrerait donc dans l'opinion que nous défendons, par son silence au moins. Le peu de développement qu'il donne au commentaire de l'art. 559 prouve d'ailleurs que si la question s'est présentée à son esprit, il ne l'a jugée susceptible d'aucune difficulté. Quoique énoncée sans motifs, l'opinion de M. Geoffroy, favorable aux adversaires de la masse, doit avoir d'autant plus de poids dans la question que l'auteur a longtemps exercé les fonctions de syndic. La femme mariée, n'ayant pas d'autre domicile que son mari (C. Nap., art. 108), n'a point la possession légale des objets mobiliers trouvés à sa résidence, elle ne saurait donc invoquer la maxime qu'en fait de meubles possession vaut titre, pour se soustraire à la preuve que lui impose la loi (C. de Metz, 3 octobre 1855; *Droit* du 8 février 1856).

119. Entrons dans le détail des questions particu-

lières que font naître les dispositions que nous examinons. « On peut, dit Boileux (t. 2, n° 904), considérer
la position de la femme sous quatre rapports, quant à
ses immeubles propres, quant à son mobilier, quant à
ses droits hypothécaires et quant aux avantages que
son mari lui a faits, soit par contract de mariage, soit
pendant le mariage. »

120. L'art. 557 porte : « En cas de faillite du mari, la
femme, dont les apports en immeubles ne se trouve-
raient pas mis en communauté, reprendra en nature
lesdits immeubles et ceux qui lui seront survenus par
succession ou par donation entre-vifs ou testamentaire. » Cet article reproduit, sauf une rédaction plus
précise, l'ancien art. 545. La section du conseil d'État
voulait réduire les reprises de l'art. 545 aux biens advenus par succession *ab intestat* ou donnés par des parents, le projet portait en conséquence, par succession, donation entre-vifs ou pour cause de mort *tant
en ligne directe que collatérale* (Locré, *Esprit du Code
de commerce*, t. 7, p. 107). A la séance du 30 avril
1807, M. Siméon demandait que l'article fût étendu
aux dispositions faites par des étrangers, il sait qu'on a
craint les donations frauduleuses qui, par l'interposition
des personnes, peuvent être faites au mari en la personne de la femme ; mais le dol est exceptif de toutes
les règles. M. Cambacérès demanda qu'on étendît l'article aux successions testamentaires. Ce double résultat
fut atteint par la suppression des mots *tant en ligne
directe que collatérale* (Locré, *Législ.*, t. 19, p. 309).
Les mots donations entre-vifs et testamentaires de
l'art. 557 embrassent toutes les dispositions à titre gratuit, y compris les institutions contractuelles ; l'article

a simplement voulu indiquer qu'il s'appliquait à toute espèce de libéralités, peu importe qu'elles eussent leur effet avant ou après le décès du disposant. Les mots donations entre-vifs ou testamentaires n'excluent point les institutions contractuelles, car ce sont des donations aussi dans le sens large du mot (Renouard, sur l'art. 557). Pour que la femme puisse reprendre l'immeuble, il faut qu'il ne soit point mis en communauté (art. 557) par la convention des époux, comme le permet l'art. 1505 du Code Napoléon. C'est l'observation de M. Golbéry (Chamb. des déput. du 5 avril 1838; *Monit.* de 1838, p. 810). En cas d'ameublissement, la femme ne peut user de la faculté que lui donne l'art. 1509 de retenir l'immeuble en le précomptant sur sa part pour le prix qu'il vaut alors. Qu'il s'agisse d'objets tombés en communauté d'après la loi ou d'après la convention, peu importe que la femme se soit réservé de reprendre ses apports francs et quittes, de les reprendre en nature, la convention ne saurait déroger à des règles introduites dans l'intérêt des tiers (Massé, t. 3, n° 385; Bédarride, n° 998). La communauté légale se compose des valeurs déterminées par les art. 1401 à 1408 du Code Napoléon, elle peut être étendue ou restreinte par la convention; tous les immeubles qui y tombent, à quelque titre que ce soit, ne sauraient être soumis aux reprises de la femme.

S'emparant des expressions *mis en communauté*, M. Esnault (t. 1, n° 584) prétend que, comme dans la communauté légale il n'y a pas mise en communauté, la femme ne peut reprendre ses apports immobiliers; nous ne saurions admettre cette doctrine. L'art. 1404 porte en effet : « Les immeubles que les époux possèdent au jour de la célébration du mariage, ou qui leur échoient pendant son cours à titre de succession n'entrent point en communauté. » Ils n'y entrent point parce que les époux ne les y ont pas mis, la communauté légale n'est qu'un contrat de mariage écrit dans la loi, et dont les futurs époux stipulent tacitement toutes les clauses. C'est la doctrine de Dumoulin (53ᵉ conseil), de Pothier (*Communauté*, nº 10), c'est un principe aujourd'hui au-dessus de toute controverse sérieuse; les époux mariés sous la communauté légale sont donc dans les conditions de l'art. 557 du Code de commerce, ils n'ont point mis en communauté des immeubles que l'art. 1404 du Code Napoléon, qui fait partie de leur contrat de mariage, en exclut, donc la femme peut exercer ses reprises sur ces immeubles.

121. Pour que la femme puisse exercer ses reprises, la loi n'exige pas que les immeubles existent encore en nature dans les mains du mari, il suffit qu'ils aient été acquis par elle et en son nom des deniers provenant desdites succession et donation. Il faut: 1º que l'origine des deniers soit constatée par inventaire ou tout autre acte authentique; l'art. 560 exige la preuve authentique pour la reprise d'effets mobiliers échus à la femme par succession et donation; l'art. 558 ne pouvait être moins sévère pour la reprise des immeubles acquis par la femme et en son nom avec ces mêmes deniers. Il exige, en second lieu, que la déclaration d'emploi soit expressément stipulée au contrat d'acquisition.

Reproduction de l'ancien art. 546, la disposition qui nous occupe n'est pas prohibitive du droit d'acheter par mandataire, et ce mandataire peut être le mari ; dans ce cas, l'acceptation du remploi doit être faite conformément à l'art. 1435 du Code Napoléon (Bédarride, n° 1000). Elle serait nulle si elle était intervenue dans les dix jours précédant la faillite.

Les créanciers pourraient la faire tomber dans tous les cas, en prouvant qu'à l'époque où elle a été faite la femme avait connaissance du mauvais état des affaires du mari.

122. Il faut en tous les cas que la déclaration d'emploi soit faite dans l'acte d'acquisition, que ce soit la femme qui achète ou que le mari le fasse comme son mandataire ; sans cette précaution, les biens seraient censés appartenir au mari et avoir été payés de ses deniers (art. 559). L'origine des deniers est suffisamment constatée alors que l'acte d'acquisition établit qu'elle a été faite avec la dot mobilière de la femme et pour lui tenir lieu de remploi, et que la constitution dotale résulte du contrat de mariage. Il n'est pas indispensable que la femme prouve le paiement de la dot par une quittance authentique du mari. En vain on dirait la déclaration portée en l'acte de vente, que le prix a été payé avec des deniers dotaux, non plus que l'énonciation d'une constitution de dot, ne prouve rien quant au point de savoir si le mari a réellement touché la dot, et conséquemment laisse toujours dans le doute l'origine des deniers entre les mains du vendeur. Or, l'art. 558 veut que cette origine soit positivement et authentiquement constatée. Le seul mode d'arriver à une pareille constatation serait la production d'une quittance authentique. Pour que la dot, dont le contrat de mariage prouve la constitution, ait servi à solder

une acquisition (comme l'énonce l'acte de vente), il faut que le mari l'ait touchée antérieurement à cette acquisition (Rejet, 8 janv. 1844; Dall., *Contrat de mariage*, nº 1419; Massé, t. 3, nº 386). A plus forte raison, la présentation d'une quittance est-elle inutile, lorsque le contrat de mariage porte que la célébration vaudra quittance; cette clause, très-usitée dans quelques départements, n'est contraire ni aux bonnes mœurs, ni aux dispositions des art. 1388 et suivants du Code Napoléon. La célébration du mariage devant, d'après la stipulation, tenir lieu de quittance, elle prouve le paiement d'après la convention du contrat de mariage, tout aussi bien qu'une quittance (Rejet, 19 janv. 1836; Dall., *Faill.*, nº 1091). M. de Saint-Nexent (nº 389), critique cette décision comme facilitant les moyens de fraude; mais il est aussi facile de mentir dans une quittance que dans un contrat de mariage. Les créanciers pourront dans tous les cas prouver la fraude.

Si le mariage a duré dix ans, depuis l'échéance des termes pris pour le paiement de la dot, la femme n'est plus tenue de présenter une quittance du mari pour exercer ses reprises à l'encontre de la masse (C. Nap., art. 1569); car les expressions de l'art. 1569, *après la dissolution du mariage*, sont purement énonciatives, l'article s'applique à tous les cas où il y a lieu à restitution de la dot (Zachariæ, t. 3, § 540, note 22).

Toutefois la femme ne pourrait plus invoquer la présomption de l'art. 1569 si les dix ans ne s'étaient écoulés que depuis la séparation de biens prononcée à son profit; nous disons la séparation de biens et non la faillite, puisque c'est depuis la séparation de biens seulement que le mari ne peut plus exercer par lui-même ou par ses syndics les actions de la femme (C. de Rouen, 9 mai 1840 ; Dall., *Cont. de mariage*, n° 4179). On devrait peut-être aller plus loin, et soutenir avec Esnault, t. 3, n° 586 *bis*, que du moment où la faillite a donné à la femme le droit de veiller à la conservation de ses intérêts, en provoquant une séparation de biens (C. Nap., art. 1443 et 1563), le fait qui sert de base à l'art. 1569, l'impuissance de la femme à agir par elle-même, se trouvant modifié, cette dernière ne peut plus invoquer cet article.

123. L'action en reprises résultant des dispositions des art. 557 et 558 ne sera exercée par la femme qu'à charge des dettes et hypothèques dont les biens sont légalement grevés, soit que la femme s'y soit obligée volontairement, soit qu'elle y ait été condamnée. C'est le texte de l'art. 561 correspondant à l'art. 548 du Code de 1807 ; l'addition du mot légalement à l'ancienne rédaction prouve que la loi ne porte point atteinte à l'inaliénabilité de la dot (C. Nap., art. 1560). Les biens ne demeurent affectés qu'aux dettes dont ils sont légalement grevés, ce qui suppose que la femme a pu emprunter et que ses biens étaient aliénables (Boulay-Paty et Boileux, t. 2, n° 907 ; Bédarride, n° 1018).

L'article que nous expliquons suppose que les dettes ont été contractées dans l'intérêt du mari ; les dettes contractées par la femme solidairement avec son mari sont présumées contractées dans l'intérêt de celui-ci ; la femme en ce cas n'est que simple caution et doit être indemnisée (C. Nap., art. 1431). Si la femme seule avait profité des dettes contractées, et, à plus forte raison, si le mari n'était intervenu que comme autorisant sa femme, celle-ci n'aurait point de recours contre la masse. Mais elle conserve toujours son recours contre son mari pour les dettes, même hypothécaires, qu'elle a contractées pour lui, c'est ce qui résulte avec évidence de l'art. 563, 3°, qui réserve une hypothèque légale à la femme pour indemnité des dettes par elle contractées pour son mari. Ce n'est pas sous ce rapport que l'art. 561, ancien art. 548, déroge à l'art. 1494 du Code Napoléon, comme l'a cru M. Parant à la séance de la chambre des députés du 23 février 1835 (*Monit.* de 1835, p. 405). La femme ne saurait, pour repousser l'application de l'art. 461, prétendre que la dette pour laquelle ses immeubles propres ont été légalement grevés était une dette de communauté dont elle doit être déchargée par suite de sa renonciation à la communauté ou de la séparation de biens qu'elle a demandée, c'est la dérogation signalée par Locré (*Esprit du C. de comm.*, t. 5, p. 117) quand il dit, sur l'art. 548, « pour compléter le système et fermer toute issue à la fraude, il est nécessaire de déroger, quant aux femmes des négociants, à l'art. 1494 du Code Napoléon. L'art. 563, 3°, prouve aussi que l'art. 561 n'est fait que pour les créanciers hypothécaires ou privilégiés, et que les chirographaires ne peuvent l'invoquer.

124. Nous avons vu le Code de 1807 conforme à la loi actuelle pour les reprises immobilières de la femme; pour les reprises mobilières, la loi nouvelle a introduit des modifications au Code de 1807. La rédaction primitive de ce Code excluait toutes reprises mobilières, elle se bornait au premier alinéa de l'art. 554; à la séance du 23 mai 1807, on adopta le deuxième alinéa de cet article (Locré, *Législ.*, t. 19, p. 399, et *Esprit du C. de*

comm., t. 7, p. 161). Le 30 avril 1807, le conseiller d'état Siméon disait qu'on doit également laisser à la femme les biens meubles de l'origine desquels elle justifie. «Pourquoi, ajoutait Corvetto à la même séance, refuser indistinctement à la femme la reprise des biens meubles et des créances mobilières, lorsque leur origine est constatée par des actes authentiques, par des inventaires, par des actes de partage? On ne voit pas par quelle raison de tels actes n'auraient pas à l'égard des biens de cette nature la même force qu'à l'égard des immeubles» (Locré, t. 19, p. 317 et 308).

Le législateur de 1807 a pris un moyen terme entre les deux systèmes, exclusion absolue des reprises mobilières et admission absolue de ces reprises. L'art. 554, 2ᵉ alin., portait: «Toutefois, la femme pourra reprendre les bijoux, diamants et vaisselle qu'elle pourra justifier par état légalement dressé, annexé aux actes, ou par bons et loyaux inventaires lui avoir été donnés par contrat de mariage ou lui être advenus par succession seulement.» On le voit, l'ancien Code ne laissait reprendre les objets qu'il désignait que s'ils avaient été donnés par contrat de mariage ou s'ils étaient advenus par succession. L'art. 560 actuel étend la reprise aux effets qui seraient advenus à la femme par succession, donation entre-vifs ou testamentaire. L'ancien Code se bornait à exiger la preuve de l'apport, aujourd'hui la femme doit prouver en outre l'identité des objets qu'elle est autorisée à reprendre en nature. Le Code de 1807 restreignait les reprises de la femme aux bijoux, diamants, vaisselle; la loi actuelle étend à tous autres effets mobiliers les dispositions que l'ancien Code de commerce avait faites exclusivement pour les objets qui ont le plus de valeur. Ainsi, le législateur a fait de ce qui n'était que l'exception la règle générale (Boulay-Paty et Boileux, t. 2, n° 908, en note).

Après avoir cité le premier alinéa de l'art. 554 du Code de 1807, M. Tripier ajoute dans son *Exposé des motifs* (Chambre des pairs du 28 mars 1835) : « Cette disposition, rigoureuse en apparence, était cependant en harmonie avec les principes du Droit. En effet, quand une femme apporte en mariage des effets mobiliers, ces effets entrent en communauté au moins vis-à-vis des tiers, même lorsque la femme en a fait réserve expresse. C'est ce que suppose l'art. 1503, lorsqu'il décide qu'après la dissolution de mariage la femme n'a que le droit de reprendre la valeur des objets exclus par elle de la communauté. C'était aussi l'opinion de nos meilleurs jurisconsultes, parmi lesquels nous citerons le docte Pothier » (*Communauté*, partie 1re, chap. 3, sect. 2, art. 4, § 1er; *Monit.* de 1835, p. 648).

Quel que soit le parti qu'on prenne sur la question controversée de savoir si l'époux qui a réalisé son mobilier en reste propriétaire *in specie*, ou s'il n'a qu'un droit de créance (voy. Dall., *Cont. de mariage*, nos 2698 et 2743), toujours est-il que l'art. 554 du Code de 1807 n'est pas, comme le dit M. Tripier, conforme à l'art. 1503 du Code Napoléon. Cet article conserve en tous les cas dans l'opinion la moins favorable pour elle un droit de créance à la femme, droit que lui enlèvent également et l'art. 554 du Code ancien et l'art. 560 de la loi actuelle; il y a donc dans ces deux articles dérogation à l'art. 1503 du Code Napoléon. Tous deux interdisent à la femme de reprendre la valeur de son mobilier réalisé, l'art. 554 ancien et l'art. 560 nouveau ne diffèrent qu'en ce point que, d'après l'art. 554, la femme a la faculté de reprendre en nature; tandis que, d'après le nouvel article, et malgré le mot pourra, elle n'a pas simplement la faculté de reprendre en nature, mais les syndics peuvent l'y contraindre, et elle ne peut demander de reprendre la valeur.

Pour être admise à faire la reprise de son mobilier, il faudra, aux termes de l'art. 560, que la femme prouve par acte authentique deux choses : 1° que les objets non entrés en communauté lui sont advenus par contrat de mariage, succession, donation entre-vifs ou testamentaire; 2° que les objets qu'elle réclame sont identiquement les mêmes que ceux qu'elle a apportés ou qui lui sont advenus. A défaut par la femme de faire cette preuve, tous les effets mobiliers, tant à l'usage du mari qu'à celui de la femme, seront acquis aux créanciers.

« D'après le Code de commerce, disait M. Dufaure (Chamb. des députés du 23 fév. 1835; *Monit.* de 1835, p. 403), lorsqu'un mari venait à tomber en faillite, la femme avait le droit de reprendre certains objets mobiliers sur lesquels sa propriété était constatée, ainsi les diamants, les bijoux ou l'argenterie, c'est-à-dire les objets qui ont le plus de valeur; elle n'avait pas le droit de reprendre d'autres effets. Votre commission a trouvé dans cette disposition du Code de commerce une inconséquence, elle a donc étendu aux autres effets mobiliers les dispositions que le Code avait faites pour les diamants, les bijoux ou l'argenterie... Nous avons cru qu'il devait être permis à la femme de reprendre tous les objets qui n'entrent pas dans la communauté. Cette disposition comprend toute sorte de meubles :

1° les meubles apportés sous l'empire du régime dotal et que la femme peut reprendre d'après l'art. 1551 du Code civil ; 2° les meubles qui, sous le régime de la communauté, sont exclus de la communauté et que la femme peut toujours reprendre aux termes de l'art. 1498 du même Code. Eh bien, dans ces cas, puisque les meubles ne deviennent pas communs, puisqu'ils restent la propriété de la femme, pourquoi lui interdire le droit de les reprendre quand son mari vient à tomber en état de faillite ? Il n'y avait qu'une difficulté possible, c'était relativement à l'identité de ces effets mobiliers ; sous le Code civil, la preuve était très-facile ; nous avons voulu qu'en Droit commercial la preuve fût beaucoup plus difficile, et tandis que, d'après le Code civil, la femme pouvait prouver par témoins, et même par commune renommée, l'identité du mobilier qu'elle réclamait (art. 1504), nous avons voulu, à cause de la sécurité due au commerce, qu'elle ne pût prouver sa propriété que par des actes authentiques ou par des *inventaires réguliers*. Vous voyez que nous avons restreint les moyens de preuve permis à la femme, mais nous n'avons pas pu vouloir, lorsqu'il était démontré que la femme était bien propriétaire, que les effets mobiliers lui avaient été constitués, ou qu'ils lui étaient échus par succession ou accordés par donation, nous n'avons pas pu vouloir qu'il fût permis d'accorder aux créanciers la faculté de réclamer des meubles qui n'appartenaient pas à leur débiteur, qui n'étaient pas leur gage..... Respect avant tout au droit de propriété, voilà tout ce que nous réclamons, et quand il est incontestablement démontré, on ne peut y porter aucune atteinte. »

Nous demandons pardon au lecteur de cette trop longue citation; elle renferme un commentaire lumineux de l'art. 560; nous n'y relèverons qu'une seule expression, échappée sans doute à la chaleur de l'improvisation; l'orateur a dit : La femme ne peut prouver sa propriété que par des actes authentiques ou des *inventaires réguliers*, d'où l'on pourrait conclure qu'il suffit d'inventaires réguliers sous seing privé, ce qui serait une erreur; l'article porte : toutes les fois que l'identité en sera prouvée par inventaire ou tout autre acte authentique, il faut donc un inventaire authentique.

125. L'art. 560 ajoute en propres termes : « A défaut, par la femme, de faire cette preuve, tous les effets mobiliers, tant à l'usage du mari qu'à celui de la femme, sous quelque régime qu'ait été contracté le mariage, sont acquis aux créanciers. » L'art. 559 nous en donne la raison; ils appartiennent au failli, ont été payés de ses deniers et doivent être réunis à la masse de son actif; il ne saurait donc être question d'admettre la femme comme chirographaire, quand elle ne fait pas les justifications prescrites. Sur quoi fonderait-on son droit de chirographaire? Elle viendrait réclamer des objets dont elle n'est point propriétaire, le législateur le répète deux fois, puisqu'ils ont été payés des deniers du mari et par conséquent de ceux de la masse. Nous ne voyons donc pas comment il pourrait être souverainement inique de ne pas traiter dans ce cas la femme comme chirographaire. Nous ne pouvons admettre l'opinion enseignée par MM. Esnault (t. 3 , n° 592), Dalloz (*Faillite*, n° 1111), et consacrée par arrêt de la Cour de Douai du 27 mars 1841 (Dall., n° 1111), et de Lyon du 29 avril 1850 (D. P. 52 , 2 , 283). Cette doctrine intro-

duit dans la loi une distinction qu'elle ne fait pas ; ce n'est pas à raison de sa qualité de créancière privilégiée que la femme est tenue à des justifications particulières, c'est parce que le législateur se défie fortement de la sincérité de sa créance, *fraus inter proximos facile præsumitur*. Jamais le législateur n'atteindra toutes les fraudes dont les faillites sont l'occasion, celles surtout qui se trament dans l'intérieur des familles ; il ne faut donc pas énerver les dispositions qu'il a cru propres à les prévenir.

126. C'est dire que nous n'admettons aucun adoucissement à l'art. 560. M. Geoffroy se fonde sur la grande publicité que l'art. 872 du Code de procédure assure aux jugements de séparation de biens, sur le droit qu'ont les créanciers du mari d'y former tierce-opposition pendant un an (Code de proc., art. 873), enfin, sur le droit que leur donne l'art. 66 du Code de commerce de considérer ce jugement comme non avenu, ainsi que tout ce qui s'en est suivi, si la publicité prescrite par l'art. 872 du Code de procédure ne lui a pas été donnée, pour prétendre que si, par exemple, avant la faillite, la femme a fait prononcer la séparation de biens et que le mari lui ait abandonné une partie de son mobilier en paiement de ses droits, il n'y aurait pas lieu pour les syndics d'invoquer notre article ; car, dit l'auteur, si la séparation a été faite en fraude des créanciers du mari, pourquoi ne l'ont-ils pas attaquée dans l'année. Si réellement la liquidation a été faite en prévision de la faillite, qui empêche les syndics de faire remonter la faillite à l'époque même où la liquidation a été faite et de demander la nullité de ces actes, en s'appuyant sur les art. 446 et 447 ? L'auteur prétend encore qu'on ne peut appliquer l'art. 560 à une femme étant de fait séparée de corps et de biens d'avec son mari. En résumé, dit-il, je pense que la rigueur de l'art. 560, qui a été créé à l'encontre de la femme sur une suspicion de fraude, doit être tempéré par les syndics toutes les fois qu'il leur est démontré qu'ils ne peuvent faire application de cet article sans commettre une injustice. C'est-à-dire que les syndics ne doivent faire rentrer les meubles appartenant à la femme dans l'actif de la faillite de son mari qu'autant qu'on peut présumer qu'ils ont été acquis des deniers de celui-ci (Geoffroy, p. 351 à 354). Nous répondons : «La séparation de biens, quoique prononcée en justice, est nulle si elle n'a point été exécutée par le paiement réel des droits et reprises de la femme effectué par acte authentique (C. Nap., art. 1444). Nous n'ignorons pas qu'un arrêt de rejet du 23 août 1825 décide que l'exécution d'un jugement de séparation de biens peut être déclarée valable, même à l'égard d'un créancier du mari, bien qu'elle résulte d'un acte sous seing privé (Sir., 1826, 1, 379). M. Troplong (*Contrat de mariage*, t, 2, nº 1330) avoue que cette décision fait quelque violence à la lettre de l'art. 1444; cependant, ajoute-t-il, quelle injustice n'y aurait-il pas à rendre la femme victime d'un défaut de formalité insignifiant, lorsque tout a été sincère dans sa conduite et dans ses actes! Nous ne saurions penser qu'un acte authentique soit une formalité insignifiante dans une matière où la fraude est si fort à redouter. «Il arrive tous les jours, dit M. Troplong, que les époux font une liquidation amiable des droits de la femme.» Nous le savons, c'est pour qu'elle ne soit pas trop amiable que le législateur a exigé l'intervention d'un officier public dans l'exécution. Aussi, MM. Rodière et Pont (t. 2, n° 844, note 3) ont-ils peine à comprendre l'arrêt précité; l'art. 1444, disent-ils, est en effet on ne peut plus précis. L'art. 560 nous autorise, du reste, à lui seul à exiger l'acte authentique en cas de faillite. La seconde hypothèse posée par M. Geoffroy ne saurait se présenter, puisqu'aux termes de l'art. 1443, toute séparation volontaire est nulle. Ajoutons que les syndics n'ont rien à présumer, puisque la loi présume pour eux.

127. Notre article permet aux syndics, sous l'autorisation du juge-commissaire, de remettre à la femme les habits et linge nécessaires à son usage: cette disposition est conforme aux art. 474 et 530 du Code de commerce. Ces secours peuvent être accordés sans inventaire préalable (art. 469, 1°). Toutefois, dans le cas qui nous occupe, les syndics doivent les inventorier, afin de les faire venir en déduction des reprises de la femme.

128. Nous arrivons aux dettes que la femme a payées pour le mari. La présomption légale, dit l'art. 562, est qu'elle l'a fait des deniers de celui-ci, et elle ne pourra, en conséquence, exercer aucune action dans la faillite, sauf la preuve contraire, comme il est dit à l'art. 559 : « Tous les moyens qu'autorise le droit commun sont donc à la disposition de la femme pour combattre la présomption de l'art. 562. »

L'art. 1431 du Code Napoléon continue à protéger la femme en cas de faillite du mari, elle reste toujours obligée comme simple caution quand elle s'est obligée pour les affaires de la communauté ou du mari; la présomption de l'art. 1431 cède à la preuve contraire que les créanciers peuvent administrer par tous les moyens possibles. Les actes feraient foi contre la femme, si elle y figurait en nom, alors même que la somme comptée à la femme aurait été par elle remise à son mari; il y aurait, en ce cas, deux actes juridiques distincts: prêt par le créancier originaire à la femme et prêt par celle-ci à son mari (Bédarride, nᵒˢ 1021, 1022 et 1024). Si cependant la femme, détruisant la présomption de l'art. 562 (elle peut le faire par toute espèce de preuve), prouvait qu'elle a employé les deniers prêtés au paiement de dettes de son mari, elle aurait une hypothèque légale aux termes de l'art. 563, 3°.

129. La loi commerciale apporte plusieurs restrictions importantes à l'hypothèque légale de la femme en cas de faillite du mari. Le législateur de 1807 eut un moment l'idée de réduire la femme au rang de simple chirographaire ou au moins de ne lui donner hypothèque qu'à dater de l'inscription par elle prise. Grâce aux judicieuses observations du Tribunat (Locré, t. 19, p. 641), on ne s'arrêta pas à ce parti; on laissa à la femme son hypothèque dispensée d'inscription, en la soumettant, en cas de faillite du mari, à des restrictions considérables. De droit commun, l'art. 2135 du Code Napoléon accorde hypothèque légale 2° aux femmes pour raison de leur dot ou conventions matrimoniales sur les immeubles de leur mari; pour les sommes dotales qui proviennent de successions à elles échues ou de donations à elles faites pendant le mariage, à compter de l'ouverture des successions ou du jour que les donations ont eu leur effet; pour l'indemnité des dettes contractées avec le mari et pour le remploi des propres aliénés, à compter du jour de l'obligation ou de la vente

Les art. 551, 552 et 553 du Code de 1807 restreignaient l'hypothèque de la femme dont le mari était commerçant à l'époque de la célébration du mariage, ou dont le mari ayant même une profession déterminée autre que celle de négociant était devenu commerçant dans l'année qui suivait la célébration du mariage; enfin, celle de la femme qui avait épousé un fils de négociant sans profession déterminée; péu importait dans ce cas l'époque où le mari avait embrassé la carrière commerciale. Dans les conditions que nous venons de résumer, l'hypothèque de la femme ne portait que sur les immeubles appartenant au mari lors de la célébration, tous ceux qui lui étaient advenus postérieurement, n'importe à quel titre, n'en étaient point frappés; l'hypothèque garantissait les apports mobiliers, à charge d'en justifier par actes authentiques, le remploi des biens aliénés pendant le mariage et l'indemnité des dettes contractées avec le mari.

Aujourd'hui, et aux termes de l'art. 563 qui a remplacé les anciens art. 551 à 553 inclusivement, l'hypothèque de la femme est restreinte lorsque le mari sera commerçant à l'époque de la célébration du mariage, ou lorsque, n'ayant point alors d'autre profession déterminée, il sera devenu commerçant dans l'année. On le voit, pour que l'hypothèque de la femme soit restreinte, il faut que le mari soit commerçant lors de la célébration du mariage, ou qu'il le devienne dans l'année qui suit. Il suffisait, sous le Code de 1807, que le mari même non commerçant le devînt dans l'année qui suivait la célébration; la nouvelle loi, pour modifier dans ce cas la position de la femme, demande en outre que le mari n'ait pas eu lors de la formation de l'union une profession déterminée autre que celle de négociant; elle laisse dans le droit commun l'épouse du fils d'un négociant sans profession déterminée à l'époque du mariage, alors même qu'il deviendrait lui-même commerçant plus d'une année après la célébration. Pendant que le Code de 1807 bornait l'hypothèque aux biens appartenant au mari avant la célébration, elle frappe maintenant tous les immeubles qui lui sont advenus même depuis le mariage, soit par succession, soit par donation entre-vifs ou testamentaire; ces termes comprennent toute espèce de donation, même l'institution contractuelle.

130. Il n'est pas besoin de dire qu'elle ne garantit pas les objets que le mari aurait acquis au moyen de soultes des cohéritiers de la femme; elle ne porte pas non plus sur les immeubles que le mari aurait acquis au moyen de soultes de ses cohéritiers, car il avait déboursé de l'argent pour les obtenir, et cet argent est celui de ses créanciers; l'hypothèque de sa femme ne peut donc porter sur la partie acquise au moyen de ces deniers. Ici l'art. 883 du Code Napoléon n'est point applicable, c'est une exception qui s'évanouit devant une exception plus spéciale (C. de Bourges, 2 février 1836; Sir., 37, 2, 465; Esnault, t. 3, n° 600; en sens contraire : Dall., *Faill.*, n° 1108).

L'hypothèque de la femme ne porte point non plus sur les constructions et améliorations que le mari a faites pendant le mariage aux immeubles dont il était propriétaire avant cette époque (Boulay-Paty et Boileux, t. 2, n° 615). Pour être recevable dans sa demande à faire constater par experts la plus-value résultant de prétendues constructions que le failli aurait faites sur un de ses immeubles depuis son mariage, le créancier doit articuler préalablement des faits propres à déterminer la nature et l'importance de ces constructions (Rejet, 24 janvier 1838 ; Dall., *Faill.*, n° 1107).

131. Quelles créances garantit l'hypothèque légale de la femme ? Sous le Code de 1807, elle ne garantissait que les effets mobiliers et les deniers apportés en dot, à charge de justifier de l'apport par un acte authentique ; le remploi des propres aliénés pendant le mariage et l'indemnité des dettes contractées avec le mari. Aujourd'hui l'hypothèque légale de la femme existe : 1° pour les deniers et effets mobiliers qu'elle aura apportés en dot, ou qui lui seront advenus depuis le mariage par succession ou donation entre-vifs ou testamentaire, et dont elle prouvera la délivrance ou le paiement par acte *ayant date certaine*. « En étendant l'hypothèque à la garantie des biens advenus à la femme par donation ou succession, la commission de la chambre des députés, dit M. Renouard dans son rapport de 1835, exige que la preuve du paiement des deniers et de la délivrance des effets ou legs soit administrée, et qu'elle résulte d'un acte *ayant date certaine* ; le Code et le projet exigeaient un *acte authentique* pour justifier l'apport en dot dont la preuve n'est jamais incertaine, tandis qu'ils gardaient le silence sur la preuve la plus nécessaire, celle du paiement » (M. Thieriet, p. 138).

132. On s'est demandé si la règle qui affranchit certains immeubles du mari de l'hypothèque légale de sa femme était applicable au cas où les immeubles ont été vendus avant la faillite et où il ne s'agit plus que d'en distribuer le prix. « Il me semble, dit M. Massé (t. 3, n° 395) qu'il ne peut y avoir aucune difficulté sur ce

point et que la femme n'a pas plus de droits sur le prix qu'elle n'en aurait sur la chose, puisque la vente qui a eu lieu ne lui donne aucun droit nouveau et acquis sur le prix, qui ne peut être considéré que comme la représentation de la chose. » Aussi la Cour de Rouen a-t-elle jugé que la faillite du mari postérieure à la collocation *provisoire* sur les biens acquis à titre onéreux pendant le mariage, rend cette collocation sans effet en privant la femme de tous droits d'hypothèque sur ces immeubles (C. de Rouen, 20 mai 1840; Sir., 41, 2. 566). Sans doute, si, avant la faillite, la femme avait été colloquée définitivement et qu'elle n'eût plus qu'à toucher le montant de son bordereau de collocation, l'événement ultérieur de la faillite ne pourrait changer la position qu'elle aurait définitivement prise, ni lui enlever des droits qu'elle aurait acquis sur la partie du prix qui lui aurait été attribuée; mais il en est tout autrement quand le prix n'est pas encore distribué, la faillite qui survient s'en empare et les droits de la femme sont dès lors déterminés par l'art. 563 du Code de commerce (Massé, t. 3, n° 395; Gilbert, C. de comm. annoté, art. 563, n° 14).

133. La femme qui n'a point d'hypothèque légale peut réclamer comme chirographaire les apports mêmes pour lesquels son hypothèque légale lui fait défaut (C. de Douai, 27 mai 1841; C. de Limoges, 29 juin 1839; Dall., n°s 1111 et 1092). La femme ne peut toutefois, croyons-nous avec M. Massé (t. 3, n° 396), se présenter comme chirographaire pour ses apports qu'à charge de faire les preuves exceptionnelles exigées par la loi commerciale; nous ne pouvons approuver les arrêts précités qui admettent la femme même à la preuve

par commune renommée. La solution que nous indiquons a de l'importance lorsque le mari n'a que des immeubles acquis à titre onéreux pendant le mariage, ou lorsque l'hypothèque légale de la femme ne suffit pas pour la couvrir.

134. L'art. 2032 du Code Napoléon autorise la caution à agir, même avant d'avoir payé, à l'effet d'être indemnisée, quand le débiteur a fait faillite ou qu'il est en déconfiture, d'où suit que la femme, quand elle n'est obligée que comme caution aux termes de l'art. 1431, peut réclamer une collocation actuelle et non pas seulement une collocation éventuelle en vertu de son hypothèque légale. La doctrine contraire a été adoptée par les Cours d'Amiens le 9 février 1829 et d'Orléans le 1ᵉʳ décembre 1836 (Dall., *Contrat de mariage*, nº 1054). La Cour d'Orléans se contente de faire donner caution au créancier hypothécaire qui touche la part affectée à la femme pour le cas où celle-ci serait obligée de payer. L'art. 2032, étant formel, autorise la femme à agir, c'est-à-dire à se faire apporter décharge ou deniers suffisants pour acquitter la dette; elle ou son représentant peuvent donc exiger une collocation actuelle, car la femme, dans le cas qui nous occupe, n'est qu'une caution, et l'art. 2032 ne distingue pas (Troplong, *Cautionnement*, nº 415, et *Priviléges*. nº 610). « Ne voyez-vous pas, dit M. Troplong (*Priviléges*, nº 610) que le créancier qui a la femme pour obligée directe va se hâter de la contraindre à payer, et qu'aussitôt les créanciers qui lui ont donné garantie seront forcés de rendre d'une main ce qu'ils ont reçu de l'autre.» Cette opinion a été consacrée par deux arrêts de la Cour suprême, le 25 mai 1834 et le 2 janvier 1838 (Dall., *Con-*

trat de mariage, n° 1034, et *Cautionnement*, n° 265), elle n'est pas contredite par un arrêt du 16 avril 1832 qui rejette le pourvoi contre un arrêt de la Cour d'Amiens du 9 février 1829. On avait omis d'invoquer devant les premiers juges l'art. 2032 sur lequel on fondait le pourvoi. Disons, en terminant, que la Cour d'Amiens s'est ralliée à la jurisprudence de la Cour suprême par deux arrêts des 19 et 20 décembre 1837 (Dall., *Contrat de mariage*, n° 1054). Pourquoi, en effet, refuser à la femme, à cause de son hypothèque légale, un droit qu'on accorderait à une caution qui se serait fait consentir une hypothèque conventionnelle, et tourner ainsi contre elle une garantie que la loi a établie en sa faveur?

Bien que l'annulation pour cause de fraude d'une obligation souscrite par le mari et par la femme dans les dix jours qui ont précédé la faillite, laisse subsister l'obligation de la femme, elle l'empêche de prétendre à une hypothèque légale, alors du moins que la femme a participé à la fraude (Rejet, 15 mai 1850; Sir., 51, 1, 609). L'annulation, en effet, a pour but de mettre la masse des créanciers à couvert des conséquences des actes annulés; ce but ne serait point atteint si des cautions de ces actes pouvaient venir exercer un recours contre la masse. Aussi nous ne croyons pas même qu'on puisse admettre la restriction posée par la Cour suprême, il faut, ce nous semble, décider que la femme, même quand elle ne serait pas complice de la fraude, ne peut avoir dans ce cas hypothèque légale.

135. La femme séparée de biens, soit judiciairement, soit contractuellement, avant les dix jours qui précèdent la faillite, peut-elle faire valoir sur les biens de son mari une hypothèque judiciaire plus étendue

que l'hypothèque légale que lui accorde l'art. 563 du Code de commerce? La question suppose, bien entendu, que l'hypothèque ne date que de l'inscription, et que l'inscription a été prise en temps utile. M. Dalloz qui, dans la première édition de son ouvrage, était pour l'affirmative, est revenu sur cet avis dans son nouveau *Répertoire* (*Faill.*, n° 1101); pour l'affirmative on peut dire : si la femme dont le mari tombe en faillite est mise hors de la loi commune des femmes à raison de son hypothèque légale, elle ne saurait être placée dans une situation pire qu'un créancier ordinaire, qui peut avant la faillite obtenir une condamnation contre son débiteur et prendre inscription sur tous ses biens présents et futurs (C. Nap., art. 2123). Si cette opinion était admise, il n'y aurait rien de plus facile pour les époux que d'éluder la loi par une séparation concertée, aussi partageons-nous sur cette question l'opinion de MM. Bédarride (n° 1033), Boulay-Paty et Boileux (t. 2, n° 914), et Massé (t. 3, n° 397). En effet, les droits de la femme en cas de faillite du mari sont réglés par le Code de commerce, elle ne peut faire indirectement ce qu'il lui est interdit de faire directement. «On n'a pas voulu, dit M. Massé, que la femme qui n'aurait pas eu un droit de préférence sur les deniers de la faillite pût exercer ce droit sur des immeubles acquis avec ces deniers, on n'a pas voulu que les biens acquis par le mari avec les produits de son commerce ou de son industrie, et qui sont le gage naturel des dettes contractées dans ce commerce ou cette industrie, fussent soustraits par la femme à l'action des créanciers de la faillite. N'est-il pas évident dès lors qu'admettre la femme à exercer dans la faillite une hypothèque judiciaire qu'elle aurait eu la précaution de se faire attribuer avant la faillite, ce serait lui permettre d'éluder la loi et d'obtenir indirectement ce qu'elle ne peut obtenir directement. Il en serait autrement dans le cas où un tiers aurait constitué une hypothèque, pour sûreté des reprises de la femme, sur des immeubles dont le mari serait plus tard devenu propriétaire à titre onéreux ; la femme pourrait, nonobstant la faillite, exercer cette hypothèque, puisque l'immeuble n'est arrivé dans le patrimoine du mari que grevé de cette charge » (Massé, t. 3, n° 398).

136. La faillite du mari ne modifie point le rang de l'hypothèque légale de la femme et ne la soumet point à l'inscription ; mais, si elle a été inscrite, cet événement ne la dispense point du renouvellement imposé à toute hypothèque inscrite.

137. L'enfant mineur d'un commerçant en faillite a, conformément au droit commun, pour la restitution de la dot de sa mère, une hypothèque légale sur *tous* les biens de son père devenu son tuteur. L'hypothèque du mineur n'est point restreinte comme l'eût été celle de la femme si la faillite l'eût trouvée vivante, car le décès de sa mère donne pour le mineur ouverture à des droits qui sont dès lors acquis et auxquels l'événement postérieur de la faillite ne peut porter atteinte (C. de Grenoble, 7 juin 1834 ; Dall., *Faill.*, n° 120). La solution opposée devrait sans doute prévaloir si la faillite avait éclaté du vivant de la femme, car alors le mineur ne peut exercer que les droits que sa mère a pu lui transmettre, c'est-à-dire des droits restreints par la faillite du mari ; mais quand elle lui transmet les droits de l'épouse d'un commerçant non failli, ce sont ces droits

dès lors acquis qu'il exerce dans leur plénitude.

138. Une dernière restriction que la faillite du mari apporte aux droits de la femme était ainsi formulée par l'art. 549 du Code de 1807 : « La femme ne pourra exercer dans la faillite aucune action à raison des avantages portés au contrat de mariage ; et, réciproquement, les créanciers ne pourront se prévaloir, dans aucun cas, des avantages faits par la femme au mari dans le même contrat. » Cet article se trouve sous l'influence des art. 551, 552 et 553, qui déterminent les personnes auxquelles il s'applique. En maintenant le principe de cette disposition, la loi de 1838 y apporte, sous le rapport des personnes qu'elle atteint, les mêmes adoucissements qu'à la restriction de l'hypothèque légale ; et, comme l'art. 563, l'art. 564 de la loi nouvelle laisse dans le droit commun la femme qui a épousé un fils de négociant sans profession déterminée, alors qu'il n'embrasse le commerce que plus d'une année après la célébration du mariage ; 2° celle qui a épousé un homme ayant une profession civile déterminée, bien qu'il ait entrepris le négoce dans l'année qui suit la célébration du mariage ; la femme était dans ces deux cas soumise à l'art. 549 du Code de 1807 ; cet article suggéra au Tribunat les réflexions suivantes : « Les dispositions de cet article, disait ce corps, paraissent contraires aux principes de l'équité et même de la justice. Elles tendent, pour ainsi dire, à mettre en interdit toute la classe des commerçants, en les privant de la faculté qu'ont les autres citoyens de faire par contrat de mariage des avantages à leurs épouses. Elles privent celles-ci de la possibilité de recevoir ces avantages d'une manière certaine. Cependant, lorsqu'un commerçant n'est point en état

de faillite, rien ne doit s'opposer à ce que, pour contracter un mariage qui lui convient, il dispose de ce
qu'il lui appartient en faveur de sa future épouse; et
une fois qu'une femme s'est mariée avec un commerçant à certaines conditions avantageuses insérées dans
son contrat de mariage, elle a sur les biens de son mari
un droit acquis dont on ne peut la priver sans injustice » (Locré, t. 19, p. 439). Ces observations seraient
fondées si la loi pouvait avoir un effet rétroactif, mais
elle n'a disposé que pour l'avenir, c'est-à-dire pour des
unions contractées sous son empire; la femme ne tient
dans ces circonstances de son contrat de mariage qu'un
droit soumis à une condition résolutoire qu'elle a acceptée en connaissance de cause; il ne saurait donc y
avoir injustice, car, comme le dit le tribun Tarrible
(Corps législatif, séance du 12 sept. 1807; Locré, t. 19,
p. 596), «la femme qui s'unit à un commerçant s'unit
aussi à sa fortune. »

«Vous pensez bien, Messieurs, disait l'orateur du
gouvernement, que les avantages faits à la femme par
son mari ne peuvent pas être réclamés par elle dans
la faillite; c'était encore là un des grands moyens de
préparer la ruine des créanciers, voyant avec désespoir
une femme que tout le monde avait connu sans fortune
jouir tranquillement des biens immenses dont ils étaient
dépouillés » (Treilhard, *Exposé des motifs,* 3 sept. 1807;
Locré, t. 19, p. 665).

Le législateur a voulu, par cette disposition, frapper
les avantages exagérés que le mari pourrait faire à la
femme pour les soustraire sous son nom au naufrage de
la faillite; cela est si vrai que, quand les avantages sont
réciproques et équivalents, le pacte anténuptial n'est

pas rompu; dans ce cas, si la femme ne peut se prévaloir des avantages portés au contrat, les créanciers
ne peuvent réclamer les avantages faits au mari, disposition très-favorable à la femme, puisqu'elle pourrait
sans cela être forcée de payer en bonne monnaie ce
qu'on ne lui rendrait qu'en monnaie de faillite.

139. L'art. 564 défend à la femme d'exercer aucune
action dans la faillite à raison des avantages portés en
son contrat de mariage; il ne concerne donc que les
avantages à exercer et non ceux déjà exercés, et ne per-
mettrait point, par exemple, de révoquer une donation
entre-vifs déjà exécutée. Il est clair, dit M. Dalloz
(*Faill.*, n° 1114), que la disposition de l'art. 564 concerne les libéralités qui ont un effet actuel, comme celles
dont l'effet est subordonné à la condition de survie;
quant à celles qui n'ont de prise que sur les biens existant au décès du mari, l'article est sans objet à leur
égard.

140. Notre article ne parle que des avantages portés
au contrat de mariage, faut-il en conclure qu'il ne
s'applique point aux donations faites par le mari pendant le mariage, ou bien la femme pourra-t-elle de ce
chef exercer des reprises en vertu des art. 557 et 558
du Code de commerce? Au premier abord, le droit de
la femme paraît certain. *Qui dixit de uno negat de al-
tero;* l'art. 446 n'annule les dispositions à titre gratuit
que lorsqu'elles ont été faites dans un temps voisin de
la faillite; les art. 557 et 558 autorisent, de la manière
la plus générale, les reprises pour donations faites à la
femme pendant le mariage, sans distinguer entre les
divers donateurs; or, le mari peut l'être (C. Nap., art.
1096). Ces arguments ont convaincu M. Massé (t. 3,

n° 393). L'esprit de la loi nous semble ici devoir l'emporter sur sa lettre; or, de l'aveu de **M.** Massé, si l'on s'attache à l'esprit de l'art. 564, qui a été d'empêcher les fraudes dont le contrat de mariage pourrait devenir l'instrument, on doit, à plus forte raison, annuler les donations faites pendant le mariage par le mari à la femme, à une époque à laquelle il pouvait calculer les chances de sa position et mieux préparer encore la spoliation de ses créanciers. C'est l'opinion de MM. Bédarride (n° 1044), Boulay-Paty et Boileux (t. 2, n° 927), Geoffroy (p. 358), Dalloz (*Faill.*, n° 1115). Les donations par contrat de mariage ont un caractère plus sacré que les autres, elles ont été souvent le motif déterminant de l'union des époux, elles sont irrévocables; les donations entre époux, même qualifiées entre-vifs, sont toujours révocables (C. Nap., art. 1096). Le législateur, en touchant aux premières, n'a pas voulu respecter les secondes, il ne fait du reste, en les révoquant en cas de faillite, que ce que le failli honnête homme fera toujours lui-même.

141. Si la femme renonce à exercer ses droits dans la faillite de son mari, les créanciers de la femme ne sont point liés par cette renonciation; ils peuvent exercer les droits de leur débitrice (art. 1166 et 1446), sans qu'on puisse leur objecter qu'ils n'ont pas formé opposition au concordat dans la huitaine (C. de com., art. 512). Le concordat passé avec les créanciers du mari n'est point opposable aux créanciers de la femme; peu importe que les créanciers du mari aient la femme pour coobligée, ceux des créanciers de la femme qui n'ont point adhéré au concordat du mari ne sauraient être liés par cet acte; le mari seul est concordataire et peut

invoquer la faveur du concordat (Boulay-Paty et Boileux, t. 2., n° 925; Cass., 19 janvier 1820; Dall., *Faill.*, n° 795).

Nous ne rappellerons pas qu'aux termes de l'art. 594 du Code de commerce, qui ne forme point une dérogation à l'art. 380, § 1er du Code pénal, la femme, qui a diverti ou recélé des effets appartenant à la faillite, sans avoir agi de complicité avec le failli, sera punie des peines du vol, car ce n'est pas là un effet de faillite sur le patrimoine du failli.

142. Pour achever de nous expliquer sur les droits des femmes, il nous reste à traiter quelques questions transitoires. Il est d'abord évident que les restrictions édictées par le Code de 1807 ne frappaient point les femmes mariées sous l'ordonnance de 1673; l'art. 557 de ce Code le porte expressément, c'est d'ailleurs une application de l'art. 2 du Code Napoléon; le préambule de la loi de 1838 laisse sous l'empire du Code de 1807 les faillites déclarées avant la promulgation de la loi nouvelle, cette loi n'a pas voulu porter atteinte à la non-rétroactivité. Il faut donc, comme l'enseigne M. Bédarride (n°s 6, 7 et 8) distinguer entre le fond du Droit et la forme de procéder, tout ce qui tient au fond du Droit est toujours régi par la loi sous laquelle s'est réalisée la cessation des paiements, bien que la faillite ait été déclarée sous l'empire de la loi postérieure. Le préambule laisse donc subsister ou plutôt fait naître des questions transitoires qui auront longtemps un puissant intérêt, quand il s'agira de régler les droits des femmes dans les faillites.

Et d'abord la femme mariée sous le Code de 1807, dont le mari tombe en faillite sous la loi actuelle, pourra-t-elle invoquer celles des dispositions de cette loi qui lui sont plus favorables que celles du Code de 1807, sans blesser au préjudice des créanciers du mari la règle de la non-rétroactivité? Pour l'affirmative on peut dire: la faillite seule met la femme hors du droit commun, la restriction de ses droits est donc régie par la loi sous laquelle éclate l'événement qui lui donne naissance. Ce système contreviendrait au principe de la non-rétroactivité. «On ne pourrait, dit M. Bédarride (nº 990), accorder aucune préférence à la femme sans annuler les droits que les créanciers ont acquis sous l'empire de la loi précédente, il faut donc admettre que le bénéfice de la loi nouvelle n'est acquis à la femme que du jour de sa promulgation et à l'encontre seulement des créanciers qui n'ont traité avec le mari que depuis cette époque.»

Ces solutions nous semblent toutes deux trop absolues, il faut à notre avis distinguer entre les créanciers chirographaires et les hypothécaires ou les privilégiés; ces derniers ont un droit acquis que la nouvelle loi n'a pu leur enlever si leurs titres sont antérieurs à cette loi. Il n'en est pas de même des chirographaires; en effet, le droit général qui résulte pour eux des art. 2092 et 2093 du Code Napoléon ne leur donne aucun droit sur les objets qui composent le patrimoine du débiteur individuellement envisagés; le débiteur conserve le droit d'en disposer comme il l'entend. Comment le législateur n'aurait-il pas le même droit dans l'intérêt public? La réduction que doit subir l'hypothèque légale de la femme en cas de faillite du mari constitue au profit des créanciers chirographaires une simple expectative subordonnée à l'événement de la faillite, et gouvernée en conséquence par la loi de l'époque où la faillite est venue réaliser cette expectative. L'opinion intermédiaire, qui nous paraît dans la vérité, est enseignée entre autres par MM. Boulay-Paty et Boileux (t. 2, nᵒˢ 902) et consacrée par la jurisprudence constante de la Cour de cassation (Rejet, 3 janv. et 17 juill. 1844; Dall., *Faill.*, nᵒˢ 1079 et 1080; rejet, 3 août 1847; D. P. 47, 1, 340; rejet, 10 avril 1850, D. P. 50, 1. 88). « L'arrêt de la chambre des requêtes du 3 janvier 1844, dit M. Troplong, décide que ce n'est pas donner à la loi un effet rétroactif que d'accorder à la femme, à l'encontre des créanciers chirographaires, l'hypothèque dont l'investit la loi nouvelle, car les créanciers chirographaires n'ont pas de droit acquis, ils n'ont pas d'affection spéciale sur les biens de leur débiteur. Ce débiteur pourrait constituer des hypothèques à leur préjudice, pourquoi la loi ne le pourrait-elle pas? Ainsi, rien de plus évident, de plus juridique que cette décision. Mais doit-on l'étendre aux créanciers hypothécaires inscrits? Ici le droit des créanciers n'est pas livré à des chances incertaines, leur position est fixée, le débiteur ne peut plus diminuer ou altérer leurs droits, la loi ne le peut pas non plus sans encourir le vice de rétroactivité.... Est-il bien vrai que le créancier hypothécaire n'eût qu'une expectative, n'était-ce qu'une expectative que l'ancienne loi lui donnait, ou plutôt un droit certain, positif, qu'en cas de faillite il primerait la femme? Sans doute, ce droit était conditionnel, il était soumis à la condition, si la faillite arrive. Mais les droits conditionnels ne sont pas seulement des espérances, ce sont des droits dans l'énergie du terme, tellement que l'accomplissement de la condition produit un effet rétroactif au jour de l'engagement contracté (C. civ., art. 1179).

Un considérant de l'arrêt du 3 janvier 1844 montre que s'il se fût agi de créanciers hypothécaires, il aurait jugé tout autrement. Attendu que leurs titres ne leur attribuent aucune cause de préférence, aucun droit singulier et spécial sur les immeubles de leur débiteur, qui pouvait les aliéner valablement et les grever d'hypothèques. « Ces expressions ne paraissent-t-elles pas avoir été écrites tout exprès pour réserver les droits des hypothécaires, lesquels ont une cause de préférence, un droit singulier et spécial qui empêche le débiteur d'aliéner ou d'hypothéquer à leur détriment ? » (Troplong, *Rapport* sur l'arrêt du 17 juillet 1844 ; Dall., *Faill.*, n° 1080).

Peu importe encore, à l'égard des créanciers chirographaires, que la cessation des paiements ait été reportée ; on ne prend en considération que la loi de l'époque de la déclaration. Aussi l'hypothèque légale de la femme d'un commerçant, marié sous le Code de 1807, déclaré en faillite sous la loi de 1838, s'étend à leur égard aux immeubles advenus à ce dernier par succession, donation ou testament (Rejet, 10 avril 1850 ; D. P. 50, 1, 88). D'après les mêmes motifs, on devrait décider qu'à l'égard des créanciers chirographaires même antérieurs à la loi de 1838 et des hypothécaires inscrits postérieurement à cette loi, l'hypothèque légale d'une femme qui a épousé sous le Code de 1807 un fils de négociant devenu commerçant plus d'une année après le mariage, s'étend sur tous les immeubles du mari (Rejet, 3 janv. 1844 ; Dall., *Faill.*, n° 1079).

Pour combattre la distinction entre les hypothécaires et les chirographaires, on dit (Bédarride, n°s 991 et 992) : « Le créancier chirographaire n'a qu'un simple droit de confiance et d'espérance ; mais ce droit est appuyé d'une loi prohibitive dont les effets sont acquis par le seul fait de la faillite. Le créancier placé en regard de la femme a donc dû compter que, la condition se réalisant, la loi s'exécuterait en sa faveur.... N'était-il pas sous-entendu par le Code de commerce qu'en cas de faillite, le créancier même chirographaire aurait la faculté de faire réduire les droits de la femme à des proportions déterminées.... On reconnaît que, pour que la loi puisse valablement concéder un droit au préjudice des créanciers, il faut que le débiteur puisse lui-même faire cette concession. Or, le mari a-t-il pu un seul instant relever sa femme des incapacités dont la loi commerciale l'avait éventuellement frappée ? »

Nous répondons, le créancier chirographaire n'a point un droit acquis, il n'a que la faculté de faire, en cas de faillite du mari, réduire les droits de la femme. Or, le législateur, c'est un principe, peut changer la loi qui accorde une simple faculté ; tant qu'on n'a pas usé de cette faculté, elle ne constitue pas un droit acquis, le législateur peut y porter atteinte sans rétroactivité. La convention eût été impuissante pour réduire l'hypothèque légale de la femme ; ce qui n'aurait pu être expressément stipulé dans un contrat, ne saurait y être sous-entendu. Quand on dit que la loi de l'époque du contrat le régit, quels que soient les changements survenus dans la législation, on veut dire simplement que les dispositions de loi supplétives de l'intention des parties gouvernent le contrat passé sous leur empire. Ces dispositions font partie du contrat, elles s'y incorporent *in vim tacili contractus*, c'est le sens de l'art. 1160 du Code Napoléon et de la loi 31, § 20, *De œdilitio œdicto* (D.,

21, 1). *Quæ sunt moris et consuetudinis in bonæ fidei judiciis debent venire.* Nous le répétons, pour qu'une disposition de loi puisse être sous-entendue dans un contrat, il faut de toute nécessité que les parties puissent, en supposant la loi muette, faire de sa disposition une clause de leur convention.

Enfin, l'auteur que nous combattons va trop loin quand il dit : « On reconnaît que, pour que la loi puisse valablement concéder un droit au préjudice des créanciers, il faut que le débiteur puisse faire lui-même cette concession. » Dans l'opinion que nous soutenons, on n'a jamais reconnu ce principe d'une manière aussi générale que le prétend M. Bédarride. Si le débiteur peut concéder un droit sur l'un des objets de son patrimoine au préjudice d'un créancier, il n'y a pas sur cet objet un droit acquis, et, par conséquent, le législateur peut aussi, sans rétroactivité, accorder, nous ne disons pas le même droit, mais un droit quelconque au préjudice de ce créancier. Le pouvoir du législateur est plus large que celui d'un contractant ; c'est au législateur à voir ce qu'exige l'intérêt public, au débiteur, à se conformer à ses indications. Mais, du moment qu'il y a droit acquis, le législateur ne doit pas plus que qui que ce soit y porter atteinte. Nous disons personne, ni le législateur, sans encourir le reproche de rétroactivité, ni un particulier, ne peut porter atteinte à un droit acquis. Or, le débiteur peut concéder sur les objets composant son patrimoine un droit au préjudice d'un créancier chirographaire, donc ce créancier n'avait pas sur ces objets un droit acquis, mais une simple expectative que le législateur peut lui enlever sans rétroactivité. Ce n'est pas là reconnaître que, pour que le législateur puisse valablement accorder un droit quelconque au préjudice de créanciers, il faut que le débiteur puisse faire la concession du même droit. Nous croyons avoir répondu aux objections de M. Bédarride, et nous persistons dans l'opinion que nous avons énoncée plus haut.

CONCLUSION DE CE TRAVAIL.

143. Arrivé au terme de notre travail, si nous jetons les yeux sur le chemin que nous avons parcouru, nous constatons les résultats suivants : La faillite est un fait exclusivement commercial, c'est de la part d'un commerçant la cessation de paiements de ses dettes commerciales ; notre introduction en détermine les caractères.

Dans le travail que nous présentons, nous avons cherché quels sont les effets qu'elle produit sur le patrimoine du failli ; nous n'avons donc pas eu à nous occuper de l'influence de la faillite sur la capacité politique du failli, ni de ceux de ses effets qui se manifestent dans l'ordre criminel, sans modifier la faculté de disposer du failli, ni les droits que des tiers peuvent avoir sur son patrimoine.

L'état de faillite est indépendant de la déclaration qu'en fait le tribunal de commerce ; cependant la loi attache à cette déclaration des effets beaucoup plus étendus sur le patrimoine du failli qu'à la cessation de paiements non déclarée par le tribunal de commerce ; de là dans notre travail deux grandes parties : première partie, des effets du jugement déclaratif ; seconde partie, des effets de la cessation de paiements, abstraction faite du jugement déclaratif.

Ce jugement dessaisit le failli de l'administration de tous ses biens, c'est là son principal effet. Il rend exigibles à l'égard du failli les dettes passives non échues; il arrête, à l'égard de la masse, les intérêts de toute créance non garantie par une hypothèque ou un nantissement. Tels sont les effets du jugement déclaratif sur le patrimoine du failli (C. de comm., art. 443, 444 et 445).

D'autres effets de la faillite se manifestent indépendamment de toute déclaration du tribunal de commerce.

Et d'abord les actes faits par le failli depuis la cessation des paiements et même dans les dix jours qui la précèdent sont, suivant leur nature d'actes à titre gratuit ou d'actes à titre onéreux, annulables de plein droit à l'égard de la masse, ou simplement à charge par celle-ci de prouver que celui qui a traité avec le failli connaissait l'état de cessation de paiements où se trouvait le débiteur (C. de comm., art. 446, 447, 448 et 449).

Le but constant de tous les efforts du législateur est de maintenir l'égalité entre les créanciers d'une même faillite, à moins de causes légitimes de préférence; aussi déclare-t-il nul, même à l'égard du débiteur, tout traité d'où résulterait en faveur de l'un d'eux un avantage à la charge de l'actif (C. de comm., art. 597 et 598). C'est le deuxième effet de la faillite sur le patrimoine du failli, indépendant de la déclaration du tribunal de commerce.

Frappée des fraudes dont les contrats de mariage sont souvent l'occasion, la loi a cru pouvoir, dans l'intérêt des créanciers seulement, soumettre à des restrictions les droits des femmes des commerçants en cas de faillite de leurs maris (C. de comm., art. 557 à 564). C'est le troisième effet de la cessation de paiements sur le patrimoine du failli, indépendant de tout jugement déclaratif. Cette cessation est un fait qu'il appartient à tous les tribunaux de constater, pour en appliquer les conséquences aux litiges dont ils sont compétemment saisis.

Le sujet que nous avons choisi pourrait sans doute fournir matière à des développements que le cadre de notre travail nous interdisait d'aborder. Nous avons voulu examiner les effets de la faillite sur le patrimoine du failli; nous croyons les avoir exactement analysés. Nous avons cherché à ramener à des principes fixes les solutions quelquefois divergentes de la jurisprudence, en soumettant à un examen critique toutes celles de ses décisions, relatives à notre matière, qui nous paraissaient présenter quelque intérêt. Nous n'avons point négligé d'étudier la loi dans les travaux qui l'ont préparée; la comparaison du Code de 1807 avec la loi actuelle ne nous a pas paru devoir être passée sous silence.

Si cet essai obtenait l'approbation de ceux à qui nous osons le présenter, leurs suffrages combleraient nos espérances et seraient pour nous la plus douce récompense des efforts que nous avons faits pour les mériter.

PROPOSITIONS.

DROIT ROMAIN.

1. Pour l'acquisition des fruits par le *bonæ fidei possessor*, il n'est ni nécessaire, ni toujours suffisant, que ce possesseur soit *in conditione usucapiendi* par rapport à la chose qui les produit.

2. Le propriétaire du sol n'a pas besoin d'usucaper les fruits qu'il produit pour en avoir la propriété.

3. Le juste titre et la bonne foi sont deux conditions distinctes en matière d'usucapion.

4. Pour intenter l'action négatoire, il faut et il suffit que le demandeur prouve qu'il est propriétaire.

DROIT CIVIL FRANÇAIS.

1. Celui auquel est attribuée une reconnaissance de paternité naturelle, faite dans l'acte de naissance de l'enfant, avec déclaration que la personne dont elle émane ne sait pas signer, peut soutenir n'être pas le même que l'auteur de cette reconnaissance, sans être tenu de recourir à la voie de l'inscription de faux.

2. Le fait par un père, tuteur de ses enfants mineurs, de les faire élever dans une religion autre que celle où ils sont nés, après avoir lui-même embrassé cette religion, ne constitue pas un cas de destitution de tutelle.

3. Bien que la loi n'ait pas prescrit textuellement la non-publicité de la décision qui nomme un administrateur provisoire à la personne dont l'interdiction est de-

mandée, et qui donne à cet administrateur le droit d'emprunter, il résulte de la nature de la décision et de l'interprétation de la loi, que cette décision doit être rendue en chambre du conseil.

DROIT CRIMINEL.

1. L'homicide volontaire d'un enfant commis postérieurement à son inscription sur les registres de l'état civil n'est pas un infanticide.

2. Le fait par un notaire d'avoir postdaté un acte de son ministère, dans le seul but d'échapper au paiement du double droit, constitue un faux.

DROIT ADMINISTRATIF.

1. La demande en dommages-intérêts formée contre un directeur des lignes télégraphiques et contre le ministre de l'intérieur, comme représentant l'État civilement responsable, par un particulier qui se plaint d'une erreur commise à son préjudice dans la transmission d'une dépêche, est de la compétence de l'autorité administrative.

2. Un maire peut invoquer l'art. 75 de la constitution de l'an VIII, encore qu'il n'ait agi que comme représentant de la commune.

Vu par le professeur soussigné, président de l'acte public.
Strasbourg, le 7 mars 1856.

LAMACHE.

Vu par le Doyen,
C. AUBRY.

Permis d'imprimer,
Le Recteur, DELCASSO.
Le 9 mars 1856.